극락으로 가는 염불

극락으로 가는 염불

보영스님 역해

『탄이초』는 신란 대사의 말씀
제자 유이엔 스님의 염불자를 위한 귀중한 신앙서

불교시대사
1% 나눔의 기쁨

들어가는 글

　『탄이초(歎異抄)』는 정토진종의 개조인 신란 대사[1]의 직제(直弟)에 해당되는 유이엔(唯円)이라는 승려에 의해 지금으로부터 약 700여 년 전에 작성 되었다고 알려지고 있는 귀중한 신앙서이다.

　13세기경[2]의 일본열도는 전쟁과 착취로 인하여 피폐(疲弊)된 민초들의 고단한 삶이 지속되었던 시기였다. 그 어려운 시기에 민초(民草)들의 삶에 크나큰 희망을 가져다 준 것이 염불의 가르침이었다고 할 수가 있다.

　당시 조정(朝廷)의 권력을 이용한 다른 불교종단으로부터 강한 경계와 반발을 받아 염불자들을 탄압하였다. 이들에게 표적이 되어 있는 호넨 상인 문하의 승려 중 징벌적으로 4인이 사형, 8명이 유배죄를 받은 법난(法難)이 있었다. 그중 하나인 신란 대사도 에치고[3](越後)지방으로 유배를 가게 되었다. 그는 유배가 해금(解禁)된 이후에 지금의 관동(關東)지방인 이바라키현으로 옮겨 그 지방의 민초들에게 약 20여 년간 염불의 가르침을 널리 포교하였다. 신란 대사는 교토로 돌아온 후, 마지막 집필에 힘쓰고 있었다.

---

1)　신란 대사 : 1173-1262 일본정토진종 개산.
2)　13세기경 : 일본 가마쿠라시대 (1185-1333). 일본 최초의 막부.
3)　에치고 : 지금의 니가타지방.

이 『탄이초』에 등장하는 인물들은 신란 대사를 찾아온 염불자들로서 대부분 이 두 지역의 사람들이며, 이들의 이의(異議)의 내용이 그 기본으로 되어 있다. 신란 대사가 떠난 부재의 지(地)에서 발생한 많은 혼란을 이들은 스승인 신란 대사에게 따지기 보다는 친견하여 현지 상황을 보고 드리고 싶은 마음이었다고 본다. 그리고 염불에 대한 조금 의심스러웠던 내용을 묻고 확인하는 차원이라고도 볼 수 있다.

이전 관동지방에서 평소 제자들에게 설하셨던 내용과 신란 대사가 귀경(歸京) 후 현지에 남아 있던 신도 간에 염불의 교설에 대한 이견(異見)이 있어 그 의문점을 풀려고 신란 대사가 있는 교토로 대거 방문하였던 것이다. 신란 대사는 의문을 가지고 있는 그들에 대해서 반갑기도 하지만 아쉽게도 자신이 그곳을 떠나온 후 혼란해진 염불의 진의에 대한 민초들의 불신을 어떻게 불식시킬 수 있는가에 대한 걱정과 회의가 엿보이는 것이다. 그러나 일심으로 스승의 진의를 들으려는 염불자들의 모습을 보면서, 신란 대사는 다시 자세를 가다듬고 그들에게 아미타의 본원에 대한 믿음을 심어주어야겠다고 노력한 흔적이 곳곳에서 나타나고 있다. 이러한 그들의 의심에 대한 답으로서 신란 대사의 말씀을 기억하고 빠짐없이 적은 것이 바로 『탄이초』가 태어난 배경이라고 할 수 있다. 문제는 신란 대사 열반 이후 더욱더 이러한 혼란이 가중되어 신란 대사의 제자인 유이엔 스님이 적극적으로 염불 수호를 위하여 적은 내용인

『탄이초』가 오늘날까지 전해진 것이다.

　이 『탄이초』의 본래의 의미는 이 책의 후서에 나타난 바와 같이 부처님의 가르침이 가지는 진의가 시대의 흐름과 환경에 따라 왜곡되고 다르게 전해지는 것에 대하여 통탄을 금할 길 없다는 내용인 것이다. 그 내용의 대부분은 신란 대사의 현존시의 가르침과 열반이후에 각각의 제자들이 포교과정에서 신란 대사의 가르침과 상이한 내용의 포교를 하여 많은 불자들의 혼란을 가져오게 한 그 내용을 바로잡는 것에서부터 출발하고 있다.

　『탄이초』는 불자들의 신앙에 대한 문제를 각 분야별로 친절하고 구체적으로 밝혀주고 있다. 염불자에게 있어서 신심이란 어떠한 것인가를 알려주는 기초 불교입문서라고 할 수가 있다. 염불자 자신이 잘못된 신앙을 하는 데에 대한 경각심을 일으키는 강한 경계의 말씀을 명쾌하게 담고 있는 중요한 서물이기도 하다.

　예로부터 『탄이초』가 많은 사람들의 마음을 끌었던 이유는 무엇일까, 부처님의 중생구제라는 현실적 실천행으로 서민들의 삶의 고단함을 씻어주는 불가사의한 힘이 내재 되어있다는 것이다. 또한 버려진 것 같은 나에게 삶에 희망을 안겨주었기 때문이다. 이 『탄이초』에는 고통에 신음하고 있는 당시 민초(民草)들의 바른 신앙을 위한 사실적 내용으로 설하여진 특성을 가지고 있다. 현 불자들이 자신의 신앙 속에 왜곡된 점들과 의문들을 명쾌하게 답을 얻는 현실적 내용으로 민초들이 접근하기 쉬운 내용을 담고 있다. 또한 간과하기 쉬운 불교의 왜곡된 신앙과 사고를 바로잡아 주기 위한 불자들의 필독서라고 보고 있다.

이후 『탄이초』가 발하는 진의(眞意)가 불자들에게는 물론 일반인에게도 삶을 원활하게 하는 정신적 지주가 된 것이다. 이 『탄이초』의 한 줄 한 줄에 나타난 가르침이 그대로 그들의 마음속에 깊이 파고 들어가 현실적 희망을 주었기 때문에 지금도 모든 사람들에게는 불교의 신앙서로 많이 읽혀지게 되었다.

이러한 각도에서 보면 마치 석가모니 열반 이후에 부처님의 진실이 왜곡되지 않도록 하는 선제적 조치로서 가섭존자를 비롯하여 500여 아라한들이 칠엽굴(七葉窟)에 모여서 제1차 결집을 한 이유에서 보듯이 『탄이초』가 생겨난 배경도 유사한 환경이라고 볼 수가 있다.

다시 말하자면 신란 대사 입멸 후에 각자가 듣고 이해한 본래 스승의 가르침에 대한 진의와 상반된 견해를 가지고 그 의취의 옳고 그름을 가지고 상론하는 일이 없도록 하는데 그 의의가 있다. 즉 본원을 믿고 염불하여 극락왕생을 하려는 심신(深信)의 행사를 교란시키는 일이 없어야 겠다는 취지일 것이다. 이것은 경전의 '여시아문(如是我聞)'의 정신에서 발로한 것이라고 볼 수도 있다. 또 실질적으로 불설(佛說)의 진실과 상이한 사견(邪見)을 가지고 교주행세를 하는 교단이 생겨난 일도 있었던 것도 사실이다.

이 책의 분량은 그다지 많지는 않지만 전문인 제1조에서 10조까지는 신란 대사의 말씀을 요약한 것이고 별서인 11조에서 18조까지는 전문에 나타난 신앙에 관한 문제점을 신란 대사의 가르침에 비추어 이견이 있음을 세세하게 나타낸 장이기도 하다. 별서에서는 각 분야별로 현실감 있는 염불자의 문제점을 다루고 있다.

아미타불의 본원의 내용은 「나무아미타불」이라는 염불, 그리고 극락세계, 선악의 문제, 사제의 문제, 자력 타력의 문제, 염불왕생의 문제 등 정토신앙에 있어서 매우 근간을 이루는 염불자로서의 자세를 경책(警責)하는 유일무이한 서적이라고 할 수 있다. 염불이 무엇이며 그 염불하는 자의 마음 자세는 어때야 하고, 그리고 그 염불로 인하여 얻는 것은 무엇인가, 염불자의 주불인 아미타불은 어떠한 분인가 라는 것에 대한 스스로 자문을 가진 사람은 많지 않다고 본다. 시간이 흘러 변하고 옛날과 지금의 현저한 문명의 차이는 있다 하더라도 인간의 현실은 그다지 변한 것이 없다는 것을 가르치고 있다. 이러한 가르침에 열광한 많은 지식인들이 이 『탄이초』를 만나는 순간 그대로 그의 인성이 되고 어느 학문의 기초가 되어 세계적으로 뛰어난 인물이 되어 있음을 볼 수 있다. 나와 다르다고 배척하는 것은 그만큼 자신의 소양을 채우지 못하는 것이 되는 것이다. 중세의 일본은 개항 이후 많은 서양 선진문물을 들여 자신의 것으로 만든 나라이다. 조선기의 임진왜란 때 왜군의 무기체계와 전력을 살펴보면 그들이 받아들인 문물을 어떻게 잘 연구 발전시켰는지 뚜렷하게 나타나 있다. 일본에는 일본도(日本刀)라는 특수한 검과 검술로 유명하다. 우리에게도 검은 있으나 그 검 하나에 혼을 불어넣었던 정신은 있었는가를 생각할 때 지금부터라도 작은 것이라도 좌고우면(左顧右眄)하지 말고 하찮은 것이라도 중요함을 인지하여 발전시켜 나가야 한다. 그 이전의 역사에도 보듯이 일본의 나라(奈良)시대에는 한반도의 종교문화, 문물을 받아들여 그들의 독창적인 문화유산으로 발전시켜 오늘날 그들이 자랑하는 국보 및 세계문화유산의 역사물을 가지고 있다. 우리는 그러한 문화를 보고 자신이 전해 준 것이라는 착각 속에서 상대적 우월감만 가지고 살아가는 왜곡된 역사관에서 빨리 벗어나 껍데기가 아닌 실질적인 역사를 만들어 가야만 하는 것이다.

신란 대사는 9세인 어린 나이에 고아가 되어 1182년에 히에산(比叡山)[4]에 입산하여 천태종(天台宗)의 승려가 된다. 20년 동안 오랫동안 엄격한 금욕과 고된 수행, 그리고 정신적 고뇌를 인욕하면서도 구제에 대한 확신을 얻지 못했다. 그는 29세가 되던 해에 오랜 수행 생활과 금욕 생활을 벗어나 자아의 깨달음을 포기하고 법장보살의 '본원'에서 궁극적 구원처를 찾은 것도 호넨 상인을 만난 인연 때문이다. 일생일대의 스승을 만나게 된 신란 대사 자신에게 있어서는 엄청난 행운이 아닐 수가 없다고 본다. 이후 신란 대사는 히에산에서 하산하여 바로 교토(京都)로 내려와 새로운 구원의 길

---

4) 히에산 : 교토 북쪽. 천태종의 본산이 있는 산. 고승인 「사이초[最議澄]」가 천태종의 본산을 짓고 부처님이 인간을 교화하기 위해 절묘한 수단을 사용한다고 가르쳤다.

을 접어들어 롯카쿠도(六角堂)[5]라는 전각에서 일본 정토종의 창시자인 호넨(法然)상인과 만나게 된다. 이 만남은 지금까지 그의 출가 수행은 물론 불교전반에 일대변혁을 예고하는 대목이었던 것이다. 호넨 상인에게 「나무아미타불」을 염불하기만 하면 누구든 틀림없이 구원받을 것이다. 라는 그의 대중설법을 듣고 환희심을 발하여 곧바로 호넨에게 귀의하여 사제지간의 인연을 맺었던 신란 대사이다. 그는 이후 예견대로 불교계는 물론 일반인에게도 일대 정신적 지주로서 칭송을 받았던 것이다. 이런 스토리가 있는 염불이 후세에게 계승되어 그 정신이 오늘날 일본 사회의 정신적 중추를 이루게 하는 큰 뿌리가 되었다.

이『탄이초』에는 염불자들에게 그러한 선사들의 가르침이 삶에 대한 희망이 되고 꺼지지 않는 불꽃이 되어 그대로 현재에 이르러 많은 사람들에게 삶의 빛이 되어 있다. 실천적 염불을 행한 많은 선인(先人)들의 발자취가 그대로 현재의 염불자들에게 전해져 그들의 신앙심을 공고히 하는 초석이 되었음은 물론이다. 그러한 의미로 본다면 이『탄이초』는 결론적으로 염불자들의 삶의 애환과 미래에 대한 희망을 주는 감동의 지침서로 널리 읽혀지고 있는 대표적 서물이라는 것이다. 그만큼 눈여겨 볼 대목이 많고 또한 불자의 입장에서도 배워야 할 점이 많은 만큼 각 불제자로서 신심의 입장에서 읽어주셨으면 한다.

---

5)   롯카쿠도 : 육각으로 된 전각. 교토에 있는 호넨의 염불당을 의미.한다고 가르쳤다.

『탄이초』의 구성과 의의

이 『탄이초』의 구성은 소가료진(曾我量深)선생에 의하면 첫 번째의 제1조에서 제10조까지는 신란의 설교에 대한 염불자들의 진의 위반에 대한 것이고 제11조부터 제18조까지가 이의(異議)의 조로 보았다. 이어 후서에서는 신심의 논쟁으로 규정하였다. 이 모든 논쟁이 있는 것은 본원에 대한 진실한 신심이 결여되어 있기 때문이라고 본 것이다. 두 번째로는 신란의 술회를 서술하였다고 보고 있고, 세 번째는 본원의 가르침에서는 선과 악이 둘이면서 둘이 아니라는 것을 지적하고 있다. 네 번째는 열반하신 신란 대사가 말씀하셨던 지극히 적은 분량의 말씀만을 생각해내어, 여기에 적어 놓고 염불자가 진실의 정토에 왕생하지 못하고 변지 방편의 세계에 머무르는 것만은 있어서 안 된다는 간절한 마음을 담고 있다. 특히 같은 문하인 염불자 가운데에 신심이 같지 않은 것은 무어라 형용할 수 없이 슬픈 일이며 그렇지 않기를 바라며 눈물을 삼키면서 필(筆)을 들어, 이 서(書)를 적은 것이 『탄이초』라고 이름한 것이었다.

탄이의 정신이란 바로 본원의 정신에 기초한 것이다. 그 본원에 믿고 염불하면서 후학으로의 전승에 힘쓰는 신란의 정신으로 이어지는 것이다. 이 탄이는 단순히 본래의 뜻과 다른 의미를 왜곡하는 것에 대한 이의를 제기하는 것에 그치지 않고 염불자인 자신의 신앙에 대한 점검이기도 하다. 즉 자신의 본원에 대한 신심의 깊이를 엿볼 수 있는 것이 바로 이 탄이의 정신이다. 타인의 신앙 행위를 보면서 자신의 신앙을 비추어 볼 수 있는 기회이기도 하다. 그 탄이가 나의 거울이 되며 부처님의 교설에 대한 논쟁의 대상인 것이다. 이것을 어떻게 받아들이느냐에 따라 나의 신앙의 성장이 가늠된다. 선사의 가르침에 대한 단지 그리움에 대한 회상만으로 정법(正法)이 계승될 수 없는 것이다. 선사를 통한 나의 존재감을 확인하고 그 존재의 힘을 십분 발휘할 수 있는 것이 스승의 역할이다. 사물을 놓고 좋고 나쁘다는 것은 분별심에서 오는 것이다. 그 분별이 좋고 나쁨에 대한 정답은 아니다. 그 정답은 선사의 정신에서 발췌해 내야 하는 것이다. 그 정신을 이해하고 나의 것으로 만드는 과정은 대단히 험난한 과정이기도 하다. 이 과정에서 잘못하면 왜곡이라는 것이 나온다. 즉 나의 편한 대로 말하고 해석하는 것이 바로 왜곡이다. 이 과정을 통달하여 빠져나온 사람만이 진정으로 스승의 정신을 계승하였다고 볼 수 있다. 선사이기 때문에 존귀하고 절대적인 것은 아니다. 스승은 항상 제자들에게 자신의 정도를 넘기를 바라고 있다. 자신의 모습에 멈추는 것은 잘못하면 자신을 흉내 내기에 급급한 것이 되는 것이다. 언제까지 스승의 아바타가 되더라도 자신이 진정한 법의 계승자로서 자신의 진면목에 대한 감정적 표현을 아끼지 말아야 할 것이다. 즉 스승을 존경해 마지않지만 그 정신의 배경에서 스승의 혼을 수득(修得)하고 전승하여야 한다. 그리고 진정한 본원의 가르침과 그 종지는 무엇인가에 주력(注力)해서 연구하여야 진정한 법의 전승이 성취되는 것이다.

　마지막으로 염불은 나의 구제를 위한 원력의 소산인 것이다. 내가 그것을 가지고 잘 활용하는 것인가 못하는가에 따라 염불은 유무용한 것이 되기 때문에 그 세계에서 살고 있는 나의 중요성을 먼저 알아야 하는 것이다. 가만히 생각해 보면「아미타불이 오겁이라는 긴 세월 동안 생각에 생각을 거듭하셔서 세우신 본원이 오직 이 신란 하나를 구제해 주시기 위한 것이었다.」라는 신란 대사의 말씀처럼 이 공식을 나 자신에게 잘 적용한다면 진정으로 이 염불자의 자세로서의 진가는 더 상승될 것이며 더 확실해 질 것이다.

차례

1장 전서(前序)

2장 중서(中序)

3장 별서(別序)

4장 후서(後序)

서문(序文)

　가만히 이 어리석은 생각을 회상하여 신란 성인이 계셨을 때
와 지금을 비교하여 보면, 그 옛날 성인으로부터 직접 들었던
진실한 신심과는 다른 것이 설하여지고 있다는 사실에 대하여
통탄을 금할 길이 없습니다. 지금 후학들이 진정한 믿음을 계승
해 가는 데 있어서, 많은 의심과 미혹함이 일어나지는 않을까
생각됩니다. 다행히도 우리는 연(緣)이 있는 선지식을 만나지 않
았더라면, 어찌하여 이 쉬운 염불의 일문(一門)에 들어올 수가 있
었겠습니까.

　진실로 독단적인 생각에 얽매어 본원 타력의 종지(宗旨)를 어
지럽히는 일이 있어서는 안 됩니다. 따라서 열반하신 신란(親鸞)
성인의 말씀 가운데 나의 귀속에 머물러 잊을 수 없던 것을 조
금만 적어봅니다. 이것은 오로지 같은 마음으로 수행하는 염
불자들의 의문을 없애기 위함입니다.

제 1 장

전서 (前序)

제1조 본원(本願)의 불가사의

　아미타부처님의 불가사의(不可思議)한 서원(誓願)의 작용에 구제받아 반드시 정토에 왕생을 이룰 수 있다고 믿고, 염불하려는 마음이 일어날 때, 곧바로 아미타부처님께서는 그 광명 속으로 섭수(攝受)하여 버리지 않는 이익(利益)[6]을 주시는 것입니다.

　아미타부처님의 본원(本願)은 노인도, 젊은이도, 선인(善人)도, 악인(惡人)도 구별하지 않습니다. 단지 본원에 대한 깊은 믿음만이 중요하다는 것임을 명심하여야 할 것입니다. 그 까닭은 죄악이 심중(深重)하고, 불꽃처럼 일어나는 번뇌를 안고 살아가는 모든 중생들을 구제하기 위해서 세워진 원이기 때문입니다.

　그렇기 때문에 아미타부처님의 본원을 믿는 사람에게는 염불이 외에 어떠한 선행도 필요하지 않습니다. 염불보다 뛰어난 선행도 없기 때문에 어떠한 악도 두려워할 필요가 없습니다. 아미타불의 본원을 방해할 정도의 악은 없기 때문입니다. 라고 이와 같이 성인께서는 말씀해 주셨습니다.

---

6)　이익 : 취하여 버리지 않음(섭취불사) 일체중생을 구제 즉 번뇌구족의 범부인 우리들, 사생육도 의 고해에서 혼미를 거듭하고 있는 우리의 이익 즉 왕생성취의 이익, 정정취(正定聚)의 또는 불퇴전(不退轉)의 위치에 서는 이익.

불가사의한 서원

　오로지 본원을 믿고 염불을 하는 마음만 있으면 된다는 본원의 의취는 그리 어려운 일이 아니다. 오히려 너무 쉬운 나머지 그 가치를 낮게 보는 우를 범하는 일이 있어서는 안 된다. 흔히 하나의 일에 익숙해져 경시하거나, 실증을 내는 경우도 있다. 또 매일매일 곁에 있는 사람들을 중요하게 생각하지 않으면 그 결말은 좋지 않게 된다. 그와는 크게 대별 되지만 아미타의 본원은 너무 중생 친화적인 만큼 오히려 우리들을 언제까지나 지켜주시고 바라볼 것이라는 응석을 부리는 경우가 있다. 그러나 그 본원의 내용을 잘 들여다보면 그러한 여유 부리고 있을 때는 아니라고 본다.

　이 조에서는 본원에 대한 진정한 의미를 잘 설명하고 있다. 아미타부처님의 불가사의(不可思議)한 서원인 본원의 말씀을 믿고 염불하려는 마음이 일어날 때, 아미타부처님께서는 결코 우리들을 버리시지 않고 곧바로 구제해 주시는 이익(利益)을 주시는 것이 핵심적 내용이 본원의 의취이면서 약속이기도 하다. 진정한 염불자로서의 자신이 본원의 가르침에 대한 투명한 의지가 필요한 것이다. 이러한 믿음에 의하여 부처님과 나 자신과의 조건이 꼭 맞는 것이 된다. 그 때에 비로소 이 섭취불사(攝取不捨)의 공식이 성립되고, 이 본원을 믿는 모든 중생이 최대의 혜택을 받을 수 있게 되는 것이라고 할 수가 있다. 여기서 염불을 하면 반드시 구제를 받아 극락정토에 왕생을 이룰 수 있는 전제는 믿음이다. 이 믿음에 의해 염불행이 성숙해가는 것이다. 금강석같이 견고한 믿음 없이 염불을 하는 것은 공염불이나 다름이 없다. 본원의 가르침대로의 믿음 없이 행하는 염불은 투명한 염불이라고 할 수 없다. 오로지 본원에 대한 이 믿음을 통해서만 정토에 왕생하는 길이 열린다고 할 수 있다.

법장보살의 회향(廻向)

아미타부처님의 인위(因位)인 법장보살[7]은 마흔여덟 가지의 광대한 원을 세우시고 오겁(五劫)[8]이라는 오랜 기간 동안 사유(思惟)[9]하시고 드디어 그 대자비의 원을 성취하셨다. 법장보살의 그 수행의 목적은 오로지 고통에 신음하고 있는 우리 중생을 구원하겠다는 일념이었다. 자신의 희생과 인욕(忍辱)이 없었더라면 불가능한 일이다. 우리는 이러한 경위로 법장보살님께서 성취한 48원이라고 부르며 또 본원이라고도 부르는 것이다. 이렇게 성취하신 본원을 법장보살의 회향이라 하고, 본래 중생에 대한 여래의

---

7) 법장보살 : 아미타불의 전신보살
8) 오겁(五劫) : 천지가 한 번 개벽한 때부터 다음 개벽할 때까지의 기간이란 의미, 헤아릴 수 없는 무한한 오랜 시간.
9) 사유(思惟) : 대상을 두루 생각하는 일. 여기서는 수행의 의미에 가깝다. 사고(思考).생각하다, 도모하다, 꾀하다.

회향인 것이다. 불교에서 회향은 궁극적으로는 구제를 의미한다. 즉 여래가 우리들을 구제한다는 의미로 쓰이는 것이다. 모든 부처님의 회향은 우리 중생을 구제하시는 가피력을 의미하는 것이다. 단지 말로서 이루어지는 것이 아닌 실제의 구제를 회향이라고 하는 것이다.

이 아미타불의 본원에는 본래 중생이 미혹을 떨치지 못하고 갖가지 번뇌와 고통에 신음하고 있는 중생들의 근기에 맞게 정리 요약하여 구체적 구제(救濟)를 제시한 것이 마흔여덟 가지의 원이라고 할 수 있다. 따라서 이 48원의 각원은 오로지 일체의 중생들을 하나도 남김없이 구제하겠다는 의지로서 아미타부처님의 대비심이 깃들여져 있는 여래의 회향이라고 부르는 것은 자명한 일이다.

이 48원 가운데 중심원이라 하는 제18원[10]에서는

「만약 내가 부처가 되어서도 시방의 중생[11]들이 지극한 마음으로 믿고 즐거이 나의 나라에 태어나기를 원한다면 열 번 염불[12]을 해도 정토에 태어나지 않는다면 나는 결코 부처가 되지 않겠다. 단 오역죄[13]인이나 정법을 비방하는 자들은 제외한다.」(『불설무량수경』)

---

10) 제18원 : 극락왕생(往生極樂)의 원(願)
11) 중생 : 일체중생, 남녀노소를 가리지 않는 모든 중생을 말함.
12) 염불 : 일념(一念)은 한번 염불하고 십념은 열 번 염불한다는 의미이나 단 열 번으로 보아야 한다.
13) 오역죄 : 부(父), 모(母), 나한(羅漢)을 시살(弑殺)하는 일, 승단(僧團)의 화합을 깨뜨리는 일, 불신(佛身)에 상처를 내는 일.

제18원은 「극락왕생원」 또는 「염불왕생원」이라고 한다. 이는 모든 원의 중심원이기에 왕본원(王本願)이라고도 부른다. 왕본원이라고 부르는 까닭은 모든 중생을 남김없이 구제하겠다는 아미타불의 철저하게 응집된 비원(悲願)이 담겨져 있기 때문이다. 또한 일체 불보살님이 세우신 원 가운데 가장 포괄적이고 강력한 원이기 때문이라고 생각된다.

부처님의 나라인 극락세계를 믿고 그곳에 태어나려는 마음과 그 극락세계의 존재를 공고히 하는 의미에서 보면 궁극적이라고 할 수 있는 원이기 때문이다. 즉 모든 원의 최고점은 곧 극락왕생이라는 의미가 되기 때문에 제18원을 중심원(中心願)이라 부르는 이유이다.

본원이라고 함은 모든 불보살님께서 세우신 원 가운데 가장 오래되고 보편적으로 가장 뛰어난 으뜸인 원이기에 본원이라고 하는 것이다. 많은 불보살님의 원 가운데 대표적인 보현보살의 10대원, 약사여래의 12대원 등이 있다. 그 원들과 법장보살의 48대원과의 공통된 원도 있지만 48원처럼 방대하고 세세하게 서원한 원은 없다. 그것은 법장보살의 인위(因位)의 오겁이라는 세월 동안의 사유(思惟)에 의하여 탄생한 원이기에 오차가 있을 수가 없다.

사홍서원(四弘誓願)에서도 모든 불보살님의 세우신 서원의 실체를 엿볼 수 있다. 이 사홍서원은 대승불교의 근본이 되는 원을 축약하여 놓은 모든 불보살님의 공통된 원이고 다른 원들의 대표적으로 축약한 원이라고 하여 총원(總願)이라고도 부른다.

그러면 일체중생 또는 모든 중생이란 어떤 의미일까. 보통 불보살님에게 있어서 일체중생 안에는 우선 남녀노소 그리고 선악과 육도의 모든 중생이 포함되어 있음이 분명하다. 다른 의미로는 누구 하나도 소외시키지 않고, 이 사바세계에 하나도 남기지 않고, 우리들을 분별하여 선택하지 않고 일체를 구제하여 주시는 것을 말한다. 이렇게 조건 없이 베풀어 주시는 자비심을 무연자비(無緣慈悲)라고 부른다. 이렇듯 제불 보살님들의 원은 현대적 해석으로는 불가해(不可解)한 점이 분명히 있다. 불보살님께서는 왜 중생구원에 자신의 생명을 걸고 희생을 마다하지 않고 수행을 하는가가 불가사의 하다. 게다가 도저히 이루어질 것 같지 않은 원대한 꿈같은 원을 세워 수행을 통해 오랜 세월 동안의 인욕으로 그 원을 성취했다는 것이다. 이러한 것 때문에 부사의한 원이라고 하는 것이다. 사실 이 원들은 중생들이 늘 소구 소원하던 그 원을 현실로 이루기 어려운 것을 보살님들이 대신하여 세워 주신 것이기 때문에 이것을 또한 보살원 이라고도 부른다. 따지고 보면 중생들이 세우는 원은 끊임없이 소구 소원하는 것이고 보살원이라 함은 일체중생을 대상으로 구원하는 광대원인 것이다.

본원의 이익

이 이익(利益)은 경제용어이기 이전에 불교 용어로 사용하였다. 여기서의 이익이라고 함은 부처님으로부터 내가 받는 최고의 선물인 극락왕생을 지칭한다. 어떤 이가 목숨이 다할 때에 그 마음이 흔들림 없이 바로 그 극락세계에 태어나는 것을 원하면 임종 시에 아미타불이 정토의 성중들과 같이 우리 앞에 나타나 주시어 우리들을 영접해 주시는 것이 최고의 이익인 것이다. 우리들을 받아주시고 결코 버리지 않는 그러한 이익(利益)을 내려 주시는 것인 이익의 이(利)가 바로 섭취불사(攝取不捨)의 이익이다. 모든 중생을 극락으로 인도하시어 버려지지 않는 것이 바로 물질적 혜택이기 이전에 나의 생사에서 해탈을 이익으로 대변하는 것이다. 다시 말하자면 이익은 아미타불의 본원의 말씀을 깊이 믿고 염불하면 극락정토에 왕생한다는 아미타불의 중생구제 공식의 최종해답이 되는 것이다. 『불설아미타경』에서 석가모니의 신앙적 회고에는 이런 말씀이 있다.

「사리불이여 나는 이와 같은 이익이 있는 것을 잘 알고 있기 때문에 이 법을 설하는 것이다. 만약 사람들이 이 가르침을 들었다면 꼭 그 나라에 태어나고 싶다고 원하여야 한다.」(『불설아미타경』)

석가모니 자신 스스로도 염불문(念佛門)에 계셨던 것을 앞에 서 술한 바와 같이 '내가 아미타불을 친견하고 그 가르침에 따라 염불하면 그 이익으로서 정토의 세계에 왕생한다는 이 말을 설하노니 모든 중생들은 이 설하는 자의 말을 듣고 마땅히 저 나라에 태어나기를 발원하고 염불을 해야 한다고 경문에 설하고 계신다.

즉 석가모니께서 아미타부처님의 가르침을 잘 알고 그의 말씀에 따라 염불문에서 몸소 수행하신 결과 그 과보로 극락왕생을 성취한 이익을 얻었다고 하는 내용이다. 이 본원의 최대 수혜자로 이익을 본 자는 우리들이며 바로 나인 것이다. 나에게 있어서는 넝쿨째 굴러들어온 복이라고 할 수 있을 것이다. 큰 품들이지 않고 본원과 만남으로 인하여 큰 이익을 얻으니 이생에서는 너무 잘 살아온 것이 되고 더 이상 더 바랄 것이 없는 것이다.

나 자신은 현재에도 이기주의적인 사고(思考)로 정신적, 물질적 풍요를 더 누리려고 남의 것을 어떠한 수단과 방법을 가리지 않고 자신의 소유로 만들려는 습성이 있다. 정말로 부정하고 싶지만 나는 남에게 많은 인정을 받기 위해 가상으로 선한 나를 만들어 놓았다. 이렇게 물리적으로 만들어진 나를 진짜라고 내보이고 있다. 그리고는 자신보다 열등하다고 생각하는 남을 억누르면서 자신의 심신(心身)의 우월감이나 쾌락과 물질적 이익을 극대화하기 위한 사악한 행위를 불사한다. 나의 조그마한 이익을 위해서는 온갖 권모술수와 힘에 의한 강압적 착취도 마다하지 않는다. 지속적으로 악행을 하며 자신의 죄까지 남에게 전가하려고 한다. 이러한 행위의 이면에는 자신이 모든 것을 지배하고 독식하겠다는 욕구가 내재되어 있다. 이러한 악행은 결국 남을 나의 아래 놓고 군림하려는 속셈이 숨어 있다.

이 모든 것은 타인을 나에게 종속시키기 위한 악행인 것이다. 자신의 이익을 위하여 앞뒤를 보지 않고 남의 희생 따위를 가볍게 여기고 악행을 마다하지 않는 것은 자신에게 어리석음이 있다고 하는 것을 대대적으로 광고하는 것이나 마찬가지이다. 이러한 악행에 의해 많은 사람들이 피해를 받게 되고 고통을 받고 있다는 사실을 직시하여야 한다.

법장은 남녀평등 사상의 시조(始祖)

남녀노소와 죄악심중(罪惡深重)의 선악에 대한 차별 없이 우리들을 구제의 대상이 되게 하는 것이 염불이다. 이와 같이 진정한 평등은 염불이 추구하는 합리적 정토의 세계에서만 이루어지는 것이다.

불교에서는 이미 10겁 이전부터 아미타부처님의 본원 제35원에 나타난 「여인성불원」을 세우시고 성별에 대한 차별을 없앤 우주 최초의 여성 평등운동가라고 할 수가 있다.

공식적으로 석가모니 교단에 최초로 출가한 비구니는 마하파자파티[14]이다. 그녀는 석가모니를 키운 유모이며 양모(養母)이기도 하다. 당시 여성의 출가는 허락되지 않은 상황에서 주위의 간곡한 건의를 받아들여 그녀의 출가를 허락한 것이다. 이후 비구니의 출가도 가능하게 된 것이라 알려져 있다. 당시의 사회에서는 차별과 편견으로 여인은 성불을 못한다고 임의로 정하던 시기였던 관계로 여인출가에 대한 이견이 팽배하던 시기였다. 이러한 불평등의 장애를 없애기 위해 이미 오래전에 법장보살은 여인을 가엾이 여겨 제35원인 「여인성불원(女人成佛願)」을 세우게 된 것이다.

「제가 부처가 될 적에, 시방세계의 헤아릴 수 없고 불가사의한 부처님 세계의 여인들이 나의 이름(아미타불)을 듣고 환희심을 내어 믿고 원하여 보리심을 일으키어 여자의 몸을 싫어한 이가 목숨을 마친 후에 다시금 여인이 된다면 저는 차라리 부처가 되지 않겠나이다.」(『불설무량수경』 제35원)

이 제35원에 나타난 여인성불과 남녀평등 문제는 무시이래(無始以來) 현재까지 그 문제가 해결된 첫 케이스가 된 것이다. 약사여래 12대원의 제8원인 전녀성남대원(轉女成男大願), 전여득불원(轉

---

14) 마하파자파티 : 실모(實母)인 마야부인의 여동생인 마하파자파티가 유모가 되어 석가모니를 양육하게 되었다.

女得佛顯)에도

> 「제가 위없는 깨달음을 얻었을 때에, 만약 어떤 여인이 여자이
> 기 때문에 온갖 고통을 받으며 여자 몸을 벗어나고자 하면, 제
> 이름을 생각하고 일념으로 부르면 곧 대장부의 몸으로 바뀌어
> 서 성불하길 원하옵니다.」(약사여래 12대원의 제8원)

　여인의 몸을 남성의 몸으로 태어나고 싶다는 원을 세운 의미는
특히 남성 권위주의 사회에서 여성들의 불평등에서 오는 고통과
비탄(悲嘆)섞인 바람일 것이다. 여성의 몸인 자신을 싫어하는 이유
중 하나는 남성에 대한 여인들의 낮은 지위와 그에 따른 차별문제
로 인하여 고통 받고 있는 여인의 몸으로부터 탈출하고 싶은 억압
된 성 불평등사회에서 젠더(gender)사회를 바라는 한 면이다. 젠더
는 사회적·문화적·심리적 특징인 개개인의 성 역할, 성의 정체성
등과 관련된 성의 범주로, 남성다움과 여성다움의 규정에 사회적
영향이 작용한다는 의미를 담고 있다. 성별이 생물학적 성의 역할
이나 여성은 아이의 생산, 양육을 위한 존재가 아니고 사회적·문
화적으로 사회의 당당한 구성원이 된다는 점을 강조하며 사용하기
시작한 용어로 젠더가 사용되었다. 적어도 남성우위의 사회시스템
상 고통을 안고 살아가야만 하는 여인들의 삶에서 구해내기 위한
법장보살의 고뇌와 비장한 각오를 엿볼 수 있다. 어떠한 불보살이

이처럼 세세하게 남녀평등 문제까지 챙기겠는가. 단순한 성차별에서의 해방을 구호(口號)하는데 그치지 않고 그 시대를 살아가는 여인을 고통의 늪에서 구제해주는 가장 큰 배려인 것이다.

염불자에게 구제란

본원이 탄생한 연유는 「죄악이 깊고 불같이 활활 타오르는 번뇌를 해탈하지 못하고 있는 우리 중생들을 구제하기 위한 것」이다. 아미타불의 전신인 법장보살은 오로지 생사의 고통 속에 빠져 헤매고 있는 이러한 중생들을 위하여 아주 쉬운 탈출구를 알려주시고 자신이 건설하신 안락의 정토로 인도하여 안주(安住)시키려는 것이다. 그 안락의 정토는 바로 아미타불이 건설하신 극락세계라고 불리는 곳이다. 『불설아미타경』에 의하면 극락세계는 지극히 즐겁고 안락하며 고통이 전혀 없는 곳을 정토라고 하고 있다. 반면 현재 살고 있는 나의 세계는 늘 고통의 출구를 찾지 못해 헤매고 있는 혼돈의 사바세계로 예토(穢土)라고 불린다. 이 고통의 세계를 떠나지 못하는 나 자신은 항상 갈애(渴愛)와 온갖 욕망으로 번뇌가 활활 타올라 식을 줄 모르는 오온(五蘊)[15] 생고(生苦)에 시달리고 있

---

15) 오온(五蘊) : ① 색온(色蘊)은 몸이라는 무더기, 몸의 감각 덩어리이다. ② 수온(受蘊)은 괴로움이나 즐거움 등 느낌의 덩어리이다. ③ 상온(想蘊)은 생각·관념의 덩어리이다. ④ 행온(行蘊)은 의지·충동·의욕의 덩어리이다. ⑤ 식온(識蘊)은 식별

다. 문제는 이러한 현실에 익숙해진 나는 그것을 진짜의 세계라고 믿고 살고 있다. 때와 장소를 가리지 않고 수시로 흉한 이빨을 드러내고 침을 흘리면서 굶주린 자신의 욕망을 채우려 하고, 마치 아귀(餓鬼)와 흡사한 모습을 하고 행동하고 있는 바로 나 자신인 것이다.

이러한 나의 실상을 아미타여래께서는 안타까운 마음으로 바라보고 계시며 우리들을 「가엾은 중생」이라고 부르고 계신 것이다. 아미타부처님께서는 이러한 혼돈의 생활에서 벗어나지 못하고 있는 나를 이 세계에서 탈출할 수 있는 방법으로 단 한 가지 조건을 제시하셨다. 그것은 바로 아미타불 자신이 성취하신 '본원'에 대한 깊은 믿음을 가지고 오로지 「나무아미타불」의 염불을 행하는 것만이 필요하다고 말씀하시는 것이다.

그 염불 이외에 다른 어떠한 수행도 필요하지 않다고 한다. 이러한 아미타불의 불가사의한 가르침의 내용을 근거로 우리들은 빨리 염불자가 되어 이 고통의 사바세계로부터 벗어나 저 안락의 정토에 태어날 수 있다는 믿음을 가지고 오로지 염불 정진해야 한다는 것이다. 실제로 나의 근기로는 그 어떠한 수행과 도덕 윤리의 생활을 잘 이행하고 넘어서기가 쉽지 않은 몸이기 때문에 아미타부처님이 나에게 내밀어 주신 따스한 손을 잡을 수밖에 다른 방책을 찾

하고 판단하는 인식의 덩어리이다. 오온은 현상적 존재로서 끊임없이 생에서 멸(生滅)로 이어져 변화하는 것이기 때문에, 상주(常住)불변하는 고정적인 실체는 존재하지 않는다고 한다.

기가 힘들다. 다시 말해서 보잘것없는 나의 존재를 인정하시고 절대로 버리지 않고 꿈같은 진실의 보토(報土)로 이끌어 주시어 그곳에 태어날 수 있다는 큰 희망을 갖게 하여 주시는 것이다. 이러한 부처님의 무한한 대비심이 바로 본원의 진수(眞髓)인 것이다.

부처님의 대비심은 오랜 인욕의 수행과정에서 증득한 것이다. 이렇듯 자신의 희생과 고통을 감내하시며 오로지 중생구제만을 위하여 수행하신 것이 불가사의하다는 것이다. 인욕 없는 자비가 탄생하지 않기 때문에 부처님의 자비는 결코 가벼운 것이 아니다. 문제는 그 자비심에 의해 내가 구제되는 당사자인 것을 잊고 의미가 무색할 정도로 아미타부처님의 원을 세우신 연유를 간과한 무지(無知)를 나타낸 장본인이라는 것이다. 아미타부처님의 비원이 나 같은 문맹을 구제하기 위하여 성취되었다고 생각하면 진정으로 그 은혜에 감사하지 않을 수 없다. 따라서 그 성취된 본원의 가르침에 따라 염불을 하면 자신의 구제가 이루어지게 되는 것이다.

아미타부처님은 오겁이라는 긴 인고(忍苦)의 세월 동안을 사유(思惟)하시고 그 장대무애(壯大無碍)[16]한 원을 세우신 이유도 바로 중생구제의 대과업을 성취하기 위해서이다. 그리고 그 구제의 대상이 어떤 지정된 중생이 아니고 일체중생을 구제하는 것이니 더 대단한 것이다. 더구나 아미타부처님의 본원은 우리에게 어떠한 조건이 없기 때문에 불가사의하다라고 하는 것이다. 이렇게 성취된 본원

---

16) 장대무애(壯大無碍) : 크고 튼튼하고 ,막히거나 거칠 것이 없음. 웅장하고 씩씩하다

의 염불에 의해 모든 중생이 안락의 정토에 왕생하게 해 주신다는 것이 불가사의 한 일이 아닐 수 없다. 우리들은 이러한 아미타 여래의 불가사의한 위신력을 믿고 오로지 염불하는 것이다. 그리고 아미타 부처님의 자비는 단기적이 아닌 영원히 지속적인 것이다. 그렇기 때문에 언제 어디서나 우리들에게 구제의 손을 내밀고 계신다. 모든 불보살님이 세우신 원도 공통된 중생구제를 위한 원(願) 인 것이 틀림없다. 모든 부처님이 존재하는 이유는 단 한 가지 고통에 신음하고 있는 우리 중생들을 건지기 위함인 것임을 잊어서는 안 된다. 중생들이 가지고 있는 갖가지 고통에 따라 각각의 부처님이 세운 원이 결과적으로 중생구제라는 같은 원이기 때문에 공통원이라고도 하는 것이다. 일체 불보살의 공통원은 중생들을 최종 목적지인 아미타불이 계시는 극락정토에 왕생시키기 위한 것이라는 것을 직시해야 한다. 사실 불보살님은 어떠한 상황이더라도 포기하지 않고 끝까지 우리들의 곁에 항상 계신다. 그것을 부처님의 대비심이라고 부르고 있는 것이다. 그 구제의 진실한 내용이 본원의 본질인 것이다. 대개는 아미타불의 본원이 너무 가깝고 쉬워 불가사의한 힘이 있다고 생각하지 못하며 오히려 서원의 위신력에 의문을 가질 수도 있다. 그러나 본원은 신비주의적 영역이 아니다. 그 본원은 나를 주인공으로 하기 때문에 현실적인 구제원이다. 그러한 자신의 현실생활을 바로 본다면 본원의 가르침을 사실로 받아들일 것이며 그렇지 못하다면 하루빨리 이 현실에서 벗어나지 못

하는 자신을 억울해 할 것이다. 그렇기 때문에 자신이 처해있는 상
황에서 본원의 진실을 볼 수 있다면 중생구제의 대비원이 그만큼
불가사의한 진실임을 알 수 있을 것이다.

제2조 염불자의 자세

그대들이 그 머나먼 십여 개국[17]의 경계를 넘어, 목숨을 걸고 나를 찾아온 연유(緣由)는 오로지 극락왕생(往生極樂)의 길을 명확히 묻고 밝히기 위함입니다. 그런데 내가 이 염불 이외에 다른 정토왕생의 길을 알고 있다거나, 또한 그러한 내용이 설해져 있는 다른 경전과 가르침 등을 알고 있을 것이라고 생각을 하고 있다면 그것은 크나큰 잘못입니다. 만약 그러하시다면 나라(奈良)지방과[18] 히예산(比叡山)에도 굉장히 뛰어난 학승들이 많이 계시니 그러한 분들을 만나 뵙고 왕생의 요결(要結)을 자세하게 듣는 것이 좋을 것입니다.

이 신란(親鸞)에게 있어서는 「오로지 염불을 하여 아미타부처님께 구제받아 왕생을 이루는 것」이라는 선지식(善知識)[19]의 가르침에 따라 그것을 믿고 있는 것 이외에 무언가 다른 까닭이 있을 리가 없습니다.

염불이란 정말로 정토에 태어나는 씨앗이 되는 것인지, 아니면 고통의 지옥에 떨어지는 행위가 되는 것일지 도무지 나는 알

---

17) 십여 개국 : 일본 본토의 관동지역에서 교토에 이르는 10여개의 각 지역 관리무사들이 있고 그 경계의 각각의 지명이 있다.
18) 나라(奈良)지방 : 일본 열도의 혼슈섬 간사이 지방으로 일본 제2의 도시 오사카와 교토의 남쪽에 위치하고 있다.
19) 선지식 : 유연(有緣)의 지식. 신란 대사의 스승인 호넨 상인(法然上人)을 말함.

수가 없습니다. 만약에 호넨 상인(法然上人, 源空, 1153-1212)[20]에게 속아 염불을 하여서 지옥에 떨어진다 하더라도 결코 후회하지 않을 것입니다. 왜냐하면 다른 수행에 정진하여 부처가 될 수 있는 내가 그 수행을 하지 않고 염불을 했기 때문에 지옥에 떨어졌다고 한다면 속았다고 하는 후회가 막심하겠지만, 그 어떠한 수행도 잘 이룰 수 없는 몸이기 때문에 아무래도 지옥 이외의 내가 살 곳은 없기 때문입니다.

아미타불의 본원이 진실이라 하면, 그 진실을 설해 주신 석가모니의 가르침이 거짓일 리가 없습니다. 석가모니의 가르침이 진실이라면, 선도(善導)대사(613-681)의 본원 염불의 해석에는 거짓이 있을 리가 없습니다. 선도대사의 해석이 진실이라고 한다면 그 가르침을 받아 염불왕생의 길을 밝혀주신 호넨 상인의 가르침이 어찌 거짓이라고 할 수가 있겠습니까? 호넨 상인의 가르침이 진실이라 하면 이 신란이 말씀드리는 것이 어찌 헛되다고 할 수 있겠습니까?

요컨대 어리석은 나의 신심은 이와 같습니다. 이 이상은 염불을 하여 왕생할 수 있다고 믿던가, 염불을 버리던가, 각자 생각할 나름입니다. 이와 같이 성인은 말씀하셨습니다.

---

20) 호넨 상인(원공(源空) 1153-1212) : 신란 대사의 스승, 일본 정토종를 개산함. 『선택본원염불집』등 다수.

순교자의 정신으로

자동차도 수레도 없이 험준한 산을 넘고, 넓고 깊은 강을 건너, 도적 떼를 피하여 간신히 목숨을 부지하고 그 머나먼 교토의 신란 대사의 처소까지 찾아온 이유는 무엇인가? 또 목숨을 걸고 찾아온 이들에게 신란 대사는 얼마만큼의 답을 주었는가? 생생한 현장감을 느끼게 하는 이 순간 신란 대사와 그 염불자들과의 대화가 진행되는 과정에서 문득 신란 대사는 자신이 이러한 의심의 원인을 제공한자라는 회한이 있었다고 본다. 그리고 주마등처럼 스쳐가는 지난날 유배생활 동안의 고난이 되살아나는 느낌이었으리라. 신란 자신에 대한 그들의 의구심을 풀어주는 것 또한 문제이나 그곳에 남아있는 염불자들의 염불에 대한 위기의식을 어떻게 해소할 수 있을까. 그들은 염불에 대한 의구심을 가진 한편 신란 대사에 대한 의심 또한 병행하고 있었을 것이다. 그러나 생각해 보면 모두 한결같이 목적하는 바는 한가지이기 때문에 잠시 흘렀던 자신과의 갈등이 해소되어 현실로 돌아오게 되었다고 본다. 당시 신란 대사는 호넨 상인 멸후 염불의 진위를 증명해줄 당시 최고의 선지식이었다. 그러한 신란 대사를 친견하여 그 진위에 대한 의문을 해소하고 염불의 견해를 직접 듣기 위하여 찾아온 이들의 심정(心情)도 신란 대사의 심정도 모두 마치 벼랑 끝에 선 느낌이었으리라. 염불을 해도 안해도 삶에 그다지 지장이 없는 대부분의 사람들은 과도한 행동으로 비추어졌을지 모르는 상황일 것이다.

그러나 그 민초들에게 있어서 염불이란 자신들의 마지막으로 삶의 희망이었다고 믿고 진지한 입장이었으리라. 염불에 대한 진위를 묻고 이 현실의 고통에서 벗어나 새로운 삶을 살고 싶다는 외침이었으리라. 그들은 신란 대사에게 그 더 과하게도 그렇게 물어야 할 이유가 있는 것이다. 또 그들의 외침에 대하여 신란 대사 또한 응답해줄 의무가 있는 것이다. 그러나 의외로 신란 대사의 대답은 간단 명료한 것이었다. '당신들이 어떻게 생각하는지 모르지만 오직 나는 이렇게 선사들의 가르침을 믿고 행하고 있을 뿐이며 그 이외에 다른 어떠한 감추어 놓은 다른 신비스런 술수를 가지고 있지 않다.'라고 냉철하게 단언한다.

신란 대사가 믿고 있는 본원의 염불은 석존 이래의 전승된 염불의 가르침이다. 그 본원의 가르침을 실천한 선사들이 신란 대사의 강력한 배후였다. 그러한 신란 대사의 말을 들은 염불자들은 모두다 공감을 가지지는 못하였으리라. 그 염불자들에게 있어서는 당면한 문제는 관동지방에서 일어나고 있는 현실적 혼란을 어떻게 잠재울 수 있을까하는 고심을 해결하는 것이다. 자신이 안고 있는 온갖 번뇌를 신란 대사의 냉철한 한마디에 다 삭이지 못하였으리라고 본다. 그것은 염불의 가르침에 대한 확고한 신념이 서지 않고 염불의 진위를 먼저 따진다면 염불에 대한 신심이 생명력을 잃기 때문이다. 단지 그들을 위로의 관점에서 끝냈다고 생각한다면 신란 대사의 덕망은 어느 정도 인정받겠지만 잘못하면 불교의 가르침을 외면하고 일반적인 감정으로 위로하여 보냈다고 한다면 아주 사적인 감정에 의한 대화에 지나지 않게 되는 것이다. 그러한 관점에서 신란 대사는 자신이 수행자로서의 입장으로 충분히 깨닫고 있었다고 본다. 그러하기에 신란 대사는 안타깝지만 목숨을 걸고 찾아온 이들에게 정이 떨어질 정도로 단호하면서도 그러한 염불자로서의 소신을 벗어나고 싶은 생각을 하지 않고 그들을 정면으로 일깨워 주려 하였던 것이다.

사실 이전 법난에 휘말린 스승인 호넨 상인은 지금의 큐슈(九州) 지방으로 신란 대사는 에치고(越後)로 유배[21]되었다. 신란 대사는 어려운 상황에도 불구하고 에치고의 유배지에서의 토호와 토착민들을 상대로 포교를 지속하였다. 많은 대중들이 염불의 가르침을 들으려 신란 대사의 주위에 모인 것이다. 그 염불이 당시 하루하루를 힘겹게 살아가고 있던 많은 서민들에게는 기댈 수 있는 유일한 의지처가 되었다. 그것이 그대로 신앙이 되어 자신들이 의지할 수 있는 힘이 되었다. 신란 대사가 에치고 지방에서 유배가 풀리게 되지만 바로 교토로 귀향하지 않고 있었던 이유도 그곳의 민초들에게 염불의 포교가 왕성하게 이루어진 연유에서 그러하였다고 본다. 이어 에치고에서 관동지방인 지금의 이바라키현으로 옮

---

21) 유배 : 가마쿠라 막부의 염불자 박해 사건 즉 법난으로 인하여 지금의 니가타현 지방으로 유배된 것.

겨 계속하여 그곳의 민초들을 위한 염불 포교에 전념 하였다. 이후 교토로 다시 돌아와 여생을 후학을 위한 집필로 일관했다.

그러나 신란 대사가 교토로 돌아간 이후 지금의 니가타 지방을 중심으로 한 에치고 그리고 이바라기현의 관동지방의 일부 염불자들이 염불신앙을 왜곡하여 많은 사람들을 혼란에 빠지게 한 사건이 일어나 그 진의를 신란 대사에게 따지고자 대거 교토로 상경하여 신란 대사가 있는 곳을 찾아와 염불의 진위를 물었던 것이다. 그 당시 염불자와 제자들이 본원의 진실을 주관적 해석을 함부로 하는 등 각자의 소견이 난무한 시기였다. 그 가운데는 젠란[22]이 염불의 의취를 왜곡하여 많은 민초들의 혼란을 가중시켰던 것이 단초가 된 것이다. 이로 인하여 신란 대사에게 있어서 가슴이 아픈 것을 각오하고 친자인 젠란과의 의절(義絶)을 선언한다. 신란 대사에 있어서는 여래의 가르침에 위배된 사안에 대해서는 그 어떠한 가까운 인연이라 할지라도 연을 끊어야 했던 것도 이러한 의심을 없애기 위함이었다. 이것은 오로지 후학들의 혼란을 없애기 위한 일대의 각오가 필요함이기 때문 만 아니라 신란 대사 자신도 참회의 염불에 대한 확신을 갖게 하는 사건이었다고 본다.

---

22) 젠란 : 신란 대사의 소생

염불자의 고락(苦樂)

　염불자는 공심(公心)을 가지고 여래의 가르침에 자의적인 필을 덧대지도 않고 말씀 그대로 전하여야 한다. 그러나 시간이 지남에 따라 염불의 진의가 왜곡되어 방편의 염불이 성행하고 있는 것도 사실이다. 신란 대사가 생존해 계실 때에도 염불을 자의적으로 해석하는 중대한 문제가 발생하는 사태에 이르러 많은 이의(異議)가 발생하고 있었다는 것은 분명 스승인 신란 대사의 부재가 원인이었으리라. 당시 그 멀고도 먼 험난한 십여 개국의 경계와 험준한 고개를 넘고 강을 건너 자신의 목숨을 돌아다보지 않고 신란 대사의 처소까지 찾아와 염불에 대한 진의를 재차 확인하는 염불자들에게 간절하고 엄중한 신란 대사의 비장함을 느낀다. 정작 신란 대사 자신은 어떠한 이도 차별하지 않고 구제되는 가르침을 분명히 전해 주었는데도 불구하고 일부 염불자들의 주관적 해석에 의해 많은 민초들을 혼란하게 만들었던 것이다. 이에 신란 대사는 자신의 부재중에 일어난 불상사인 것을 깊이 참회하며 자신을 방문한 염불자들에게 더 이상 혼란이 없게끔 더 강한 가르침을 설하였다. 그가 떠나온 간토(關東)지역과 에치고(越後)지역의 염불자들이 더 이상 혼란이 가중되지 않기를 간절히 기원하는 마음이었을 것이다. 그리고 한편으로는 자신을 찾아온 그들의 노고에 진정으로 감사함을 느꼈을 것이라고 생각한다.

그들에 대한 신란 대사의 대답은 의외로 단호하고 간결했다. 신란 대사는 자신을 넘어선 구원겁의 스승인 아미타불을 받들면서 염불의 정통성을 역사적 선사를 통해 본원 염불의 증명을 합리적으로 도출하려한 신란 대사의 노력에 대한 흔적이 역력하게 나타나고 있다. 신란 대사 또한 더 이상 물러설 곳이 없는 벼랑 끝에 서서 염불의 당위성을 피력한다. 신란 대사는 우선 그 먼 곳에서 자신을 방문한 염불 제자들에게 염불에 대한 의혹을 해소시키기 위하여 자세를 가다듬어 냉정함을 잃지 않고 배수진을 치게 된다. 그렇다고 염불자들을 위로하거나 안심시키는 것을 우선하지 않았다. 또 그들의 노고에 대한 감사와 보답의 말보다 무엇인가 그들에게 확실한 증표가 될 염불의 신심을 마음에 새겨줄 각오로 임하였던 것이다. 염불을 가지고 경시하는 그러한 응석의 여지를 주려 하지 않는 단호함이 돋보이는 대목인 것이다.

　이러한 민초들은 고락(苦樂)의 삶을 벗어날 탈출구를 찾고, 또 다른 하나는 생로병사에서 벗어나는 길을 묻고 싶었을 것이다. 어떻게 하여야 고난의 하루하루를 잘 연명하며 살아가야 하는지를 묻고 또 묻고 싶었을 것이다. 당시 민초들의 현실적 삶의 애환에서 탈출구를 찾으려는 처절한 절규임에 틀림이 없다. 신란 대사는 이러한 민초들 한사람, 한사람 모두가 소중한 염불자이고, 그들의 애환을 누구보다도 잘 알고 있었다고 본다. 이전 그들과 함께 나누었던 고락의 삶을 상기하며 안쓰러운 마음으로 그들을 바라보았을 것이다. 한편으로는 자신을 찾아 온 그들에게 내심 따뜻하게 해 주리라 하는 마음이 전부였을 것이다.

그것을 「오로지 그대들이 그야말로 목숨을 걸고 내가 있는 여기까지 오신 그 의지는 오로지 지금 생의 고통에서 해방되어 저 안락의 정토에 다시 태어나기 위함이다.」 라고 단언을 한 이유는 그들의 염불수행이 이 현실의 고통에서 해탈하기 위한 가장 적합한 선행이기 때문이라는 것을 알려 주기 위한 것이 아닐까 생각된다.

이 신란에게 있어서

염불자들이 신란 대사를 찾아 온 이유는 단 한 가지로 이전 그가 에치고와 관동지방에서 염불의 가르침에 대한 요지를 재차 확인하고 극락왕생에 대한 가르침과 본원에 대한 의심을 풀고 증명받기 위한 것이다.

그러한데도 그들은 신란 대사를 직접 친견하고 진의를 듣고도 의심이 풀리지 않는 얼굴을 하고 있다. 신란 대사는 그러한 그들에게 「나라의 흥복사[23)]와 교토의 히에산에는 뛰어난 학승들이 대거 수행하고 계시니 그곳을 방문하여 그 스님들을 찾아 정토왕생에 대한 요결을 듣고 의심을 푸는 것이 좋다」고 강하게 이야기 한

---

23) 흥복사 : 나라지방의 대표적 사찰

다. 신란 대사는 그들에게 임기응변으로 다른 선지식에게 찾아가 공부하는 것이 좋다고 내치며 말하는 것은 아닌 것이다. 어떤 면에서는 그 머나먼 지방에서 왕생의 가부(可否)를 물어 보려고 찾아온 사람들을 생각하면 기쁜 한편 또 다른 면에서 보면 무척 서운한 감정이 들었다고 본다. 관동지방에서 험난한 유배 생활 중 극락왕생에 대하여 그토록 설명했건만 그 사실을 의심하고 재차 물으러 오는 것은 아무래도 그리 기쁜 일은 아닐 것이다. 그러나 신란 대사는 그들에게 다시는 만나지 못할 상황이므로 확실한 염불에 대한 신심을 불어 넣어주고 싶었을 것이다. 그렇기 때문에 나라(奈羅)지방의 큰스님과 교토(京都)지방의 유명한 사찰의 큰스님을 거론했다고 생각된다. 그것을 들은 그들의 반응은 대개 신란 대사의 단호함이 역설적으로 더 큰 신망으로 다가왔을 것이라고 추측된다.

「여러분께 말씀을 드리자면 이 신란에게 있어서는 오직 선지식인 호넨 상인의 말씀에 따라 염불을 하는 것 이외에 다른 것을 알고 행하고 있는 것이 없습니다.」 라고 말한다.

이 한마디가 신란 대사 자신을 신심이 깊은 염불자로서의 강렬한 모습을 나타내었다고 본다. 한편으로는 간단한 대화지만 멀리서 그를 찾아온 이들에게 조금 더 따스한 말이 필요했지 않은가 생각된다. 그러나 그 이면에는 정말로 든든한 선지식인 호넨 상인에 대한 무한한 신뢰를 가지고 염불에 대한 강한 신념을 나타낸 한 구(句)라고 생각한다. 스승인 호넨 상인을 거명하여 그를 방문한 염불자에게 자신의 신앙체계와 본원의 교설을 증명하려고 한 것으로 보인다. 신란 대사는 옛 유배지에 남아있는 유수의 인재들이 염불의 진의를 왜곡하기에 이르러 그들이 동요하자 그 진의를 확인하고자 온 그들에게 진심을 다하여 대면하였다고 본다.

그러나 신란 대사의 내심은 그 염불자들을 밀어내기가 아닌 진심을 다하여 본원을 증명하기 위한 자구책이라고 볼 수 있다. 즉 그들에게 염불에 대한 재확신을 심어주기 위한 것이다. 신란 대사에게 있어서 선지식은 바로 호넨 상인이고 신란 대사의 직접적인 스승이기도 하다. 호넨 상인은 일본 정토종을 개산(開山)한 스님이기도 하다. 스승의 이러한 극락왕생의 가르침에 속아서 염불하여 지옥에 떨어진다 하더라도 신란 대사 자신은 조금도 후회하지 않는다는 점에 강한 방점을 찍을 수가 있다. 신란 대사는 스승에 대한 무한신뢰를 가지고 있고, 또 다른 이들에게도 자신 있게 추천할 수 있는 선지식이라고 말할 수 있다는 것을 알 수 있다.

선지식에 대한 신뢰는 물론 그 가르침의 근원인 경론에 근거한 자신감이 그를 신심의 행자로 만들었으리라. 신란 대사의 신심은 스승에 대한 믿음과 확고한 자아 성찰에서 나온 것이다. 아무리 자신의 능력이 뛰어나 그 어려운 참선수행이나 다른 밀교수행 등을 정진하여 부처가 될 수 있는 몸이라면 모르겠지만, 신란 대사는 자신의 근기를 적확(的確)하게 알고 있기 때문에 오로지 스승의 가르침에 따라서 염불할 수밖에 없다는 신념을 확고히 하였다.

그래서 신란 대사는 다른 어떠한 좋은 행이 있다 하더라도 도저히 따를 수 있는 근기가 없는 자신을 깨닫고 있었던 것이다. 너무나 자명한 이야기지만 이러한 자각을 가진 신란 대사는 자신의 신심과 염불수행에 대한 자신감을 가지고 이러한 배수진을 친 것이다. 그러한 자신감 있는 신란 대사의 신심이 그를 방문한 문도들을 감동시키기에 충분했다. 문도들 또한 이러한 신란 대사의 모습에서 그들이 구하는 대답이었다고 믿어 의심치 않았을 것이다. 이 신란 대사의 말씀은 그들을 속이기 위한 변명이 아닌 확고하고 강력한 신란 자신의 신앙고백이며, 그들과의 진솔한 대화의 시작이고, 한편으로 더 이상 그러한 어리석은 언행을 가지지 말라는 경책(警責)이기도 하다. 신란 대사는 그러한 강온의 가르침으로 그들의 마음을 무장 해제하여 본래의 자신의 신행(信行)을 돌아다보게 하는 대목이다. 그럼으로써 상기된 앞선 감정을 억제하고 새롭게 진실을 깨달아 초심의 자신으로 돌아가 염불자로서 거듭나게 하는 장면이라고 할 수 있는 것이다. 흡사 무기(無記)[24]의 입장에서 처음의 자리로 돌아가 다시 생각하여 시작하라는 석가의 가르침과 비교가 된다. 신란 대사와 문도들과의 문답에서 비장한 분위기마저 느껴진다. 바꾸어 말하자면 이 조항의 문맥상으로는 오직 염불의 진의를 알기 위해 생명을 걸고 그 험난한 길을 찾아온 그들에

---

24) 무기(無記) : 의식현상의 세 가지 양상 가운데 유기와 달리 선과 악의 분별이 없는 상태를 가리키는 불교교리

게 자신의 말을 잘 알아듣지 못한다고 질타하는 듯한 느낌도 있다. 그러나 사실은 지극히 합리적인 예를 들어 그들을 몇 번이고 강하게 염불자로서 회심을 말하고 또 자신의 본원에 대한 철저한 신심을 들어 이해시키려는 신란 대사의 모습을 엿볼 수 있는 대목이다.

신앙의 주체는 자신이다.

누구나 신앙의 주체는 남이 아닌 자신이다. 부처님과 자신과에 있어서 신앙의 주, 객체가 분명한 관계 설정이 우선되어야 비로소 바른 신앙체계가 성립된다. 타인이 나를 위해서「나무아미타불」을 한다고 해서 내가 부처가 되었다고 착각해서는 안 된다. 또한 타인의 염불이 나의 염불이 된다고 할 수 없다. 즉 자신의 업은 타인의 업이 될 수 없으므로 반드시 나의 업으로 가져가야 한다. 그 업은 남의 것이 아니며 누구도 대신 할 수 없다. 자신이 공덕을 쌓는 것 또한 다른 사람이 대신 해 줄 수 없다. 또 남이 나의 공덕을 대신해 줄 수는 없다. 그러면 나의 공덕은 남을 위해서는 전혀 의미가 없는 것일까. 그 또한 성급한 이야기일 것이다. 내가 쌓은 이 공덕을 일체중생에게 회향하겠다는 회향게의 말씀을 살펴 볼 필요가 있다. 내가 쌓는 이 공덕의 질과 방법에 문제가 있다고 본다. 이 문제를 회피하는 사람들도 다수 있지만 내가 신심이 있다고 해서 남이 신심이 있다고 할 수 없는 것이다. 문명이 그리 발달하지 않던 시절에도 문명의 현재에도 부처님과 나의 관계 설정 방법은 변함이 없는 것이 있다. 나의 공덕을 쌓는 것은 나의 업장 소멸을 위한 것이다. 따라서 나의 업장이 소멸되면 인연있는 이들의 업장 소멸에 큰 이익을 줄 것이다.

「내가 이 염불 이외에 다른 정토왕생의 길을 알고 있다거나, 또한 그러한 내용이 설해져 있는 다른 경전과 가르침 등을 알고 있을 것이라고 생각을 하고 있다면 그것은 크나큰 잘못입니다.」

여러분들이 이 염불의 가르침을 믿고 알고 있음에도 불구하고 이 염불 이외 다른 특별한 왕생의 길도 알고 계시거나 다른 경전 등을 통하여 공부를 하셔서 알게 되었다고 해서 이 진실한 염불의 가르침을 자신 마음대로 해석하고 생각하고 계시다면 크나큰 잘못인 것이다. 라고 하였다. 신란 대사는 「이전부터 본원의 가르침을 여러분에게 전부 알려드렸다. 그 외에 다른 어떠한 염불의 길을 감추고 알려주지 않은 것은 하나도 없다.」고 그들을 향해 일갈 하였다. 관동지방에서의 염불자 가운데 신란 대사 부재동안 염불수행 방법과 그에 대한 이익을 각자 자신의 해석으로 민초들에게 많은 혼란에 빠지게 하였던 무리들이 있었다. 그들은 지금 염불수행보다 더 효과적이고 더 좋고 빠른 염불왕생에 대한 길이 있다는 말로 꾀어 어려움을 가중시키고 있었다.

　그러한 혼란으로 인하여 하루하루를 힘겹게 살아가며 그저 염불의 위신력에 위로받으려 한 민초들의 마음은 조금씩 염불에 대한 불신으로 바뀌어가고 있었다. 그리고 이전 신란 대사가 다져두었던 염불의 가르침마저 불신으로 가득 차 있었던 것이다. 보다 못한 일부 염불자가 이러한 진위를 가리려 상경하였지만 신란 대사와의 면담결과가 피폐되었던 그들의 마음이 어느 정도로 해소되었을까. 그들은 신란 대사의 확신에 찬 새로운 가르침으로 지금까지 품었던 불신을 변화된 새로운 염불세계의 국면을 맞이하게 되었다고 본다. 그도 그럴 것이 이제껏 「죽으면 극락왕생한다.」는 것만이 유일한 본원의 가르침인줄 알았는데 신란 대사의 가르침을 되새겨 보면 정작 자신은 염불의 노예로 살아왔던 것이 아닌가 하는 깨달음을 얻었을 것이다. 이러한 그들을 접하고 나서 비로소 느낀 것은 이전 에치고에서 만난 많은 분들에게 염불의 신행을 권유하고 염불의 가르침을 말씀드렸으나 현지에 남아있는 민초들의 마음은 신란 대사 부재의 공간이 매우 컸을 것이라는 회한이 있었을 것이다.

　신란 대사는 그들에게 마지막으로 「이 신란이 여러분에게 염불자의 길과 그 이익에 대하여 알려드린 이외에 다른 비밀스런 법도를 감추고 알려 주지 않은 것이 있다고 생각하십니까? 또한 여러분들이 이 염불의 길보다 다른 훌륭한 법문 등을 듣고 불교를 알게 되었거나, 아니면 각자 마음대로 염불의 진위를 해석하거나 생각하고 계신다고 하면 그것은 크게 잘못된 일입니다. 내가 이 염불 이외에 다른 좋은 극락왕생의 길을 알고 있거나 내가 알고 있는 다른 비법을 감추고 알려드리지 않고 급하게 그곳을 떠나 온 것이라 생각하고 계신다면 그대들이 맘대로 그렇게 생각하고 다른 좋은 가르침을 따라가시는 것이 좋을 것 입니다. 이렇게 말씀드린 이상 선택은 여러분들의 몫입니다」라고 단호한 말을 했던 것이다. 신란 대사의 일설(一說)에 의해 그들은 진정한 자신이 누구인가를 깨달았을 것이다. 자신이 객체로서 변방의 불자로서 있었던 것을 생각을 하니 부끄러움이 한꺼번에 몰려왔을 것이다. 더구나 자신들이 지은 업(業)을 뼈저리게 느꼈을 만큼 자신의 우치(愚癡)에 대한 참회가 가중되었을 것이다.

자신들이 에치고와 관동지방의 염불자 대표로 신란 대사를 방문한 만큼 그 부담을 크게 가졌던 것은 자명한 일이다. 이러한 신란 대사의 가르침을 듣고 자신은 납득이 된다 하더라도 혼란해 하는 염불자들을 잘 설득시킬 수 있을까. 그들에게 이 염불의 진위를 전할 수 있는 자신이 있는가에 조금은 불안을 가지고 있었을 것이다. 염불의 진위를 기다리는 민초들의 마음을 변화시키기 위하여 노력하겠지만 만일 염불의 진위를 깨닫지 못하는 그 민초들에게 책임을 전가한다는 것은 도저히 본원염불의 가르침에 대한 전후가 맞지 않는 일이다. 그들에게 학문적인 설명이 그 무슨 효과가 있을까. 염불의 혜택을 쉽게 얻는 방법을 안다고하여 나름대로 염불의 가르침을 설하면 현지의 그들에게 오히려 많은 불신을 가져오지 않을까라는 심려가 앞섰을 것이다.

선택은 여러분의 몫이다

신란 대사는 이번 사건을 통하여 스스로 고뇌에 답답함을 느끼는 동시에 자신이 험지에서 지낸 나날에 대한 참괴(慙愧)가 함께 했을 것이다. 그렇기 때문에 그는 자신의 신앙에 대한 것을 던져 버리더라도 그들에게 진정성을 보여 주려 극단적 언어를 선택을 했던 것이다. 또한 같은 염불자라도 각각 견해로 염불의 위신력이나 염불 방법의 상위(相違)를 말하며 그들의 주장을 주입시키려 하며 많은 염불자들의 혼란을 가중시키는 일이 많았다.

「만약 그러하시다면 남도(南都)인 나라(奈良)지방의 큰 사찰에도 큰 스님이 계시고 교토의 북령(北嶺)인 히예산에 있는 연력사(延曆寺)와 같은 큰 사찰에는 굉장히 뛰어난 학승들이 많이 계시니 그러한 분들을 만나 뵙고 정토왕생에 대한 중요한 요점을 자세하게 듣는 것이 좋습니다.」

불교의 양대 법맥인 교토의 저 북쪽 산중(히에이산)의 연력사를 중심으로 한 큰 사찰의 스님이나 불교가 널리 알려진 남쪽의 나라 (奈良)지방에 있는 흥복사 등의 큰 스님들을 찾아뵙고 여러분의 의심을 푸시는 것이 좋다고 이렇게 말 할 수밖에 없는 신란 대사의 마음은 강한 회한이 있었을 것이다. 이러한 신란 대사의 처방은 염불에 대한 불신이 있는 그들에게 염불자로 다시 태어나기를 바라는 마음에서 나온 강한 메시지였다고 본다. 자신이 설하였던 극락왕생의 길 이외 더 불교의 요결을 더 알고 싶어 하는 염불자들의 혼란을 잠재울 묘책이 없을까라는 생각뿐이었을 것이다. 그러한 그들에게 이 염불의 가르침 이외에 다른 경전 등, 부처님의 가르침을 알고 싶어서 이리로 오신 것이라면 아주 잘못 찾아오신 것 같다고 말하는 것도 그 분들에게는 단호하고 냉혹하게 들릴 수 있다. 역으로 본원 염불에 대한 행자들에게 더 이상 삿된 기대를 주면 안된다는 자각과 위기감이 있었을 것이다. 이 염불의 진실만을 주장한다고 해서 그들의 의심을 해소시킬 수 없다. 그들의 증폭된 의심에 점점 더 진실을 알기를 목말라 하고 그 무엇이 더 있을 것이라는 심한 의심과 기대감을 충족시키기란 요원한 것이다.

들기에 따라서 멀리 목숨까지 걸고 험난한 길을 찾아온 사람들에게는 가혹한 일일 수가 있고 따스하지 않을 수 있는 말이었을 것이다. 그러나 이것은 사실 그들이 알고 있는 이 정토 염불의 길로 지금 신란 대사가 말하는 그 본원의 진실과 큰 차이는 없는 것이다.

그렇지만 스스로가 선택해야 하는 중대사이기 때문에 정공법 이외에 다른 해결점이 없다고 판단한 신란 대사의 당면한 현안이 었다고 본다. 한편으로는 본원타력에 대한 심신(深信)이 없었으면 이러한 자신이 나올 수가 없는 것이다.

나는 지옥이라도 마다 않고 가겠다

만약 내 이야기가 허언(虛言)이고 그 거짓이라고 하면 지옥에 가 는것도 마다하지 않겠다. 「지옥은 마땅히 내가 가야할 곳이다」등 의 강수로 배수의 진을 치는 신란 대사에 대해서 그들은 강한 신뢰 를 가졌을 것이다. 그만큼의 본원에 대한 믿음이 없으면 지옥을 간 다는 말을 자신 있게 할 수 없다고 본다. 신란 대사의 이와 같은 배 수진 전략이 설득력 있는 증명이 되었으며 그들을 향한 강한 일갈 (一喝)이었을 것이다. 그리고 자신의 신심과 수행방법은 이렇다는 강조를 마지막 수단으로 설파했을 것이다. 모든 책임은 자기 스스 로가 지고 가야 한다는 신란 대사의 신념에는 대단한 자신감이 나 타난다. 신란 대사 자신은 「오로지 염불을 하여 아미타부처님께 구 원된다.」고 하는 선지식의 가르침에 따라 염불을 하고 있는 것 이 외에 다른 무엇이 없다고 말한다. 만약 그 가르침에 의해 지옥에 떨어진다 해도 나는 선지식의 가르침을 받은 것에 대하여 한점 후회도 없다는 그 자신감은 어디서 오는 것일까. 진정 맹목적으로 스승의 말씀에 의존하여 염불을 하는 것일까. 사실 신란 대사의 지옥행설 그 저변에는 스승의 가르침인 본원의 말씀에 전적인 믿음이 있다는 것이다. 이 대목은 신란 대사가 선지식에 대한 무한신뢰를 알리는 대목이다. 선지식의 가르침을 무조건으로 신뢰하는 것이 아닌 증명된 자신의 구제에 대한 경험을 가지고 있는 것이다. 선지식은 단순한 사제의 인연에 치우치지 않고 그 선지자께서 걸었던 발자국 하나하나를 그대로 답습(踏襲)해 따라가야 하는 필연적 관계인 것이다.

「내가 믿고 염불을 하여 이 사바세계의 고통에서 벗어나 정토에 태어나는 씨앗(正因)이 될까? 아니면 반대로 고통의 지옥에 떨어지는 악업이 될까? 도무지 알 수 없는 일입니다. 만약에 스승인 호넨 상인(法然上人(源空))에게 속아 염불하여서 내가 가야 할 곳이 지옥이라도 결단코 후회하지 않을 것입니다.」

사제지간이란 단순한 정으로 연결된 것이 아니다. 법의 전승은 법맥이며 그 맥을 만나는 데에 연(緣)의 작용이 없으면 그 맥의 정통성이 없어지게 되는 것이다. 스승인 호넨 상인과 제자인 신란 대사의 반연(絆緣)은 그러한 법연(法緣)에 의하여 맺어진 관계이다. 그렇기 때문에 혹여 호넨 상인의 가르침에 따라 염불하여 지옥에 떨어지더라도 결코 후회가 되지 않는다는 강력한 믿음이 법맥의 진리를 증명하는 셈이다. 염불에 대한 자신감이 있는 것은 결코 즉흥적 신앙이나 신비주의적 사고에서는 결코 볼 수 없는 것이다. 염불 자체가 역사적 전승과 전통에서 발한 것이다. 그러한 염불에 대한 배경을 가지고 있기 때문에 염불하여서 지옥에 떨어지더라도 조금이라도 후회하지 않겠다는 각오를 가지고 있는 신란 대사의 심신(深信)이다. 어떠한 고통에서 굴하지 않는 염불자의 금강석과도 같은 신심(信心)이라고 할 수 있다. 본인 자신도 스승인 호넨 상인과 함께 법난(法難)으로 인한 유배(流配)되는 쓰라린 고통을 경험했기 때문에 더욱 더 깊고 강한 의지의 신심으로 화(化)한 것이리라. 그렇기 때문에 염불에 불심(不審)을 안은 사람들에게 금강의 신심을 나타내는 강한 메시지가 「자신은 지옥에 갈 수밖에 없는 몸」이라는 것을 스스로 나타낸 것이다. 그러한 강한 신념이 모든 이들에게 큰 생명의 힘을 안겨주는 것이다. 이 조에서는 염불을 하는 것에 의해 지옥에 떨어지는 것인지 아니면 정토 극락왕생하는 것인지 미증유(未曾有)의 사건에 자신을 향한 절실한 물음이다.

　여기서 눈여겨보아야 할 대목은 방향 잃은 염불자들의 절절한 의문에 신란 대사는 지옥이라는 극단적인 배수진을 치고 염불의 전통과 전승을 설명한 부분이다. 그 염불자들 역시 염불에 대한 풀리지 않은 의문과 왜곡으로부터 진정한 답을 얻기 위해 머나먼 곳에서 목숨을 걸고 신란 대사를 찾아온 것이다. 그러한 그들에게 초강수를 둔 것이다. 우리들은 800년 전의 환경이랑 지금의 환경과는 사뭇 다른 것이라고 생각하고 있지만 염불의 환경은 그리 변한 것이 없다.

신앙인으로서 신란 대사는 스승의 가르침에 무한신뢰를 가지고 있음에 모든 의문이 다 풀리게 되는 점을 평가해야 해야 할 것이다. 내가 스승의 가르침에 속아서 지옥에 떨어져도 후회는 안한다는 것은 전무후무한 금강의 신심이라고 생각한다.

나는 내 자신을 알고 있다

스승인 신란 대사와의 재회가 자신이 무명의 중생인 실체인 것을 가감 없이 나타낸 것이다. 그러나 대부분의 사람들은 무명의 중생인 자신이라고 인정하려 들지 않는다. 무슨 자신(自信)에서 무명인 실체를 가리고 화려한 영웅의 모습으로 화현(化現)하려 하는 것일까. 인간세계의 모든 불행은 여기서 발로한다고 여겨진다.

고대 그리스 철학자인 소크라테스[25]는 "너 자신을 알라"는 유명한 말을 남겼다. 그것은 무지(無知)의 지(知)로서 나라는 자신의 현주소를 직관(直觀)하라는 뜻이다. 그는 무지를 깨닫게 하고 부끄러

---

25) 소크라테스 : 고대 그리스 철학자. BC470-BC399 기원전 5세기경 활동한 고대 그리스의 대표적인 철학자이다. 문답법을 통한 깨달음, 무지에 대한 자각, 덕과 앎의 일치를 중시하였다. 말년에는 아테네의 정치문제에 연루되어 사형판결을 받았다.

위하거나 화를 내는 자신의 교만함을 깨닫게 하는 산파술(産婆術)[26] 의 대가이다. 그러나 이 산파술은 상대보다 자신이 더 뛰어나다는 역상(逆狀)의 오만을 나타냄으로서 잘못하면 자신이 의도한 개념과 는 반어적인 측면이 있는 반면 다른 로고스적인 측면에서 보면 오 류가 생기게 마련이다. 무엇이든 언어적 유희로 남을 제압해서는 안 된다. 자신이 감동을 가지지 않으면 남 또한 감동을 가지기 어 렵다. 그렇지 않으면 세치 혀로 남을 해하는 일이 될 것이다.

내가 무엇을 모르고 있고 무엇을 알고 있는지를 자각하는 순간 배움을 향한 열망이 싹튼다. 단지 배움은 지식에 한정되지 않고 자 신의 삶에 유용함을 얻는 것이다. 그것을 지혜라고 한다. 그래서 연령, 장소, 환경에 구애받지 않고 배움에 대한 노력은 멈추어선 안 된다.

「다른 수행에 정진해서 부처가 될 수 있는 내 몸이 이 염불을 해서 지옥에 떨어져 버렸다 하면 속았다고 하는 후회도 막심하 겠지요. 그러나 그 어떠한 수행이라도 제대로 하지 못하는 몸 (我)이기 때문에 지옥은 정해져 있는 나의 살 곳이겠지요.」

염불은 어떠한 경우이든 오로지 「나무아미타불」이다. 그런데 같

---

26) 산파술 : 소크라테스의 진리 탐구 방법으로 해산, 임산부, 태아 따위를 다루는 기술 로, 상대편에게 질문을 던져 스스로 무지(無知)를 깨닫게 함으로써 사물에 대한 올 바른 개념에 도달하게 하는 방법이다.

은 불교라도 수행방법의 차이로 인하여 각 종파가 주장하는 가르침에는 염불 수행은 근기가 약한 자들의 작위(作爲)이고, 또 하근기의 수행이니 만큼 크나큰 가피(加被)는 없을 것이라고 한다. 따라서 참선 수행은 상근기 수행자들이 하는 수행 중의 으뜸이라고 주장하는 수행자들도 있었다. 이 또한 자신이 참선 수행에 대한 자긍심은 가지고 있으나 다른 수행자들은 각 근기에 맞는 수행을 할 수밖에 없다. 따라서 그 주장은 다른 수행을 경시하는 말이 되는 것이다.

같은 일을 반복하거나 종교적 신념에 의한 신앙을 하더라도 어느 시기까지 열심히 하려는 마음이 일어나게 마련이다. 그러나 돌연히 자신이 하고 있는 일에 대한 의문과 회의가 들게 마련이다. 새로운 무엇인가를 찾아 헤매는 시기도 이 때인 것이다. 무신경으로 살아온 인생에 있어서도 마찬가지이다. 삶에 매진하여 오다 홀연히 자신을 돌아다보니 그간 정신없이 열심히 잘 살아왔다고는 하나 지금에 와 생각해 보니 지난날의 생에 대한 후회와 아쉬움이 남기 마련이다. 그것을 극복하지 못하면 울증(鬱症)에 시달리고 정신적 쇠약에 시달리게 되는 것이다. 이러한 자신에 대한 모습을 거울에 비추어 보고 나의 진실한 모습은 어떤 것인가 회심해 보아야 한다. 불교에서 진정한 나의 참모습은 번뇌치성(煩惱熾盛), 죄악심중(罪惡深重)인 중생 그 자체의 모습인것을 직관해야 한다.

염불의 전승과 전통

신란 대사는 염불이 자신의 가르침이 아닌 석가모니 직설(直說)이며 진의(眞意)임을 규명하고 정토불교에 대한 세간의 의심을 해소하려 했다. 이 염불의 역사는 석가모니의 교설(敎說)로부터 시작하여 인도의 용수(龍樹)보살, 천친(天親)보살로 전승되어 왔다. 그리고 중국정토의 선지식인 담란, 도작, 선도대사로의 맥이 그대로 한반도로 전해져 통일 신라 시대에 이르러서는 원효, 경흥, 태현, 의상대사 등 당대의 고승들을 배출하게 되고, 그들에 의해서 염불이 튼튼하게 뿌리를 내리게 된다. 그 염불이 일본으로 전해져 오늘날 정토불교가 더욱 발전을 이루었던 것이다.

「아미타불의 본원이 진실이라 하면, 그 진실을 가르치신 석가모니의 설교가 거짓(허튼소리)일 리가 있겠습니까? 석가모니의 가르침이 진실이라면, 선도대사(613년~681년)의 해석이 거짓일 리가 없습니다. 선도대사의 해석이 진실이라면 그 가르침을 받아 염불왕생의 길을 밝혀주신 호넨 상인의 가르침이 어찌 거짓이라고 할 수가 있겠습니까? 호넨 상인의 가르침이 진실이라면 이 신란이 드리는 말씀이 어찌 헛되다고 말할 수 있겠습니까?」

선술(先述)의 당(唐, 618-907)의 선도대사는 정토종의 대성자로 알려져 있다. 특히 그의 정토교를 '선도류(善導流)'로도 불린다. 선도대사의 해석은 아미타 본원에 대한 그의 신념 있는 정토염불의 해석이다. 선도대사가 중요시한 부분은 본원중 제18원이다. 그에게는 5부 9권[27]이라는 방대한 저서가 전해진다. 이렇듯 중국 정토종 법맥에서는 제3조(祖)로 하지만 그밖에 진언종(眞言宗)에서는 제5조로 추앙받고 있다. 이러한 선도대사의 저서를 모델로 하여 호넨 상인은 선도류의 가르침을 토대로 일본 정토종을 개산하였다. 호넨 상인이 출가하여 히예산 연력사(延曆寺)에서 천태사상을 배우고 수행하다가 정토 염불에 눈을 뜨고 지금의 교토(京都)로 내려와 염불문(念佛門)을 연 것이 지금의 일본 정토불교의 시작이었다고 볼 수 있다. 당시 사람들은 이러한 호넨 상인을 대세지보살의 화신이라고까지 부르며 존경하고 있었다. 호넨 상인의 가르침을 받은 신란 대사는 염불하여 극락왕생을 이룬다는 친절한 설법을 통하여 자신을 찾아온 문도들에게 큰 의심을 풀려 모든 방편을 동원하였다. 더욱이 극락왕생의 요지에 대한 선사들의 증명을 강하게 내어 보여 주었다.

그 염불의 전통을 전승(傳承)한 자신이 신란이라는 법명 두 자를 걸고 '지옥행'이라는 극단적 단어까지 사용하며 문도들의 의심을 거두기에 압도하였음은 물론이다. 그것은 신란 대사의 종교적 신념

---

27) 5부 9권 : 『관무량수경소(疏)』(4권)를 비롯하여 『법사찬(法事讚)』(2권), 『관념법문(觀念法門)』(이하 각 1권) 『왕생예찬(往生禮讚)』『반주찬(般舟讚)』이 현존.

이며 자각을 가진 염불자로서 확고한 신심을 가진 순교자적 정신일 것이다. 그들이 다시는 이러한 문제로 염불왕생에 의심을 가지거나 혼란을 초래하여 여기까지 올 필요는 없음을 못 박아 버린 것이다. 왜냐하면 염불의 창조자는 석가모니 이전의 아미타불이다.

그러한 내용에도 불구하고 이 염불자로서의 내가 스승인「호넨 상인(源空)에게 속아 염불하여서 바로 지옥에 떨어진다 하더라도 결코 후회하지는 않을 것이다.」라는 스승에 대한 절대 신뢰는 지금의 사제 간의 모습에서는 볼 수 없다.

내가 선지식을 만나고 싶다고 해서 만나진다하면 염불도, 그 무엇도 내가 생각한 대로 되었을 것이다. 그렇지만 돌아다보면 나의 생각대로 이루어진 것이 하나도 없다. 따라서 나의 의지와 신통력이 출중하여 염불 이외에 다른 수행에 정진하여 부처가 될 수 있는 몸인데 그 수행을 버리고 호넨 상인의 가르침에 따라 염불을 하여 지옥에 떨어져 버렸다하면 진정으로 속았다는 후회가 막심할 것이다. 그러나 나는 지금 그 어떠한 수행도 제대로 해 낼 수 없는 몸이기에 나에게는 오로지 이 염불에 부사의한 힘에 의지할 수밖에 없고 혹시 지옥에 가더라도 나를 구해 줄 것이라고 믿는다는 것이다.

아미타부처님의 전신인 법장보살께서 오로지 고통의 중생을 건지시기 위하여 출가하여 원을 세우시고 원의 성취를 위하여 오겁이라는 오랜 세월 동안 고행을 하시고 드디어 고락(苦樂)의 세계를 해탈하셨다. 그렇게 이루어진 아미타불의 본원이 진실이라고 하면 당연히 사바세계의 교주이신 석가모니 부처님의 설교가 거짓(허튼소리)을 말씀할 리가 없는 것이다. 종교가 다르더라도 석가모니의 말씀이 거짓이라고 하는 지식인들은 이 세상에 하나도 존재하지 않는다. 만약에 이러한 분이 계신다면 염불과 지옥, 염불과 정토의 관계를 풀어줄 의문에 대한 답이 석가모니가 설하였던 경전에 있는 것이다. 또 석가모니가 염불의 전통을 제불들에게 증명을 받고 모든 중생들에게의 전승함을 독려하고 있다. 이 『탄이초』에서 설한 것과 같이 석가모니로부터 가르침을 받은 염불의 전승이 바로 그 염불의 맥을 증명하는 것이 된다. 선불교에서도 초조(初祖)를 마하가섭 또는 보리달마[28]로 전해져 내려온 것을 선맥(禪脈)이라 한다. 염불의 초조는 의심할 필요도 없이 당연히 석가모니가 될 것이다. 이와 같이 석가모니는 자신이 염불자임을 자인하는 말씀이 여러 경전 속에서 발견할 수가 있다. 특히 『불설아미타경』에서는 자신이 증명을 통해 대중들에게 믿음을 권하는 대목에서 밝힌 염불이 역사적 전통인 사실임을 주지해야 한다.

「사리불아 나는 부처님을 친견하고 이러한 이익을 얻었기에 이
와 같이 설하는 것이니 만약 이 말을 듣는 중생이 있다면 응당히
저 국토에 태어나기를 발원하라」(『불설아미타경』)

---

28) 보리달마 : 페르시아 사담출신, 출가 후 반야다라의 제자가 됨. 양무제로부터 스승
제안을 거절하고 죽임을 당하나 총연산 고갯마루에서 달마를 본 사람이 있다고 전
해지면서 그의 신통력이 대단함을 나타내었다.

석가모니 자신이 아미타부처님의 친견에 의해 응당의 이익을 얻었다고 하며 중생들에게 정토에 태어나기를 발원하기를 권하고 있는 것이다. 이것이 선(禪)수행이건 염불수행이건 스승이신 석가모니의 확신에서 발하고 지금까지 전승된 불교수행의 역사적 진실을 말하는 불교의 근본적 법맥이 된다. 법맥은 부처님의 말씀에 실천을 이루는 전통적 전승을 의미한다. 수행이라 하면 우리는 현실 생활과 동떨어진 공간에서 이루어지는 폐쇄적 수행을 생각하기 쉽다. 그러나 수행의 목적은 현 생활의 원활함을 위해 필요한 행위임을 부인할 수 없다. 또한 이러한 불맥(佛脈)에 의한 수행이라고 함은 반드시 역사적 전통이 살아 있는 것을 의미한다. 그 전통이란 살아 있는 진리가 나에게까지 전해져 내려와 그것이 나의 삶이 되고 나의 미래를 약속해 주는 큰 힘이 되는 것을 의미한다.

선지식과의 만남

선지식을 찾아 왕생의 요결을 증명하는 신란 대사의 배경에는 직접보고 체험한 염불의 세계에 대한 확신과 선지식인 호넨상인에 대한 강한 믿음이 있었다. 이것은 염불의 역사적 전통성을 증명해 주는 것이 된다. 스승으로부터 제자에로 또 다음 제자로 그 법맥이 전승되는 것을 의미하기도 한다.

선도 대사와 호넨 상인의 전승에서 보듯이 호넨 상인과 신란 대사의 관계는 염불 전승의 입장에서 같은 맥락으로 보아야 할 것이다. 법맥의 전통은 축적된 진리의 보고(寶庫)이다.

그러한 법을 이어받아 지키고 후대로 전승하는 것만이 법이 살아있는 진리로서 존재하게 되는 것이다. 진리는 변하지 않고 또한 변할 수가 없는 것이다. 그러나 그 진리를 숨겨 놓거나 장 속에 간직한다는 것은 진리로서의 역할이 없는 땅속의 보물을 의미하는 것이다. 그렇게 감추어진 진리가 빛을 발하려면 그 진리를 채굴하여 증명하여야 하고 나의 것으로 증득해야 한다. 그 증득된 진리로서 가치를 알려면 반드시 선지식의 가르침을 있는 그대로 수지하여 실천해야 한다. 그러기 위해서는 먼저 진정한 선지식과 만남이 성사되어야 하는 것이 선결이다. 이러한 선지식과 만남으로 인하여 부처님의 진리가 증명되고 그리고 선지식들의 궤적을 통해 그 진리가 그대로 나에게 전승되는 것이다. 그러한 선지식과의 만남을 통해 증득한 것이 바로 진실된 가르침이며 그 진실이 후학으로 자연스럽게 전승이 되는 것이다. 스승에서 제자로 또 그 제자에로의 전승은 바른 법의 전승이 되는 것이다. 법의 맥이 전승되는 가운데 우리는 살아있는 염불의 세계에 서 있는 것이다.

염불이 현재까지 전승된 이유는 염불이 다른 수행보다 쉽고 매우 합리적이며, 모든 계층들을 아우르고 구제할 수 있는 원력을 가지고 있는 점 때문이다. 또한 다른 수행과 차별이 되는 이 염불수행의 강점은 승속(僧俗)을 떠나 때와 장소에 구애를 받지 않고 자유롭게 수행을 할 수 있다는 점이다.

　석가모니부처님이 깨달으신 진실은 보편적 중생들의 삶 속에 있는 그대로인 본연의 모습에서 발견한 것이다. 이 본연의 모습은 중생들의 고뇌 그 자체에서 벗어나지 못하는 삶의 현실에서 볼 수 있다. 석가모니는 이 중생이 안고 있는 삶의 현실을 고(苦)라고 표현했다. 그래서 이 사바세계의 고통에서 어떻게든 벗어나 보다 나은 삶인 지극히 즐거운 세계인 정토의 실체를 알려주시고 왕생을 권장해 주시는 것이다. 즉 고(苦)에서의 해탈을 중생 삶의 제일 과제로 수행하여 득도하신 석가모니께서 스스로 우리들에게 왕생정토의 요결을 알려주신 것이다.

　이러한 깨달음을 배경으로 한 석가모니의 가르침으로부터 전승된 이 염불의 역사적, 실체적 사실들을 매우 구체적으로 선사들이 증명하시고 그 말씀이 진실 그대로 우리들에게 전해져 와 있는 것이다. 신란 대사는 자신을 방문한 문도들 역시 여기까지 오는 과정에서 여러 가지 고통과 번뇌에 몇 번이고 출발한 것이 후회되고 포기하고 싶을 정도로 꿋꿋하게 인고(忍苦) 해온 이들이었다. 그러한 그들에 대해 때로는 강한 어조로 설하면서도 따스한 말과 차 한 잔의 여유를 가지면서 동감(同感)의 의를 표하며 위로했을 것이다.

　그러나 신란 대사는 정신을 가다듬어 그들에게 자신의 확고한 염불에 대한 신념을 나타내어 보였지만 마음속으로는 몇 번이고 따뜻하게 대하고 싶었을 것이다.

그러한 신란 대사는 자신을 회상하며 그들에게 말했다.

「선사(先師)의 가르침이 진실이라면 신란이 말한 취지(염불)가 하물며 헛되다고 말할 수 있겠습니까? 결국 어리석은 이 몸이 가지고 있는 신심으로는 이와 같습니다. 이 이상은 염불을 하여 왕생할 수 있는 것을 믿어 받들던 또 염불을 버리든 각자의 생각과 재량일 뿐입니다.」

신란 대사는 이어 「지금까지 말씀드린 것이 전부입니다. 더 이상 드릴 말씀이 없습니다.」라고 강하게 밀어낸 것은 그러한 표현을 써서라도 염불자들이 스스로 혼란을 정리하고 극복하기를 바라는 마음에서 일 것이다. 모든 선택지는 그대들 자신에게 있음을 강조하였다. 하지만 신란 대사는 자신이 수행하고 있는 이 염불행 이외에 더 뛰어난 것이 없고 또한 우리들의 근기에도 아주 적합한 수행이라는 것을 강조하고 있다고 할 수 있다. 이렇듯 염불의 길을 묻기 위해 목숨을 걸고 험난한 길을 마다하고 찾아온 그들에게 무한한 애정이 없으면 그리하지 않았을 것이리라고 본다. 이 조항에서는 보다 더 진솔하고 생동감 있는 장면을 떠오르게 하는 마치 신란 대사의 생명력이 깃들여져 있는 장면을 상상하게 된다.

제3조 염불자의 선악

선인(善人)들조차 정토에 왕생을 하는데 하물며 악인(惡人)은 말할 필요가 없습니다.

그런데 세간 사람들은 보통「악인들조차도 왕생하는데 하물며 선인들은 말할 필요가 있겠는가.」라고 말을 합니다. 이 조항은 일단 사리에 맞는 것 같지만 본원 타력의 구제의 의미에는 반하고 있습니다. 그 이유는 자력으로 쌓은 선행에 의해 왕생하려는 사람은 한결같이 본원의 원력을 믿는 의지가 결여되어 있기 때문에 아미타불 본원의 이치와는 맞지 않는 것입니다. 그러나 그와 같이 자신의 힘만을 고집하던 마음을 바꾸어 타력본원의 원력에 맡긴다면 진실한 정토에 왕생할 수가 있는 것입니다.

온갖 번뇌를 지니고 있는 우리들은 어떠한 수행에 의해서도 미혹의 생사를 넘어서거나 벗어날 수도 없습니다. 아미타부처님께서는 그런 것을 가엾이 여기시고 본원을 세우신 것이며, 그 진의(眞意)는 우리와 같은 악인을 구제하여 성불시키기 위함인 것입니다. 그렇기 때문에 이 본원의 원력에 몸을 맡기는(他力) 악인이야 말로, 진실로 정토에 왕생할 수 있는 바른 인(正因)을 지닌 자인 것입니다. 그래서 선인들조차도 왕생을 이루는데, 하물며 악인은 더 말할 나위도 없습니다.」라고 성인께서 말씀하셨습니다.

악인정기(惡人正機)

　이 선악(善惡)의 조항은 사회적 통념과 도덕적 사고에서 보면 도저히 납득하기 어려운 내용일 수 있다. 이 조항이 그 유명한 「악인정기(惡人正機)」의 교설이다. 「선인(善人)들 조차 모두 극락왕생을 이루는데 하물며 악인은 말할 나위가 있겠는가.」라는 반어법적인 문(文)은 선인과 악인의 구분에 대한 의혹으로 많은 저항이 일어날 수도 있는 문장이기도 하다. 그러나 이러한 의문에 명확한 해답이 여기에 있는 것이다. 과연 악인은 나쁜 사람을 말하는가. 또는 선인은 착한 사람을 말하는가. 이 구분이 분명하지 않는 한 많은 독자들이 혼란을 가져올 것이 명백하다. 사회적 교육 차원으로 가르치고 있는 선악의 개념은 우선 도덕적인 측면에서 접근한다. 즉 착하게 살아야 된다는 훈습된 관념이며 중의적인 가르침이 있음을 상기해 본다. 그래서 사회적 통념상 자신이 착한 일을 하고 남에게 피해를 주지 않으면 착한 사람이라고 하는 것이고, 남에게 해를 끼치면 나쁜 사람이 되는 것이 공식화 되어 있다. 이 교육적인 공식이 범세계적으로 통용되고 있는 것은 불교를 제외한 종교, 철학관에서 발로한 것이라고 생각된다.

　그런데 이 선악의 범주가 아니더라도 우리 스스로는 어떠한 악의 카테고리에서 자신을 제외한다는 것을 발견할 수 있다. 늘 자아도취에 빠져 사회의 질서를 영외 규칙이라 인식하고 자유자재로 생각하고 행동하고 있는 것에 주목해 볼 필요가 있다. 결국 그 도덕적 공식은 원칙적으로 사회질서와 인간성 정립을 위한 것이다. 그러나 그 도덕은 보편적 행위를 떠난 자신이 만든 공식이라고 할 수 있다. 현 우리들은 자신을 제외한 모든 이들을 착하다고 인정하지 않는 것이 현실이라고 할 수 있다는 것이다.

신란 대사는 「정정(正定)의 인(因)은 오직 신심이다.」[29]이라고 하였다. 즉 왕생을 하는 바른 인(因)은 진실한 신심이라는 것이다. 그 의미는 악인을 왕생의 정인으로 하고 있는 것이다. 본원의 가르침에서는 모두가 정토에 왕생을 이룬다고 말하는데, 당연히 스스로가 악인이라고 자각하는 사람에 있어서는 더 말할 나위가 있겠는가 라고 하는것이다. 즉 일반적인 세속적 악인과 선인의 구별방법과 선악의 기준은 사회적 도덕과 윤리의 기준에 입각한 것이 될 수가 있다. 착한 사람과 착하다고 생각하는 사람의 차이는 명백히 나누어진다. 평상시 자기 스스로를 선인이라고 행세하는 사람은 자신은 절대적 악한 행위를 하지 않는다고 말한다. 자력작선(自力作善)의 행자는 스스로가 선을 행하고 자신의 힘으로 극락왕생을 이루려 하기 때문에 그러한 사람에게는 본원 구제의 대상에 해당되지 않는다고 할 수 있다.

아미타불의 본원은 한결같이 죄악심중하고, 번뇌가 치성(熾盛)한 악인을 구제하기 위한 것이다. 나쁜 일인지 알면서도 어쩔 수

---

29) 『교행신증』. 행권(行卷)에 나옴

없이 삶을 영위하기 위한 수단으로서 살생을 할 수밖에 없는 무리들도 징벌의 사유가 될 수 있을까. 이렇듯 악인정기 설에 대하여 많은 도덕적인 논쟁이 있었다. 신란 대사 자신이 이러한 논란거리를 제시한 것은 아니다. 이 악인정기의 특징은 악인만이 아미타불에게 구제가 되는 주 대상이라는 것에 대한 각각의 해석에 의한 혼란을 가져온 문제에 있다고 본다. 그 자의적 행위가 당시의 염불자들 사이에도 선악의 개념에 대한 혼란을 초래한 것이다.

이전에는 상류층들이 자신들만의 도덕적 선악 개념을 만들어 민초들을 지배를 하기 위한 권리장전(權利章典)처럼 사용했다. 그들에게 도덕과 윤리는 지배층에 대한 복종의 형태로만 쓰이는 것이었다. 권력자들에게 아무리 항거한다 하더라도 당장 눈앞에 놓여진 삶의 고통과 현실을 넘어서기가 힘들었던 것이다. 따라서 이러한 지배층 행위는 사회적 악일 수밖에 없는 사람들이다. 그렇지만 그들 스스로는 자신의 행위를 최선이라고 합리화시키면서 선인(善人)의 겉모습을 흉내내고 있었던 것이다.

결과적으로『탄이초』에서 나타난 악인은 염불의 가르침에 위배되는 행위인 줄 알면서도 극한의 생업을 위해서 지속해서 악업을 지을 수밖에 없는 자를 말한다. 그들은 대부분 하층계급인 농사, 어로, 수렵 등으로 하루하루 생계를 걱정하면서 고달프게 살아가는 사람을 말한다.

그런데 이들은 악행을 알면서도 악을 행할 수밖에 없는 사람들이기 때문에 자신의 행위에 대하여 변명하지 않고 참회하며 살아갈 수밖에 없는 부류들이다. 그 악행의 내용은 기본적인 생활을 영위하기 위한 수렵, 어로 등의 생존행위인 것이다. 그 민초들의 생명이 계속하여 존재하려면 우선 기본적인 의식주가 있는 생활이 되어야 한다. 따라서 이러한 혹독한 환경에서 삶을 유지하기 위한 행위가 악이라면 이 세상의 모든 사람들은 모두 악인이 되는 것이다. 따라서 전(前) 문장에서 「선인도 구제되는데 하물며 악인은 더 말할 나위가 없다.」고 하고 있다. 이미 불교적 선악개념은 일반적 선악개념을 붕괴시켰다. 악인에 대한 개념을 새롭게 정의하는데 있어서 많은 대중들의 반발도 많았으리라. 우선 악인이 구제되는 원칙이 있다는 것에 경악하는 예도 있을 수 있다. 더구나 이 상황에서 악인이 먼저 구제된다고 하면 여러 측면에서 억측을 자아낼 것이다. 그 악인을 구제한다는 것만으로도 사악한 집단이라고 비난을 받을 것이다. 그러나 악인에 대한 정체성이 확실하게 정립되는 순간에 많은 사람들이 새로운 세계로의 진입 러시로 붐빌 것이다. 즉 악인은 자기 자신이 구제불능인 악인으로 참회의 자각을 하는 순간에 선악의 올가미에서 바로 풀려나오고 자유로운 몸이 되는 것이다.

대부분은 선인들은 자신의 힘으로 정토에 왕생할 수 있다고 생각하고 있다. 그렇기 때문에 아미타불의 본원은 사실 이러한 선인을 위한 것이라기보다 자신의 힘으로 정토 왕생할 수 없는 범부를 위한 것이기 때문에 악인을 위한 원이라고 밝히고 있다. 악인의 경우에는 자기의 힘으로는 깨달음을 얻지 못하고, 아미타불의 구제력에 의지하는 이외에 다른 길이 없다고 생각한다.

원래 아미타불의 본원은 모든 사람이 구제의 대상이므로 선악의 차별은 있을 수 없다. 그러나 선인의 경우에는 자기의 능력으로 깨달음을 얻고자 하므로, 부처님에게 전면적으로 의지하는 마음이 희박해 굳이 아미타불의 본원에 매달리지 않는다. 따라서 이런 자들도 결국 염불 세계의 존재에 대한 깨달음을 얻으면 아미타불의 구제 대상이 된다. 이 조항에서는 선악을 인지할 여유도 없는 삶에 있는 자들은 그 존재만으로 악인인 존재이며 타(他)의 희생에 의해서 살아가야만 하는 무명의 존재 그 자체이기 때문에 악이라고 인식한다. 그러나 일반적인 견해로는 그러한 사람들을 선인이나 악인이라 규정짓기란 어려운 일이다. 불교의 가르침에서 보면 이 선악의 두 존재들을 가엾은 범부임에는 틀림없다. 자신이 착한 일을 하기 때문에 선인이라 칭하고, 나쁜 일을 하고 있기 때문에 악인이라고 규정하는 것은 대단히 수월한 구분이다.

일반적으로 악인도 구제되기 때문에 선인이 구제되는 것은 당연하다는 통념에 대해서, 여기서 신란 대사가 말하는 것은 역으로 선인도 구제되기 때문에 당연히 악인이 구제되지 않을 리가 없다는 본원 구제의 논리로 전개했다고 볼 수 있다.

그러나 악인을 구제의 주 대상으로 한다고 하여서 나쁜 일을 하여도 좋다는 생각에 대해서는, 신란 대사는 「해독제가 있다고 해서 독을 즐겨 마시는 사람이 있어서는 안 된다」고 경계하였다. 이와 마찬가지로 자신의 힘을 믿고 나쁜 일을 해도 처벌받지 않을 것이다. 라고 해서 남을 괴롭히는 것 또한 해서는 안 될 죄악이다. 단지 남을 생각하지 않고 자신의 이익과 스트레스 해소를 위해 타인을 괴롭힌다면 그 쌓인 업장은 오롯이 자기 몫이 되는 것이다. 사실 남에게 피해 주지 않는다고 하면서 자신의 즐거움만을 추구하면 그만이다는 생각을 하는 자도 있다. 엄격히 이야기하면 남에게 조그마한 배려도 없는 자들의 행위일 것이다.

더 나아가서 재해로 온 나라가 고통에 빠져 있을 때 자신만 즐기기 위해 파티 판을 벌인다는 등의 무지하고 몰상식한 행위는 언젠가는 그 과보를 받게 되는 것이다. 나만 온전하고 즐거우면 된다고 하며 자신의 이익만을 생각하며 남의 고통을 외면하며 사는 이들도 있다. 이 사실로 법적인 구속력은 없지만 이 사회를 구성하는 일원으로서 해서는 안 될 행동이다. 이러한 사회윤리 질서 등 수많은 곳에서 난무하는 비상식의 세계가 존재함을 볼 수가 있다.

사실 「악인정기」의 가르침에서도 악인이 구제된다고 해서 나쁜 일을 하려는 생각에 대해서는, 그것은 아미타불의 구제를 전면적으로 이해하지 못했거나 믿지 않는 것으로, 자기의 악한 행위에 의해서 아미타불의 구제를 이용하려고 하는 것이라고 엄격하게 경계했다. 악인에 대한 정의(定義)를 정토불교에서 조차 올바른 해석을 하기가 어렵다.

선과 악의 구별이 없는 상태를 무기(無記)라고도 할 수 있다. 즉 어느 한 곳에도 치우쳐 옳고 그름을 판단한다는 것은 위험한 일이며 무의미한 것이다. 석가모니도 이러한 중생계의 혼란과 아집을 가엾게 생각하며 염불 왕생이 가설이 아닌 진실로 성취된다는 것을 새롭게 깨달음을 주려하는 것이다.

「악인정기」설에 대한 사회적 충격은 정토불교 뿐만 아니라 불교와 그 시대의 사회적 전반에 영향을 미치게 되었다. 현대에 이르러서도 다른 종교에서도 많은 관심을 가지고 선악에 대한 새로운 시각을 열게 되었음은 물론이다.

염불자의 선악

신란 대사가 말씀하신 「악인정기」의 가르침은 정토신앙의 한 획을 긋는 충격 그 자체였다. 그러나 그 가르침은 원래 석가모니의 교설이고 보니 따지고 보면 중생계에서 악인과 선인의 경계를 그을 만한 근거가 확실한 셈인 것이다. 중생계 그 자체가 어쩌면 악의 굴레를 안고 살아간다고 해도 과언이 아니다. 석가모니께서 이 사바세계에 출현하신 이유는 악이 횡횡하고 있는 고통의 세계에서 신음하고 있는 일체중생을 구제하기 위함이다. 이렇게 본다면 중생계에서 선악을 구분한다는 자체가 부처님 입장에서 보면 무의미한 것이다. 왜냐하면 부처님의 대자비로부터 자유롭게 빠져나갈 수 있는 중생은 한 사람도 없기 때문이다. 이러한 차원에서 보면 세속적 선악의 판단 기준에 합당한 사람들을 찾는 것이 모호해지는 것이다.

전반적으로 선인이라 함은 선업을 쌓는 사람을 뜻하고, 악인이라 함은 악업을 쌓는 사람을 말한다. 사전적 의미로 선이란 착한 것, 좋은 것이고, 악은 나쁜 것, 악한 것을 의미한다. 우리들에 있어서 선은 남을 위하여 좋은 일을 한 것이고 악은 사회질서를 파괴하거나 어지럽히는 것으로 소위 도덕과 윤리에 반하는 일을 하는 것을 말한다. 도덕적 기준으로 남을 나쁘다고 말하면 자신도 나쁜 사람이 된다고 가르치고 있다

따라서 학교에서나 가정에서 가르치고 있는 법질서의 위반 또는 남에게 상처나 정신적 피해를 주는 일은 사회생활에 심대한 지장을 초래하는 것이므로 사회악으로 구분한다. 이러한 교육환경 속에서 불교의 선악에 대한 가르침을 들으면 혼란이 올 수 있다. 불교에서의 선과 악의 개념은 단순히 죄과의 기준이 아닌 만인에게 평등하고 보편적인 구제의 가르침이다. 세속적인 악인과 정토불교의 가르침에서의 악인에 대한 해석은 분명히 다르다. 사실 이 세상 사람들을 향해 모두 악의 무리라고 부르면 세세생생(世世生生)에 모든 사람들이 또한 악인의 범주에서 벗어나지 못한다는 것이

되는 것이다. 혹자들은 내가 왜 중생인가 나는 권력도 재력도 충족하고 있다. 따라서 나는 다른 이들과는 입장이 다르다고 주장하고 있는 이들도 다수 있다. 그러나 그들도 결국은 부처님 가르침에 비추어 보면 중생에 지나지 않는다.

중생이라는 자각의 문제를 제기하는 것이 선악을 이야기하는데 아주 중요하다. 분명히 중생이라 함은 자신의 불교관을 가지고 있는 사람들의 이야기라고 할 수 있다. 중생을 정확히 말하자면 생명이 있고, 이 우주에 있어야 할 곳에 있고, 타의 간섭을 받지 않고 살아갈 권리가 있는 존재를 말한다. 따라서 자신 위주의 사고로 타인을 보고 비판적 사고를 지닌 존재라고도 할 수 있다. 어떠한 행위도 자신의 이익을 우선시하는 존재이기도 하고, 남의 아픔은 그리 중요하게 여기지 않을 수 있다. 그러나 한편으로는 자신의 권리를 주장하면서도 남의 협조 없이는 도저히 살아갈 수 없는 존재이기도하고, 공생의 관계이기도 하다. 결과적으로 중생은 악인의 범주에 있고 악과 같이 살아갈 수밖에 없고, 때로는 방관자로서, 조정자로서, 실행자로서 생활하고 있는 것이다. 이에 부처님은 중생계에 양존하는 선악의 양극단을 없애려고 부단히 노력하고 계신다. 염불자로서의 나의 삶에는 항상 선악의 선택이 기다리고 있다. 그러나 그 선택은 내가 하는 것이 아니라는 것을 깨달아야 한다. 일반적으로 사회적 동물로 인지하며 살아가는데 내가 원하는 것만 가지려는 것은 문제가 있다. 또 내가 살아가야만 하는 데는 사회적 규칙이 있다. 공업(共業)의 원칙이다. 쌍방같이 상호존중하며 살아가는 사회가 되어야 한다. 그러나 전술과 같이 나만의 이익에 눈이 멀어 남을 해하거나, 남이 자신을 위해 존재한다는 착각에서 벗어나지 못하는 존재가 바로 중생이라고 불리는 존재이다.

우리는 모든 면에서 자기중심적 사고를 갖는다. 모든 것을 자기중심적으로 생각하고 무조건 자신의 이익에 부합시키려 한다. 그것을 자기애 또는 이기주의라고 한다. 그렇기에 항상 자신의 삶이 최고의 선이라고 여기며 살아간다. 나 자신이 혹시 남에게 나쁜 놈이라고 불렸다고 가정해볼 때 나 자신은 어떻게 그러한 사람들을 응대할 것인가? 단지 그러한 상태를 가엾은 중생들아! 하고 혀를 찰 것인지 악담으로 분풀이를 하든지 어떤 문제가 일어날 것이다.

사실 나 자신은 십악[30]의 세계를 벗어나지 못하고 악의 세계에 머물러 살고 있다. 엄밀히 이야기하자면 나는 이 오탁악세의 사바세계를 떠나서 살 수 없다. 그래서 부처님측에서 모면 나는 죄악심중(罪惡深重), 번뇌치성(煩惱熾盛)으로 대변되는 것이다. 진실로 나는 시시각각 다면(多面)의 모습으로 변화되고, 다양각색의 행위(업)로 이해(利害)를 좇아 살아가고 있는 옹졸한 자신인 것만은 누구라도 부정할 길 없다. 이러한 우리들을 위하여 석가모니의 대기설법(對機說法)이 이렇게 태어나게 된 것이다. 천수관음, 십일면관음 등의

---

30) 십악 : 살생(殺生),투도(偸盜),사음(邪婬),망어(妄語),양설(兩舌),악구(惡口),기어(綺語), 탐욕(貪欲),진에(瞋恚),사견(邪見)

보살님들도 이렇게 변화무쌍한 가없은 중생계의 변덕을 잠재우려 수많은 방편을 가지고 일일일야(一日日夜)로 쉬지 않고 구제에 나서시는 것이다. 남의 이익을 배려하고 인정하는 마음이 또 다른 선의 사회를 낳고 선순환이 되어 가는 것이다. 나의 한사람이 뭐 그리 영향을 주겠는가. 무슨 흔적이 있겠는가라는 마음이 곧 방관자가 되고 그것이 발전하여 악으로의 영향을 확대해 나가는 것이 된다. 주저하지 말고 죄악심중한 자신을 자각하고 본원의 가르침에 따라 선업을 쌓는 것이 지금 내가 할 일이다. 남이 보든 안 보든 당연히 내가 할 일이고 그것이 곧 나의 일이라고 하면 사회의 칭송도 필요 없는 것이다. 우리는 남의 박수를 받기 위한 삶을 원하면 안 된다. 그러한 삶은 오지 않는다. 온다고 하더라도 아주 짧은 순간이고 허무한 것이다. 그전에 내가 남에게 박수를 쳐 줘야 한다. 남이 나에게 박수를 치는 일은 극히 드물다고 생각해야 한다.

도덕과 윤리의 종교

앞서 도덕과 윤리는 보편타당성을 지닌 일반적인 가르침이라고 하였다. 도덕은 사회적 질서를 유지하는데 필수적 요소이다. 따라서 기본적으로 그러한 질서를 무너트리는 행위는 세속의 규범에 벗어난 행위로서 사람들과 섞여 살 수가 없게 되는 것이다.

불교는 윤리와 도덕에 방점을 놓고 가르치는 종교가 아니다. 그 도덕과 윤리는 사회적 지지체계 안에서 얼마든지 습득할 수 있는 가르침이다. 우리사회의 일반적으로 상식이라고 하는 범주이기도 하다. 이러한 도덕과 윤리의 가르침을 받기 위해서 불교에 귀의 한다는 것은 불교를 깊이 이해하지 못하거나 오해에서 비롯된 처사라고 생각된다. 같은 공간에서 삶을 함께하는 사람들에게 질서와 화합이 요구되는 생활이 필수라고 한다면 그 질서와 화합 그리고 평화를 위해서 누군가가 희생되어야 한다고 생각할 것이다. 그러나 자신이 남을 위해 희생해야 한다고 생각하는 사람은 극히 드물 것이다. 이 희생을 바라고 또한 요구할 수 있는 자격이 누구에게도 있다고 생각할 수 없다. 더 솔직하게 이야기하면 나만 모든 것을 누리고 살았으면 하는 사람도 분명 있을 것이다. 모든 사람이 무질서한 행동 하에서도 나만 질서를 잘 지키는 것도 결국은 자신을 위한 것이라고 생각할 수가 있다. 그러나 그러한 것을 인지하지 못하면 자신의 생각과 관계없이 돌발적으로 일어나는 변화에 대처해 나가기가 쉽지 않다. 내가 모든 것에 솔선수범하여 살아 간다고 하지만 조그마한 환경의 변수에 그 생각이 무너지는 경우도 있다. 이러한 변수 가운데서 나의 생각을 바르게 한다고는 단언하기가 어려운 것이다. 모든 사람들은 질서가 잘 지켜지면 모든 것이 원만하게 풀려나갈 것이라고 한다. 그러나 누가 먼저 모든 질서를 어떻게 지켜야 하느냐가 난제이기도 하다.

제1장 전서(前序)　**83**

그러나 이것은 일반적 도덕적 논리의 관점에서 보면 남이 하지 않는 어려운 것을 희생을 감수해서라도 해내는 사람이 진정한 도덕적인 사람 일수가 있다. 그런데 이와 같은 일에 누구 하나 자유로운 사람은 없다고 본다. 나의 의지대로 환경을 지배한다는 전제는 정확하지 않은 논제이다. 그렇기 때문에 인간의 본질적인 욕구가 변하려고 하면 큰 자각이나 죽음을 맞이하는 수밖에 없는 것이다. 그러나 나의 이중적 본질을 인정할 때에 비로소 진정한 길이 나타나게 되는 것이다. 그것이 어쩌면 「악인정기」의 가르침일 것이다.

불교가 일반적 논리와 동등하다고 생각하거나 철학이라고 하는 것은 사람들의 잘못된 인식일 것이다. 불교는 신앙을 바탕으로 한 종교이다. 이 신앙을 부정하면 불교는 소크라테스와 같은 반열에 있었을 것이다. 즉 불교가 학문이고 철학이라고 평가 할 것이다. 이것은 언어도단이다. 불교는 구제를 목표로 하고 정토왕생을 목적지로 하는 가르침에 기반한다. 이러한 구제를 기본으로 하는 종교는 불교 이외에 기독교 또한 마찬가지이다. 맹자(孟子)[31]는 도덕과 윤리에 대하여,

「무릇 사람들은 아이가 우물에 빠진 것을 보면 모두 다 깜짝 놀라며 불쌍히 여기는 마음이 갑자기 생기는데, 이는 그 아이의 부

---

31) 맹자(孟子) : BC 372-289. 중국 전국시대(戰國時代) 중기의 철학자, 정치가, 정치사상가로, 그 본명은 가(軻). 공자(孔子)의 '인(仁)' 사상을 현실 정치에 적용하기 위해 논리적으로 체계화한 인물. 성선설 주장.

모와 좋은 관계를 위한 것도 아니며, 마을의 친우들에게 아이를 구해 주었다는 칭찬을 듣기 위함도 아니고, 아이를 안 구해 주었다고 비난하는 소리가 두려워서 그런 것도 아니다. 라고 하였다.」

맹자의 주장은 예를 들자면 인간은 태어나면서부터 선하다. 반면에 순자[32]는 그렇지 않다. 그의 사상에 의하면 인간은 악한 존재라는 선악의 논쟁(論爭)의 중심에 있다.

반면 순자는 도덕이나 선과 악이 자연적 속성이 아니라 다분히 인위적(人爲的) 소양이며 선하게 되는 것은 인위적 노력의 결과라고 생각했다. 또한 순자는 배울 수 없고, 힘쓸 수 없고 그러면서도 사람에게 있는 것을 선이라고 정의하였다. 중국 철학에서 선악설은 맹자의 성선설(性善說)과 순자의 성악설(性惡說)로 대변된다. 각자가 선악의 기준의 논리를 가지고 우리들은 자신의 유리한 방향으로 받아들이려고 한다.

그러면 우리들은 선과 악의 DNA 가운데 어떤 쪽이 가까울까? 우리 모두는 사실 악보다는 선 쪽이 나라고 생각하는 분들이 지배적일 것이다. 앞서 말했듯이 맹자나 순자의 이 가르침은 교만한 인간들에게 자성(自省)과 참회를 요구하는 역설적 교의라고 말할 수 있다.

과연 나는 선인(善人)일까 악인 일까? 스스로를 선악의 카테고리

---

32) 순자(荀子) : BC.298-235. 순자는 전국시대 조(趙)나라 출신이다. 이름은 황(況)이며, 자는 경(卿)이다. 순(荀)과 손(孫)의 음이 서로 비슷하기 때문에 손경(孫卿)이라고도 불렸다. 성악설주장.

안에 집어 넣고 잠시 의문을 갖는 경우가 있다. 결론적으로 대부분은 선인 쪽으로 결론을 낸다고 본다. 선악을 둘로 나누고 어느 쪽에 해당되는가의 관심을 가지는 것은 역설적으로 착한 사람일 것이다. 모든 사람들은 내가 나쁘지 않다고 생각하고 자신의 행동을 정당화시키고 자신이 생각대로 살고 있다. 자신을 선하다고 생각하는 기준에서 출발하면 자칫 타인을 선하지 않은 결점을 발견하기 십상이다. 그것은 자신은 언제나 선인이어야 하기 때문에 남을 선뜻 선인이라고 인정하기가 어렵다는 의미이다.

사실 이 사회에서 스스로 자신을 평가한다는 것은 어리석은 일이라고 생각된다. 왜냐하면 그 정한 기준에 따라서 자신이 변하기 때문이다. 우리에게는 단적으로 선악에 대한 이해 부족으로 진정한 나를 판단할 수 있는 힘이 없다. 따라서 선악은 고정된 실체가 아닌 만큼 돌발적인 상황에서 즉시 반응한 행위에 의해 결정되는 것도 있을 수 있다. 그것은 선악을 정하는 기준이 아닌 운동신경에서 나오는 반응의 결과라고 할 수 있다. 그 저변에는 평상시 그 위기상황에 대한 인식을 배워왔기 때문이다.

그러나 신앙에 의한 행위는 다른 차원에서의 결과가 나올 수 있다. 신앙체계는 각 믿음의 주체나 그 가르침에 의해 선악이 다르게 해석 될 수 있다. 공통적으로는 이 사회에서 사는 모든 이들과 함께 공존하여야 한다는 기본의식이 있는 것이다. 이러한 의식을 배제하면 결국 각자의 순간적 결정에 의해 행하는 수밖에 없다. 사회적으로 정의라는 개념은 각 상황에 의해 나올 수 있다. 인간의 선한 본성을 정의라고 말한 소크라테스의 말대로 하면 기본적으로 선악에 대한 인식을 부정확하게 말함으로서 정의의 의미가 혼동되게 쓰이는 경우도 있다. 정의가 사람과 사람사이를 굳게 신뢰할 수 있고 사회적으로 공정성을 나타낼 수 있는 도리라고 설명하고 있다. 일반적으로 정의로움을 이야기하는 것에는 한 특별한 영웅탄생을 기대하는 관념적 사고가 있다. 이 정의로운 인간 탄생은 사전에 적혀지는 것이 아닌 어떤 한 희생이 배경이 된다는 점도 있다는 것을 간과해서는 안 된다.

자신이 목숨을 버릴 수 있는 위험한 상황에 조우할 때 촌각의 여지도 없이 몸이 반사적으로 반응하여 타(他)를 구하는 것이 의인이다. 그 의인은 선천적이든 후천적 문제가 아닌 자신의 업연(業緣)에 의한 것이다. 그가 살아온 내력에서 나오는 행위도 아니고, 그러한 정의로운 환경과 교육에 의해 길러진 것도 아닌 그를 그렇게 하도록 하게 한 것이 업연이다.

어떤 일에 봉착하여 이성적 사고에 의해 판단하여 타인을 구제했다면 칭찬할 만한 일이다. 반대로 자신에게 불리하다고 판단하여 회피한다면 비겁한 일이다. 의인(義人) 코스프레가 아니더라도 어떠한 보수나 칭찬이 없더라도 위험에 처한 이는 구해야 한다는 것이 지론이다. 누구라도 무조건적 구제의 행위가 있다면 그것이야말로 이것은 부처님의 자비행이라고 볼 수 있다.

자비는 선천적 성정에 의해 만들어졌다고는 볼 수 있다. 수행자도 고행으로 얻어지는 선한 행위는 엄밀히 말하면 수행과정의 인욕이 없으면 그 선의 과보를 득할 수 없는 것이다.

우리사회에서 이 인욕이 없으면 때로는 큰 사고를 치고, 때로는 선한 행위를 할 일 조차도 기대할 수 없을 것이다. 인욕은 고통을 인내하는 것이다. 격노(激怒)함을 참아내는 것에서 남을 용서 할 수 있고 자비가 나온다고 했다. 철학에서는 선악을 어떻게 설명하고 있는가를 명확히 설명하고 있지 않다.

소크라테스 자신은 선을 중시하여 토론 과정에서도 관련된 질문을 많이 던졌다. 또한 그는 '너 자신을 알라(gnothi seauton)'는 무지에 대한 자각으로 자신의 내면적 탐구로 옳은 것을 알았을 때 비로소 바르게 행하게 된다고 생각하여 덕(德)과 지(智)를 동일시하였다. 최선의 선을 추구하기 위해 사람들은 참된 덕이 무엇인지 깨달아야 한다는 것이다. 한편 도덕적이고 금욕적인 삶의 추구는 스토아학파의 선구적인 모습으로 평가되기도 한다.

세상의 모든 사람과 일의 잣대를 자기중심으로 두고 판단하는 자신의 모습에 대한 성찰을 이야기 한다고 본다. 자신을 업경대(業鏡臺)[33]에 비추어 보면 선과 악의 축을 둘 수가 없다고 하는 일갈(一喝)이다.

---

33) 업경대(業鏡臺) : 업(業)을 나타내는 거울의 대(臺)로서 업경륜(業鏡輪)·업경(業鏡)이라고도 한다.

원을 세우신 본의(本意)

아미타부처님이 원을 세우신 본의는 고통에 신음하고 있는 중생을 구제하기 위해서이다.

우리는 어떠한 중생인가. 적어도 나 자신은 명석하다고 생각하고 늘 이치를 잘 분별하고 남에게 피해 등을 주지 않는 자기 자신이라 생각하고 있는 사람도 있다. 믿는 것은 자신이외에 아무도 없다고도 말한다. 그러한 자신의 모습을 정작 명확하게 보지 못하는 눈을 가진 것도 모르고 지옥의 삶과 같은 현실에서 벗어나지 못하고 있는 자신이다. 자의건 타의건 스스로 바른길을 걸을 수 없는 우리들이다.

「모든 번뇌를 골고루 구족하고 있는 우리들은 어떠한 수행에 의해서도 미혹의 생사를 넘어서거나 도망칠 수도 없습니다. 아미타부처님은 그것을 가엾이 여기시고 본원을 세우신 것이고, 그 본래의 뜻이 우리들 같은 악인을 구제하여 성불시키기 위함입니다.」

현실적으로는 삼업(三業)의 불청정(不淸淨)의 대표적 표상을 중생이라고 하고 있다. 과연 우리들은 이러한 중생의 정의를 인정하고 있을까? 아니면 자신만 제외된 치외법권에 있는 나는 별개의 종일까. 석가모니는 '중생'을 다섯 가지 갈애(渴愛) 덩어리라고 하는 오온(五蘊 panca, khandha,)이라 정의하고 탐·진·치(貪瞋癡)의 결정체(結晶體)라고 표현하였다. 나라는 개체는 오온의 집합체이다. 그러나 모두가 이것이 나라는 것을 수긍하지 않을 것이다.

이러한 나의 신심(身心)은 추상적 개념으로서 중죄인(重罪人) 혹은 '번뇌치성, '죄악심중'한 중생이라고 주장할 때 우리들은 그러한 주장을 바로 부정할 것이다. 그러나 그러한 중생이라고 수긍하여, 오히려 한 걸음도 제대로 걷지도 못하고 사리의 분별도 옳게 못하는 아이와 같이 응석을 부리는 편이 낳을 수 있을 것이다. 그러면 부처님이 더욱더 가엾게 여겨 구원의 손길이 빨라질 수 있지 않을까. 그러나 부처님은 우리들의 어떠한 모습에도 절대로 차별이 없다. 본원의 가르침에도 유색, 무색의 인종이든 어느 민족이든 구별치 않고 구원해 주신다고 가르치고 있다.

우리는 이 평등한 아미타불의 구제의 원을 뼛속으로부터 우러나오는 진한 참회를 가지고만 이야기 할 수 있는 부분일 수 있다. 보편적 가치란 이러한 것을 말하는 것이다. 구제불능의 나를 구제하여 일으켜 세워줄 누군가가 있다는 것은 나의 존재가치를 증명해 주는 것이다. 이러한 나를 인정해 주는 주체에 대하여 무한한 신뢰와 감사를 드리지 않을 수 없다. 따라서 자신을 깨우쳐준 아미타불의 무연자비에 매달리지 않을 수가 없게 되는 것이다. 조용히 생각해 보면 가치 없는 나에게 가치를 붙여주고 존재감 없는 자신에게 존재감을 안겨주었다. 이러한 아미타의 본원력에 몸을 맡기는 타력의 악인인 자신이야 말로 진실로 정토에 왕생의 할 수 있는 정인(正因)을 지니게 하여 주시는 것이다.

그래서 스스로 잘 헤쳐 나가는 선인(善人)들조차도 왕생을 이루는데, 하물며 아미타불의 세계로 나를(악인) 이끌어주시어 구제되는 것은 더 말할 나위도 없다. 라고 말씀하시었다.

아미타불의 구제본능은 어떠한 단어로도 표현하기 어렵다. 본원 염불은 죄악심중하고 번뇌치성한 나 같은 중생들을 구원하기 위해 세우신 법장보살의 대원(大願)임을 직각하면 이해가 빠를 것이다.

아미타부처님의 본원을 믿는 데에는 그 어떠한 선행도 필요하지 않다고 한다. 그 이유는 염불보다 훌륭한 선행(善行)이 없기 때문에 염불자에 있어서는 나쁜 악도 두려워할 필요가 없으니까 이 세상의 모든 악한 신(神)이 있다 하더라도 염불자의 수행을 방해하거나 그 힘을 비교 할 수 없기 때문이다. 그렇기 때문에 아미타불의 본원을 방해하거나 장애가 있는 악은 이 세상에 존재할 수가 없다는 것이다. 본원의 제1원과 제2원에는 이 세계에 삼악도(三惡道)인 지옥, 아귀, 축생계에 떨어졌다 하여도 구제하겠다고 약속하시고, 또 삼악도라는 말조차 무의미하게 만들고, 아예 그 삼악도라는 장소조차도 없애도록 하겠다는 결연하고 강력한 아미타불의 본원력이 바로 이것이라고 생각된다.

제4조 부처님의 자비(慈悲)

　자비에는 성도문(聖道門)[34]과 정토문(淨土門)과의 차이[35]가 있습니다. 성도문의 자비(慈悲)라 함은 모든 중생을 가엾이 여기고, 애처로워하며 보호하려는 것입니다. 그러나 생각한 대로 구해내는 것은 지극히 어려운 일입니다.

　한편 정토문의 자비라 함은 염불하여 빨리 부처가 되어, 그 크나큰 자비의 마음으로 생각한대로 모든 중생들을 구제하는 것을 말하는 것입니다.

　금생에 살아 있는 동안에는 아무리 애처롭고 불쌍하고 안됐다고 생각되더라도 내가 생각한 대로 구제할 수 없기 때문에, 이와 같은 자비는 완전한 것이 아닙니다. 그렇기 때문에 오로지 염불하는 것만이 정말로 철저하고 크나큰 자비의 마음인 것입니다. 라고 성인께서 말씀하셨습니다.

---

34)　성도문 : 정토문에 대한 말. 자력의 수행에 의해 이 세상에서 깨달음을 얻기 위한 가르침과 수행.
35)　정토문 : 상위 (相違) 서로 틀림. 서로 어긋남.

성도문(聖道門)의 자비

성도문이란 자력(自力)의 의지만으로도 깨달음을 얻을 수 있다고 믿고 가행(加行), 용맹정진하며 참선 수행을 하거나, 밀교수행 등을 하는 일문(一門)을 말한다. 이 성도문의 행자들은 한결같이 자신의 근기를 넘어서 깨달음을 이루기 위하여 고행을 감내한다. 성도문의 행자에게 있어서 자비는 남을 동정하거나 남을 불쌍하게 여기고 자선(自善)으로 도와주고 보호하려는 자력의 마음을 가지고 있는 사람을 말하는 것이다. 보통 남을 동정하고 가엾게 여기는 마음을 선행이라고 생각하기 쉬울 것이다. 그렇다면 일반적 선악 개념으로 보면 대부분의 인간은 선인(善人)으로 치부(置簿)될 가능성이 높은 것이다. 불쌍한 사람들을 보면 측은지심이 들고 그러한 마음으로 타인을 구하려 생각한다. 그러나 이러한 마음을 자비라고 하기에는 많이 부족하다. 왜냐하면 이 행자들은 남을 구하려는 생각만 있을 뿐 정작 자신의 환경이 행하기가 여의치 않고 구제를 할 수 없기 때문에 아파하는 마음이 일어난다. 자비란 상대편의 아픔을 철저히 치유하거나 끝까지 보호하는 책임이 동반되어야 한다. 따라서 타인을 측은하게 여기는 등, 진정한 구제에 합당하지 않은 일이기 때문에 진정한 자비라고 표현하기가 지극히 어렵다.

일반적으로 남을 도울 마음으로 행동으로 옮기는 것을 봉사활동이라고도 한다. 그 대상이 누구냐에 따라서 그 양과 질이 달라질 수가 있다. 불교에서는 봉사라는 이야기를 자주하지 않는다. 어떤 단체를 만들어 정기적 또는 부정기적으로 가엾은 사람들을 위하여 봉사활동을 하기도 한다. 일부 불교단체에서도 사회적 활동을 통하여 환경운동에 동참하고 빈민구제를 위한 봉사활동을 하고 또 민주화를 위한 운동에 동참하고 있다. 그러나 남을 아무리 동정하고 불쌍하다고 생각하여도 지속적으로 그들에게 봉사하고 구해낼 수는 없는 것이다. 구제와 구휼은 각 행동에 책임감과 희생이 병행되어야 한다고 본다. 지속적 봉사는 아니더라도 국가 주도든 단체든 간에 이러한 구휼(救恤)이 사회 전반으로 확대되는 것도 자비로 가는 첫걸음이라고 볼 수는 있다. 단지 자신이 안타까운 마음에 남에게 도움의 손길을 뻗어 어려운 사람을 도와주어 좋은 일을 했다고 자만할 필요는 없다. 또 당시의 어려운 상황에서 도움을 받은 사람에게 답례의 말을 기다릴 필요도 없다. 내가 남을 돕겠다는 것은 소위 조그만 도움의 손길 그 자체이며 더 이상 의미를 부여해서는 안 된다. 꼭 부정적으로 보일지 모르지만 어려운 사람이 그 상황을 잠시 벗어났다고 하더라도 완전히 구제되지 못했더라면 그것은 도움을 주었다고 하는 것뿐 실질적으로는 구제라고 할 수는 없다고 본다. 이것이 자력의 자비라는 것이다. 따라서 자력의 자비는 남을 측은지심에서 구하려는 마음과 실질적인 봉사에 의해 도움을 주는 것을 말한다. 그것을 여기서는 성도의 자비라고 말하고 있는 것이다. 내가 돈과 권력이 있다 하더라도 결과적으로 남을 구제하기란 쉽지 않은 것이다. 자력이란 나의 생각과 힘으로 이루려고 하는 것을 말한다. 자력은 유한한 감정을 가진 행위인 것이다. 감히 자비를 정의하자면 선의의 행동과 마음이 지속성이 있느냐가 관건이다. 이렇게 생각한다면 우리 중생들에게 자비라는 언어는 감히 어울리지 않을 것이다. 아마 다른 봉사하는 마음 정도의 의미가 될 것이다. 따라서 내가 남을 돕고 구하려 하는데 한계를 넘어서지 못하기 때문에 자신을 초월한 무한한 불보살님의 원력이 자비로써 나타나는 것이다.

부처님의 자비와 나의 도움의 손길과는 엄격한 차이가 있다. 보통 도움을 청할 때 대부분 자비를 베풀어 달라고 한다. 용서를 구할 때도 자비를 구한다. 그러나 인간 스스로에게 있어서는 자비라는 단어를 사용할 기회가 없다. 자비는 오롯이 부처님의 고유한 권한이기 때문이다. 그러나 부처님은 자비를 얻기 위해 수행하신 것이 아니다. 오랜 인욕에 의해 득한 불가사의한 작용이 모든 중생을 구제할 수 있기에 결과적으로 자비가 되는 것이다.

사실 우리들에게는 자비가 없다기보다 진정하게 남과 나를 위한 일이 무엇인가를 알고 그 실행 방향을 잘 설정하여 실천에 옮기는 것이 일반적인 자비라고 말할 수 있다. 내가 모든 것을 진정으로 사랑하고 그 사랑을 실천하는 것은 나라는 상을 없애는 일이 되는 것이다.

자비라는 언어가 세간에서 무분별하게 사용되고 있는 것은 사실이다. 그 근원적인 의미와는 다르게 잘못 사용되고 있는 일도 많이 있다. 대부분의 사람들은 아픈 자를 보고 가엾다고 동정하고, 없는 자에게 무언가를 베풀고 싶다고 생각하고 있다. 누구나 눈앞에서 불쌍하고 가엾은 삶을 목격하면 곧바로 감성적으로 동정하는 마음이 일어난다. 마음속으로 다 해결해 주고 싶지만 실천으로 옮기는 데는 많은 제약과 장애가 있다고 판단을 내린다. 그러고는 자신이 가지고 있지 못한 것에 대한 통한을 뿜어내기도 한다. 무언가 사회적 약자에게 조금이라도 도움이 되리라 생각하고 봉사단체에 가입하고 월정 기부금을 내고 직접 봉사에 참가하면 가슴 한 켠이 뿌듯해지고 마음이 풍부해지는 느낌을 가질 수 있다. 내가 남을 위해 나의 시간과 물품을 할애하여 베푸는 큰 아량과 여유가 있다니 참으로 자신이 무척 자랑스럽게 보일 것이다. 반면 남을 돕는 가운데 자아성취감 같은 것이 있는 대신 오히려 마음에 갈등이 일어날 때도 있다. 특히 봉사활동을 같이하는 가운데에서 남과 비교되어 자신이 부각되지 않거나 내가 베푼 만큼 반향이 시큰둥할 때 더욱더 그러할 것이다. 이것은 탤런트식 봉사라고 할 수 있다. 이러한 것을 통틀어 보면 자신이 할 수 있는 역량 부족과 자신의 상(相)에 의한 활동을 할 경우에는 역시 자비의 한계성이 나타난다.

일부에서는 개인이나 지역에서 재해 등의 화(禍)를 당했을 때 애도나 위로를 하거나 도움의 손길을 주려는 운동이 일어난다. 감정적으로도 그러한 분위기로 감정이 솟구쳐 어떻게든 돕고 싶은 마음이 불현듯 일어날 것이다. 그러나 내가 처한 입장과 현실을 생각해 보면 그저 마음속으로 생각에 그치고 마는 일이 허다하다. 그러고는 돈 많은 재벌이나 정부에서 해결해 주겠지 하고 눈을 감고 잊어버린다. 한편 다른 사람이 어떻게 생각하든 내 방식대로 도움을 주는 경우가 있다. 그렇지만 나의 감정과 생각만을 가지고 남을 돕는 것도 한계가 있고 또 제삼자적인 입장에 설 때도 있을 것이다. 남을 배려하고 동정하는 것은 대부분의 우리 인간사회에서 존재하는 미담이다. 그러나 그 행위는 대의명분이 낮고 각 개인의 감정선에 큰 비중을 두고 있다는 점에서 그 자체를 높이 평가될 수 있는 일이 아니라고 본다. 안타깝지만 내 힘만으로 타인을 구하려는 마음이 있다 하더라도 쉽게 구해질 수 있는 것은 극히 적고 불가능에 가깝다. 그렇다고 해서 그것이 악이 되는 것이 아니다. 성도문의 자비이건 아니건 간에 남을 도우려고 하는 마음은 분명 부처님 마음과 같은 것이다. 그러나 현실적으로 자신의 안타까운 마음만으로 절대로 남을 구제할 수 없다는 점을 간과해서는 안 된다. 자신의 무한한 희생으로 남을 도울 수 있다고 하면 그것은 부처님의 무연자비와 동등한 것이다. 그래서 나의 전적인 인욕과 희생이 없이는 자비도 없고 더구나 자비라는 말은 태어날 수가 없는 것이다. 동정과 베풂을 자비라고 왜곡하는 일은 없어야 한다.

정토문의 자비

정토문(淨土門)의 자비는 대자대비(大慈大悲)의 마음으로 생각한 대로 모든 이들을 구제하는 것이다. 그러기 위해서는 자견의 깨달음으로 남을 구제한다고 착각하는 일이 없어야 한다. 중생구제는 부처님의 소관이다. 따라서 내가 깨달음을 얻어 부처가 되지 않는 한은 중생을 구제 한다는 일은 요원하다. 그 어려운 수행을 하지 않더라도 빨리 부처가 되는 길은 오로지 나의 근기에 맞게 시간적으로 절약도 되는 염불수행이 최선이라고 듣고 있다.

앞서 말했지만 부처님의 자비는 부처님이기 때문에 나오는 것은 아니다. 부처님의 자비는 그 부처가 되는 험난한 고행과 지속적인 인욕바라밀의 과보로 얻어지는 것임을 명심하여야 한다. 영겁 동안 인욕(忍辱)의 수행으로 낳은 최대의 바라밀의 과보는 오직 부처님의 무연자비(無緣慈悲)[36]인 것이다. 따라서 인간이 남을 동정하듯 가엾이 여기는 것과 달리 부처님의 자비는 차별이 없고 평등하게 구원의 손길을 주시는 데에 분명 우리들과 엄청난 차이가 있다. 일반적으로 자비를 이야기할 때에는 반드시 부처님의 자비인 것이다. 자비는 분명 우리 중생이 사용하는 단어가 아님을 주의해야 한다. 정토문의 자비라는 것은 염불하여 빨리 부처가 되어 대자대비

---

36) 무연자비 : 부처님의 자비인 절대적 자비를 말함. 즉 어떠한 조건도 없이 우리들을 구제하여 주시는 자비.

의 마음으로 생각한 대로 중생을 구제하는 것을 말하는 것이다. 우리가 자비라고 착각하고 있는 것은 단지 남을 가엾이 여기는 동정일 뿐이다. 중생들은 부처님에게 자비의 가피를 받는 대상이지 자비를 베푸는 주체는 아닌 것이다. 따라서 우리들은 자비의 주체인 불보살님의 가르침과 원력에 의해서 오직 염불 수행을 하는 것이다. 염불수행에 의해 그 불가사의한 원력의 소유자가 되는 것이 우리의 목표인 것이다.

우리들은 아무래도 부처님의 자비를 흉내 낼 수가 없다. 나의 의지와 행동에서 자비가 스스로 나오는 것이라고 생각하는 것은 인간의 교만이나 다름이 없다. 모든 것은 마음먹기에 달렸다고 하는 것 또한 문제가 있는 발언이다. 일부 순간적으로 마음에 의해 성취되는 듯한 기분은 들겠지만 절대로 잠시 먹었던 마음에 의해 영원히 지배되는 것은 없다. 처음 먹었던 마음과 시간의 흐름에 따라 변화되어가는 마음의 소유주이기 때문에 그 변화된 마음은 내가 본래 이루려고 했던 선업의 마음과는 상당히 거리가 있음을 부인할 수 없다.

흔히 원효스님의 말씀 중 「일체유심조(一切唯心造)」를 말할 때 대부분의 사람들은 유심(唯心)을 우리 중생의 마음가짐으로 착각하고 있다. 그러나 유심의 심(心)은 불심(佛心)으로 해석해야 옳다고 본다. 이렇게 경론을 해석하는데 있어서 견해가 다를 수 있으나 불교의 가르침의 중심은 인간 본성을 자각하여 부처님 가르침에 대한 신심이 기본이 되어야 한다. 그렇지 않다면 나의 마음먹기에 따라 모든 것이 해결된다고 믿고 부처님 법도 그 의미를 상실할 수 있다는 것이다. 하찮은 중생을 위하여 그 귀한 몸 내어 구제해 주는 것이 자비라 할 수 있다. 지금 나에게 어떠한 장애도 없고 거리낌이 없는 생활을 할 수 있는 것은 자비의 힘이다. 부처님도 예외 없이 자비를 득하기 위해서는 인욕수행에 의한 자기희생이 수반되는 것이다. 이렇게 득한 부처님의 자비에는 단순한 단어로 말할 것이 아닌 그 숭고한 역사의 혼이 스며있는 것을 알아야 한다. 사실 어떠한 이에게도 아무런 조건 없이 베풀어 주는 것은 도저히 불가능에 가깝다. 그렇기 때문에 그것을 가능하게 무조건 베풀어 주는 자비를 무연자비라고 부르는 것이다.

앞에서 언급한 성도문의 자비에는 조건과 이해관계가 얽혀져 있다. 개인적인 관계에서도 늘 동정과 연민(憐愍)을 가지고 있는 반면에 후자의 정토문의 자비는 조건이 있을 수 없다. 그것은 부처님의 절대 불변의 보편적 자비이면서 일체중생에게 평등하게 주어지는 자비인 대자비만이 진실한 부처님만의 자비라고 부를 수 있는 이유이다. 우리 중생들은 이 자비의 불가사의한 힘으로 고통의 중생계에서 도탈 되는 것이다. 정토의 자비는 궁극적으로는 자비의 손길을 필요로 하고 있는 고통의 중생들을 위한 자비이고, 아미타불의 가르침에 의해 혼돈의 고통에서 벗어나려는 행자에 있어서는 반드시 받는 자비인 것이다. 말하자면 우리는 이 자비로 인하여 새로운 청정한 세계로 다시 태어나는 것이다. 결과적으로 자비는 인간구제를 위한 부처님의 가피를 통칭하는 의미일 것이다.

이렇게 본다면 인간세계에서는 자비에 대한 본래의 의미가 존재하지 않는 것이나 마찬가지이다. 따라서 우리들이 흔히 말하고 있는 자비는 배려, 용서, 베풂 등의 의미로서 사용된다.

지금 우리가 살아가는 동안에 남이 애처롭고 불쌍하다고 생각되더라도 그들을 생각한 대로 구해 낼 수 없기에 아무리 좋은 마음을 내더라도 이와 같은 자비는 모두 쓸모가 없는 것이다. 그렇기에 『탄이초』의 교설에서는 내가 할 수 있는 최선의 행은 「오로지 염불하여 부처가 되어 하루빨리 인연 있는 사람들을 구제해 내는 것만이 최선」의 자비라고 가르쳐 주시고 있는 것이다. 그러기에 이 염불행 만이 진실하고 철저한 크나큰 자비의 마음인 것이다. 사실 굳이 자비라는 단어를 구별하는 것은 인간실존의 모습을 깨닫게 하기 위한 것이며, 진정한 자신의 모습이 보일 때 비로소 부처님의 자비 또한 진정한 의미로 변화되어 다가오는 것이다.

앞서 언급했듯이 부처님의 자비는 순간적으로 생겨난 것이 아닌 영겁의 세월과 역사 속에서 탄생한 것이기에 자비는 그리 가볍게 사용할 수 있는 단어는 아니다. 자비는 오로지 부처님의 영역에 있는 언어이기 때문이다. 그러나 시간과 공간을 넘어 인연이 없을 법한 나에게까지 부처님은 따스한 손길을 내밀어 주시는 것이 바로 무조건적인 자비행인 것이다.

그리고 자비의 의미를 남을 가엾이 여기고 동정하며 봉사하고 베푸는 차원에서 사용하며 그것은 분명 선업(善業)의 범주로 생각하고 있는 것은 우리들의 교만인 것이다. 세속적인 견해로는 부처님의 불가사의한 무연자비와는 대별 되는 일반적 용어로 자비라고 자주 사용하고 있는 것이다.

아미타불의 진의

아미타부처님의 불가사의한 원력에 의해 구제되기 위해서는 부처님의 대비심에 의지하는 것이라고 하였다. 그 자비의 덕분으로 지금까지 아득했던 나의 삶에 활력이 있는 염불을 만난 것이다. 염불은 본원에서 출발하여 항상 본원의 수행을 실천하신 석가모니불과 제대 선지식이 바로 그 중심에 계셨기 때문에 지금의 나에게까지 전승되어 온 것이다. 그 본원을 알려 주신 석가모니는 중생의 스승이시며 바른 길로 인도(引導)해 주시는 구제자이다. 이에 아미타부처님은 모든 불보살의 스승인 것이다.

정토삼존불은 좌우 보처인 관세음보살(觀世音菩薩)과 대세지보살(大勢至菩薩) 그리고 그 주존(主尊)이 아미타불이다. 관음보살과 대세지보살님과 아미타불의 관계는 종적인 관계보다는 횡적인 관계로 보아야 한다. 『관세음보살보문품』에 설해진 관세음보살의 모습을 아미타불의 시자(侍者)로 표현하고 있지만 『관무량수경』에서는 아미타불이 관세음보살에게 위신력을 수기하여 주신다고 설하고 있다. 또한 『천수경』에서는 관세음을 독립적 보살로 표현하고 있지만 내용의 중심에는 아미타불의 제자로 나타나고 있다. 『천수경』에서 본 정토의 12보살 및 모든 불보살의 스승을 "나무본사아미타불"로 표현하고 있는 깃도 아미타불의 위신력을 확인시켜주는 것이라고 할 수 있다. 이처럼 아미타불의 존재에 대하여 설왕설래하는 가운데 확실한 것은 부처님중 제일의 부처님이라는 것을 부인(否認)할 수가 없다. 제불타(諸佛陀)의 표상이 곧 아미타불로서 표현되었다. 그곳에 석가모니의 삼법인(三法印)의 가르침에서의 무상함과 나의 실체에 집착하는 잘못된 견해에서 벗어나고 생사윤회도 없는 아미타불의 세계에 왕생하는 무아 자각의 세계로서 상징된 것이다. 우리들에게는 없는 그 정토의 세계는 한없는 빛과 영원한 생명의 세계인 것이다. 더욱이 이것이 곧 대비심의 세계인 것이다. 그래서 그 세계의 건설자인 무량수(無量壽), 무량광(無量光)인 두 수광무량불(壽光二無量)의 의미를 지닌 아미타와 깨달은 자를 의미하는 부처님이 합쳐져 아미타불이라고 불러졌던 것이다. 여기에 아미타부처님의 존재를 증명하기 위한 본원 진의를 실천하고 자신과 같은 존재의 위치로 만들기 위한 중생들의 존재를 위한 '나무(南無)'를 만들어 정토신앙의 완전체인 「나무아미타불」이 탄생한 것이다.

『회향공덕게』에서는

원이차공덕(願以此功德) 원하오니 제가 쌓은 이 모든 공덕을

보급어일체(普及於一切) 일체중생들에게 골고루 베풀어 주시고

아등여중생(我等與衆生) 나와 모든 중생들과 더불어

당생극락국(當生極樂國) 마땅히 극락국에 태어나

동견무량수(同見無量壽) 무량수여래불을 같이 친견하고

개공성불도(皆共成佛道) 모두 함께 성불의 길로 가게 하소서.

내가 쌓은 공덕에 의해 회향하여 태어나는 곳은 극락정토(極樂淨土)인 것이다. 극락은 모든 중생의 고통에서 벗어날 이유가 되는 궁극적 목적지이기도 한 곳이다. 극락국에 태어나는 것을 극락왕생이라고 한다. 왕생을 위해서 공덕을 쌓고 또 쌓아가는 것은 당연한 일이지만 중요한 것은 내가 쌓은 이 공덕을 나 하나만을 위한 것이 아닌 모두 함께 성불하는 데 돌리겠다는 것이 회향의 큰 그림이다. 즉 이 세상의 모든 중생이 나의 공덕으로 인하여 모두 같이 극락왕생하기 바라는 이것이 회향의 큰 뜻이 되는 것이다. 또한 이 공덕을 부처님 덕분으로 돌리고 일체중생이 성불하는데 공덕을 쌓는 대승적 회향에 의해 나 또한 부처의 반열에 드는 것임을 알려 주는 대목이다. 그리고 조금 고통스러운 길이라 하더라도 소외된 다른 이들과 손을 맞잡고 같이 가는 행을 하는 것이 바로 부처님 가르침이다.

염불의 공덕에 의해 자신의 생에 대한 회향이 원만히 성취될 것이다. 이러한 공덕을 쌓게 해주는 것도 부처님의 대비심의 일환인 것이다.

제5조 숙업(宿業)의 공양

이 신란은 돌아가신 부모님의 효행을 위해서 지금까지 단 한 번도 염불을 한 적이 없습니다.

그 까닭은 존재하는 생명 모두는 알 수 없는 먼 옛날부터 지금까지 태어나고 죽기를 거듭하는 동안에 부모였었고, 형제, 자매였습니다. 어느 염불자라도 이 생에서 명이 다해 정토에 왕생하여 바로 부처가 되어 어떠한 중생이라도 구제해야 합니다.

염불이 자신의 힘으로 정진하는 선(善)이라고 한다면, 그 염불의 공덕에 의해 돌아가신 부모님을 구할 수가 있겠지만, 염불은 그와 같은 것이 아닙니다. 오직 자신의 힘에 의지하던 마음을 버리고, 빨리 정토에 왕생하여 깨달음을 얻으면 사생육도(四生六道)[37]의 생을 받아, 어떠한 고통에 빠져 있더라도 본원의 신통방통[38]한 힘에 의하여 무엇보다도 우선 연이 있는 자를 먼저 구할 수가 있는 것입니다. 라고 성인은 말씀하셨습니다.

---

37) 사생육도(四生六道) : 사생은 태(胎),란(卵),습(濕),화(化). 육도인 지옥, 아귀, 축생, 수라, 인간,천(天) 인 미혹한 윤회의 세계를 말함.
38) 신통방편(神通方便) : 자유자재로 사람을 구제 할 수 있는 작용. 불가사의한 힘을 사용할 수 있음

조상의 은덕

한 인간으로 세간의 구성원으로서 살게 해주시고, 나라는 현존재를 있게 해주신 조상님의 은덕은 이루 말할 수 없이 감사한 것이다. 나를 존재하게 해 주신 이 은혜는 이 세상의 그 무엇으로도 갚을 수가 없다. 언제부터인가 현대를 살아가는 우리에게 보은(報恩)이란 단어가 생소하게 여겨지게 되었다. 보은이란 나의 생에 음으로 양으로 도움을 준 이들에게 입은 은혜에 감사하며 조금이나마 갚는 것을 의미한다. 타인에게 입은 은혜를 잊지 않고 항상 감사하게 생각하며 사는 것 또한 보은이며 이러한 사람들은 언젠가 자신도 모르는 사이에 보은의 주인공이 되어 있게 되는 것이다. 자신은 유성(流星)같이 별세계에서 갑자기 지상으로 떨어진 존재가 아닌 것이다. 나의 존재는 하나의 인연이 아닌 여러 인연에 의한 생멸(生滅)을 거듭하면서 유전(流轉)을 하여 현재의 새로운 인연들을 만나게 된 것이다. 나의 존재는 전생의 과보로서 이루어진 것이며 이 세상에 현존하게 된 것임을 잊어선 안 된다.

전생을 세간의 부정적 견해로서 무속과 동일시하는 것도 무리는 아니지만 부모와 인연으로 생을 받아 감사하게 살아가고 있다. 그러나 돌아가신 부모님이나 조상들께 내가 할 수 있는 것은 아무것도 없다. 내가 할 수 있는 것은 이러한 제사나 추념식이나 기도밖에 없을 것이다. 문제는 생전에 하지 못한 효도를 돌아가신 다음에 한다고 하면 무언가 앞뒤가 맞지 않는다고 생각을 할 것이다. 그러나 선망부모를 기리는 최선의 방법은 존재하지 않는 것이다. 생존 시에 하지 못한 아쉬움에 지난날을 회상하고 그리워하며 또 감사하는 마음으로 어떠한 형태로든가 표시를 하는 것이다. 아무리 아쉬워도 그 외에 딱히 해야 할 것이 없다는 것이다.

종교 간의 추념식 방법이 상이하지만 나름대로 부모를 위한 효행을 한다는 것에는 이견이 없을 것이다. 이견이 있다는 것은 조상에 대한 추념보다는 그 행사를 통하여 우선 나의 존재를 나타내는 것에 대한 불만일 뿐이다. 자신을 돌아다보면 금방 답이 나올 것이다. 내가 존재하기까지를 생각해 본다면 부모가 생존해 있든 돌아가셨던 간에 그 은혜는 백골난망(白骨難忘)일 것이다. 그런데도 어디에 그 이의를 붙여 항변할 수 있겠는가. 이러한 나의 존재와 나의 역사를 확실히 인지하고 부모의 효행을 위한 공양을 실천하는 것이 진정한 공덕이 되는 것이다.

불교의 천도재, 49재와 같은 재의식의 진정한 의미는 자신의 선망부모에 대한 자신의 못다 한 효행과 공덕을 쌓기 위한 것이다. 혹자들은 여러 핑계를 대거나 전후가 맞지 않는 이야기라고 조상에 대한 제사 등을 피하려고 하고 있다. 어리석게도 그 행동은 자신의 존재를 완전 부정하는 것이라고 할 수 있다. 이러한 행위는 선망조상에게 자신이 지은 공덕의 의미를 차치(且置)하고 선망영가를 악귀로 생각하려 하는데 문제가 있다. 그래서 영가를 달래려 하거나 자신에게 해를 가하는 두려운 존재로 해석하는 것은 영가에 대한 이해 부족에서 오는 것이다. 다시 말하자면 영가를 부정적으로 생각하는 것은 나의 존재를 지워버리는 것과 동일하다. 선망조상들이 그러한 자손들에게 유전자 전달과정에 오류가 생긴 것이나 마찬가지이다. 조상이 존재했으므로 고로 내가 존재한다. 조상들과 나에 대한 바른 견해를 가지고 상호관계를 잘 정립해야 한다. 자신과 선조와의 관계는 무연(無緣)일 리가 없다. 그것을 뒤로하거나 부정하는 행위는 결국 부끄럽게도 자신의 존재를 별똥별로 인정하는 일이 되는 것이다.

조상이라는 귀신이 나에게 해를 끼칠까 두려워하는 행위 등이 있다면 그렇게 생각하는 당신들은 스스로가 조상을 악귀로 만들고 있음을 명심해야 할 것이다. 내가 죽으면 끝이라는 생각을 가지면 결혼하여 아이를 낳을 필요도 잘 살 이유도 없게 되는 것이다. 그냥 살아있는 동안에 자신만의 여유를 가지고 빈둥빈둥 하루하루 보내면서 이윽고 죽으면 그만이라는 생각과 일치하게 되는 것이다. 자신의 존재는 부각시키고 싶고 부모의 존재는 잊고 싶다고 한다면 그것은 스스로가 그냥 인간이길 포기한 자포자(自暴者)에 불과한 것이다.

자신이 하는 일이 잘 안되고 자꾸만 나쁜 일만 생긴다고 생각하고 나쁜 귀신(조상포함)이 나에게 해를 끼친다고 생각하고, 그 영가들이 두려워 공양을 올린다고 하면 아마도 그들은 일생동안 공양을 올려야 되지 않을까 생각된다. 굳이 거론하지 않더라도 종교를 불문하고 다수의 사람들이 그러한 기복에 의존하고 있을 것이다. 자신의 조상이 두려운 존재인가. 그러면 살아 계셨을 때도 그렇게 두려운 존재였던가를 한 번 생각을 해볼 필요가 있다. 아니면 그분이 살아계실 때 많은 나쁜 짓을 했다거나 잘못했을 것이라고 해석이 된다.

선조에의 공양

나에게 이익이 되는 것만 선택하고 조금 손해 본다고 생각된다고 하면 자신의 부모든 조상이든 모두 외면할 것인가. 한편 현대에서는 내가 귀찮아서 공양을 올리지 않는 것뿐일 수도 있을 것이다. 급조된 변명으로 합리성을 내세우고 내가 제사를 올리지 않는다 해서 무슨 일이야 있을까, 세상에 무슨 귀신이 있겠어, 라고 생각하는 사람도 있을 것이다. 그렇게 생각한다면 각자 가정의 울타리 안을 살펴보자 어린아이는 한참 귀여울 때 일 것이다. 그러나 그런 귀여움이 항상 귀여움으로 정지되어 있어 줄 것인가. 자신 또한 그러한 가정의 행복을 지속적으로 유지할 수 있겠는가. 아니면 변화해 가는 시간의 흐름에 늙어가는 자신의 모습을 되돌아보아야 한다. 지금의 자신이 선망부모에게 행동한 것처럼 자신이 그렇게 애

지중지하던 자손들이 나에게 똑같은 행동을 한다고 생각해보면 어떨까. 아마도 속으로 태연하지는 못할 것이다. 자신의 행동처럼 아이가 자기와의 연을 끊으려 한다면 많이 서운할 것이다. 그들의 부모도 그러한 마음이었을 것이다. 어쩌면 부처님께서 알려 주신 윤회라는 고리 안에서 매몰되어 해탈하지 못하고 헤매는 자신이 이러한 모습일 수도 있다.

추선공양(追善供養)[39]은 부모 또는 선조에 대한 공양을 올리는 효행의 의미이다. 이 공양은 영가의 명복을 빌고 그 기일(忌日) 때에 불공(佛供)을 올리는 행위를 말한다. 생전에 나를 낳아 길러주신 부모님의 은덕에 대한 기림과 보은으로 기일(忌日)에 제사를 지내거나 추모를 하는 효심을 말한다. 추선(追善)이란 망자의 명복을 빌기 위해 착한 일을 하는 것을 말하기도 한다. 다시 말하자면 부모를 위하여 천도재를 올리는 것 또한 효행의 하나이며 공덕을 쌓는 일이기도 하다. 단지 나의 액난을 피하기 위한 제사든가 남의 눈을 의식한 제사가 아니기를 바라는 마음이다. 부모님은 생전이나 사후에도 자제들에게 어떠한 원한을 가지거나 자식에게 보복을 하지 않는다. 이러한 생각을 하는 것은 아무래도 부모님 생전에 못한 불효에 대한 두려운 기억을 가지고 있기 때문이다. 현 자신의 삶에 추호도 나쁜 영향이 없기를 바라는 마음에서 형식적으로 재(齋)를 올린다 하면 잘

---

39) 추선공양(追善供養) : 죽은 조상이나 부모에게 인연 있는 생존자가 효행을 위하여 제사를 지내거나, 부모를 위하여 현생에 좋은 업을 쌓는 것.

못된 생각이라고 할 수 있다. 제사나 재를 올리는 것은 조상에 대한 감사와 보은의 의미가 크다고 할 수 있다.

신란 대사는 『탄이초』 제5조에서 「자신은 부모를 위하여 단 한 번도 추선공양을 위해서 염불을 한 적이 없다」고 하고 있다. 그가 생각하는 추선공양은 일반적인 부모에 대한 공양과는 차이가 있다.

신란 대사는 출가 사문(沙門)이었다. 그가 부모를 그리워했더라면 출가는 꿈에도 생각하지 못했을 것이다. 오히려 자신이 부모를 모시고 세속과 같은 가족의 일원으로 살았을 것이다. 그렇게 되면 남들처럼 살아온 것같이 자신도 언젠가 그 반열에서 자손들에게 조상의 소중함을 가르쳤을 것이다. 출가이후 사문이 되면 세속적 부모와 자손 관계는 그 인연이 다했다고 볼 수 있다. 신란 대사 자신도 동진출가로 부모에 대한 애틋함이 많았을 것이다. 그리운 부모 품에서 응석부리며 살고 싶어 했을 것이다. 그가 호넨 상인을 스승으로 만나 출가에 대한 자각을 가진 이래 부모에 대한 의문과 과제가 풀렸으리라 생각된다. 더구나 불교의 가르침인 윤회라는 큰 틀에서 자신을 조상에게 대비하여 본다면 자신이 늘 품고 있던 부모에 대한 의문이 풀릴 것이라고 생각된다.

어떻게 보면 불교에서 봉행하는 재의식에 대한 의미가 논란의 여지도 있지만 출가자가 세속의 부모를 위해 제사를 지내는 것은 출가의 변에 어딘가 맞지 않는 일지도 모른다. 그러나 앞서 서술한 바와 같이 어떤 화근이 나에게 오지 않게 하려고 불공 등을 올리는 것은 바른 의미가 아닌 것이다. 그렇지 않아도 사회 전반에 불교에 대한 불신이 쌓여져 있는 상황 하에서 이 재(齋)의 의미부여를 명확히 할 필요가 있다.

단 출가자에게 있어서 부모와 조상은 다른 의미로 생각 할 수 있다. 승가로의 출가란 머리를 깎고 먹물 옷을 입고 독경을 한다고 해서 출가로 정의하지는 않는다. 출가는 원칙적으로 세속과의 단절은 물론 오로지 깨달음을 위한 수행정진만을 하는 사문을 말한다. 출가자에게 있어서는 그러한 승가의 역사적 전통을 바로 지켜가야 할 책무가 있다. 요는 자신의 모습을 회심하여 출가자로서의 자세를 한번 되돌아보는 것이 가장 중요한 것이다. 출가자의 소임은 부처님의 칙명을 목숨처럼 지키고 실천 하는것이다. 즉 자신의 구제되는 어려운 수행을 성취하여 중생 구제의 대의를 이루어야 하는 것이다. 이것이 승려로서 참다운 회향이 되는 것이다. 따라서 개인의 사사로운 정에 얽매이거나 세속의 법도에 맞추어 부모에게 효행을 한다는 자체는 출가자의 입장에서는 무리가 있지 않는가 생각된다. 또한 부모님을 위한 추선공양을 하는 것도 불가의 법도에 맞지 않는 것이다. 그보다 큰 원을 세워 자신의 정에 얽매이지 않고 타의 일체중생을 최우선 순위로 구제하려는 것이 출가자에게 내려진 칙명(勅命)인 것이다.

나는 선택된 존재이다

나라는 존재의 생성에 대한 유래는 가깝게는 나의 부모님과의 만남으로 내가 태어나게 된 것이다. 바로 나의 부모 사이에서 현재 나 라는 존재가 생명의 빛을 보게 된 것이다. 넓은 의미에서의 나 라는 존재는 무시(無始)이래로 무한하게 유전(流轉)해 온 중생이라고 할 수 있다. 자신으로부터 20대까지 올라가 유전자를 전해 준 직계조상의 수를 합하면 1백4만8천5백7십6명에 달한다는 계산이 나온다. 그 윗대까지 가면 훨씬 많은 나의 직계조상이 있었다고 볼 수 있다. 그러면 그 이전까지 합한다면 더 따져 보면 나의 존재를 있게 해준 그 유전자는 인류 최초라고 하는 600-700만년 이전부터 나타난 호모사피엔스로부터 우월적 DNA가 지금의 나를 존재하게 해준 것이라 볼 수가 있다.

이렇게 보면 세계인은 모두 한 가족이라고 보아도 무관 할 것이다. 불교에서 말하는 「모든 중생은 세세생생(世世生生)에 부모형제가 아닌 사람이 없다.」는 이 한 구절에 자신이 단적으로 부모에 대한 정의가 내려졌을 것이다. 이렇게 생각한다면 나 자신의 안일을 위해서 조상을 소홀히 할 수 있을 것인가. 비록 이 조항에서 말하는 추선공양까지는 아니더라도 부모님과 조상의 은덕을 잊는 사람은 하등(下等)의 미물과 크게 다름이 없을 것이다.

선망부모를 위한 공양이라고 염불을 하는 공덕보다 어떠한 조건이 없는 본원의 가르침대로 하는 염불 자체가 최고의 효행이다. 목건련존자[40]의 경우와 같이 모친의 업과로 아귀(餓鬼) 지옥에서 고통 받고 있다는 사실을 알고도 자신의 신통력으로도 모친을 구해낼 방법이 없었던 것이다. 그러한 목건련존자도 석가모니의 가르침에 의해 자신이 쌓은 선근 공덕으로 아귀 지옥계에서 중생을 구해낼 수 있다는 교훈을 얻었던 것이다. 생전의 부모에 대한 효행은 불교에서도 부처님에게 공양 올리고, 스승을 시봉하는 것과 동일한 행이라는 선사들의 가르침도 있다. 이렇게 본다면 자신의 효행이라는 것은 오로지 염불행의 범주에 있다고 생각된다. 생전에 못다 한 효행을 제사와 천도재라는 형식의 힘을 빌린다 하여도 나의 효행을 다했다고 볼 수 없다. 그것은 부모의 은혜가 얼마나 크고 깊은가를 『부모은중경(父母恩重經)』에서는 다음과 같이 설하고 있다.

①회탐수호은(懷耽守護恩) 어머니 품에서 지켜주는 은혜

②임산수고은(臨産受苦恩) 출산의 고통을 이기시는 은혜

③생자망우은(生子忘憂恩) 자식을 낳고 근심을 잊는 은혜

④인고토감은(咽苦吐甘恩) 쓴 것을 삼키고 단 것을 먹이시는 은혜

⑤회건취습은(廻乾就濕恩) 진자리 마른자리 가려 누이는 은혜

⑥유포양육은(乳哺養育恩) 젖을 먹여서 기르는 은혜

---

40) 목건련존자 : 석가의 십대 제자 중 한 사람으로 신통력으로 어머니를 구함. 효의 본보기가 됨.

⑦세탁부정은(洗濁不淨恩)깨끗이 씻어주시는 은혜

⑧원행억념은(遠行憶念恩)먼 길을 떠나갔을 때 걱정하시는 은혜

⑨위조악업은(爲造惡業恩)자식을 위하여 나쁜 일까지 짓는 은혜

⑩구경연민은(究竟憐愍恩)끝까지 불쌍히 여기고 사랑해 주는 은혜

이처럼 대표적으로 열 가지 은혜(大恩惠))로 나누어 어머니 노고를 설명하고 있다. 부모는 정작 자신의 입보다 자식의 입을 먼저 걱정하며, 일방적으로 자식을 위한 희생을 하며, 사랑하는 마음이 죽을 때까지도 지속되는 것이다. 살아서도 죽어서도 자식을 걱정하는 것이 부모님 은혜이다. 이는 부처님과 같이 조건 없이 오로지 자식만을 생각하는 것이 바로 무연자비와 같은 것이라고 말하는 것이다. 가끔 자식의 죄업을 자신이 대신 짊어지고 가려 하는 자식바보를 자처하는 분이 부모님이다. 조상영가는 생존의 후손들에게 절대적으로 원혼이 될 수가 없다. 살아서도 죽어서도 오로지 자식 걱정을 하는 것이 부모의 진정한 마음인 것이다.

영가에게 천도나 제사를 지내지 않으면 징벌이 올 것 같고 두려움이 있다는 것은 평소 그 사람이 저지른 업보의 소이라고 본다. 따라서 부모에게 불효를 끝내려면 최소한 올리는 추선공양 등의 모든 공양을 보은의 의미로 부여할 필요가 있는 것이다.

다시 말하자면 돌아가신 선조를 악귀로 만드는것은 자신이다. 살아서도 죽어서도 부모는 자식들에게 해를 끼치지 않는 것이다.

제6조 스승과 제자의 원칙

같은 염불의 길을 걷고 있는 사람들 가운데 내 제자니, 다른 사람의 제자라는 논쟁이 있다고 하는데 그것은 가당치도 않은 일입니다.

이 신란은 단 한 사람의 제자도 두고 있지 않습니다. 그 이유는 나의 역량으로 그들에게 염불을 시켰다고 한다면, 그 사람은 내 제자라고도 할 수 있을 것이지만, 한결같이 아미타불의 원력에 인도되어 염불하고 있는 사람을 내 제자라고 말하는 것은 지극히 황량(荒凉)하기 짝이 없는 일이기 때문입니다. 만나야 할 연(緣)이 있으면 함께 하고, 떠나야 할 연이라면 떠나가야 하는 자들인데, 스승을 등지고 다른 사람을 따라서 염불을 하는 자는 왕생하지 못한다는 것은 가당치도 않은 일입니다. 아미타여래(阿彌陀如來)로 부터 받은 신심(信心)을 마치 자기가 준 것처럼 생각하고 바꿔치기를 하려는 것일까요? 그러한 일은 결코 있어서는 안 될 일입니다. 본원의 가르침에 순응하면 저절로 부처님의 은혜도 알고 또 스승님의 은혜 또한 알 수 있을 것입니다. 라고 말씀하셨습니다.

나에게는 오로지 스승만 계실 뿐

선지식은 나를 진실한 존재로 새롭게 태어나게 하는 일대의 선연(善緣)인 것이다. 전수염불(專修念仏)자는 호넨 상인의 가르침에 따라 오로지 아미타불의 진의를 믿고 염불 수행만을 하는 사람을 말한다. 그러한 염불자 가운데는 이 쉬운 본원의 염불문을 다 이해하여 다른 염불자들에게 염불의 뛰어남을 가르쳤으니 그들은 마땅히 내 제자라고 한다든가 또는 내가 그들을 염불자로 만들었기 때문에 내 제자라고 하는 자들도 다수가 있었다고 한다. 사제지간의 관계는 그러한 형식에 의해 맺어지는 것이 아니다. 신란 대사가 계셨을 때에는 일부 염불자들이 다른 행자들을 미혹하여 자신의 문하로 만들기도 하였다. 또 그들은 전수염불자들의 염불수행과 자신들이 하는 신행과 종의(宗義)가 다르다고 억지를 부리고 비판하는 자들도 있었을 것이다. 염불의 종의를 자의적으로 해석하고 자신들에게 동조하는 세력을 모아 파벌을 만들어 이끌려고 하는 무리들은 교만함의 극치라고 할 수 있다.

요즘에도 불법(佛法)을 뒤로하고 마치 병정놀이를 하는 듯한 모습으로 조직과 집단을 이루고 좋은 보직에 눈독을 들여 외도적 방법을 동원하여 그 집단을 차지하려는 일이 비일비재하다. 이러한 일은 승가에서 결코 일어나서는 안 된다. 승단에서 서열논쟁과 직제문제는 승가의 발전에 아무런 도움이 안 된다. 석가모니 교단에서도 먼저 귀의한 분과 나중 귀의한 분이 계시지만 서로 존중하고 오로지 스승인 석가세존의 말씀대로 수행했던 것을 알고 있다. 아난, 라훌라, 난타, 아나율 등은 석가모니의 친인척이었다. 그들은 석가모니 교단에 귀의하여 오로지 조용히 석가모니 옆에서 가르침을 받고 시봉(侍奉)을 하였다. 석가모니 교단의 제자들 중에는 사리불존자, 가섭존자, 목건련존자 등과 같이 뛰어난 분들도 많이 계셨다. 교단 내의 다른 제자들은 그들을 스승과 같이 대했을 뿐 아니라 실질적으로 그들로부터 가르침을 받았다고 한다. 그렇다고 해서 장로, 상수(上首)라고 불리는 그들이 교단에서 행세를 하고 교만한 모습을 하지 않고 오로지 스승인 석가모니의 가르침에 따라 수행하였다.

지금의 불가에서 스승과 제자의 관계는 은사와 상좌제도가 있다. 보통의 사제지간과 표면상 같다고 할 수 있다. 출가집단에 있어서 은사와 상좌 관계는 재가의 부모와 자식과 비슷한 개념이다. 현대의 불교집단은 이러한 개념도 변화가 되어 종단의 승려 자격을 취득하기 위한 서류상의 은사제도를 도입하고 있는 실정이다. 행정 조직상의 관리가 필요하기 때문에 도입한 것이지만 한 종단의 종의를 받들어 이어가는 법맥과는 조금 거리가 있다고 본다.

단지 스승이란 내가 스승이라고 인지함으로부터 성립이 된다고 볼 수 있다. 내가 스승을 인정하지 못하면 적어도 나에게 있어서는 그 분은 스승님이 아닌 것이 된다. 반대로 스승이 제자를 받아들인다 하더라도 진정한 사제지간은 성립이 되기 어려운 것이다. 이기적인 사고 같지만 스승의 성립은 제자가 그 분을 나의 스승이라고 믿고 따를 때 비로소 사제지간은 성립된다. 반대로 스승이 나의 제자가 아니라고 하여도 제자 자신이 나의 스승이라고 한다면 실질적 사제지간이 되는 것이다. 제자는 항상 듣는 자세가 되어 스승의 가르침을 받드는 마음가짐이 필요하다. 그러한 스승의 가르침에 절대적 믿음을 그대로 전승(傳承)받는 가운데 자신의 수행의 중심에 서 있고 불법을 지켜 후세로 이어가려는 정신이 있을때 비로소 사제지간은 성립이 된다.

선지식(善知識)이란

스승과 선지식의 차이는 어떠한 것일까. 스승과 선지식은 직접적인 가르침을 받았는가, 아닌가의 차이는 있다. 그러면 선지식은 어떻게 정의하는 것이 옳을까? 대부분 생소한 언어로 들리지만 선지식에 대한 정의는 분명 불교와의 인연이 있어 보이는 듯하다. 선지식은 본래 불교 수행자가 법을 깨치고 덕이 높아 사람을 불법의 세계로 이끌어 주는 승려를 말한다. 그러나 선지식은 불교에만 국한된 단어는 아니라고 생각한다. 왜냐하면 세간의 삶에는 불법의 도리에 의하지 않는 사람들도 같이 공존하기 때문이다. 따라서 선지식은 세간적 삶의 고통에서 구제해 주시고 안락한 삶의 세계로 이끌어주고 변화시켜주는 분을 일컫는다. 그렇듯 내용의 차는 분명히 존재하지만 결론적으로 동일한 의미일 수도 있다. 선지식도 분명히 나의 스승이다. 우리의 삶 속에 있어서 스스로 자신의 좌우명대로 되지는 않는다. 세간의 질서를 유지하고 살아가고 싶지만 언제인가 그 질서가 엉켜서 오도 가도 못하는 지경에서 헤어나지 못할 때가 있다. 그럴 때 누구에게 현실의 혼란함을 불평을 말하고 구제를 요청할 수 있을까. 자신이 이러한 상황에서 정리해줄 선지식을 막연히 기다리고 있지나 않을까. 스스로에게 자문해 보면 진실로 지금까지의 나의 삶은 응석꾸러기의 삶이 아니었나를 반성한다. 돌아다보면 언제 어디에선가 이러한 나에게 말을 걸어준 누군가가 분명 나의 곁에 있었던 것이다. 그때는 그다지 대수롭게 여기지 않았을 중요한 순간을 그냥 무심코 지나쳐 버렸던 것이었다. 누군가는 몇 번쯤은 이러한 기회가 있었다고 본다. 경험은 지식을 받침하고 증명할 수 있는 소중한 것이기도 하다. 그러나 자신의 경험과 배움이 이 사회의 정석이 될 수없는 것이다. 유이엔스님의 스승인 신란 대사의 말씀에는「선지식의 의취에 따라 오로지 염불한다는 가르침에 위배될 수 있는 학문의 중요성을 논하는 것은 슬픈 일이다. 그것은 곧 아미타부처님 본원의 의취와도 상반된 것이다.」라고 하였다.

누구에게도 더 이상 배울 것도 없다고 자부하며 스스로를 무학도(無學道)[41]라고 생각하는 교만한 삶에서 벗어나야 한다. 자신이 살아온 모든 역경과 고난을 타인의 삶의 이력과 비교하여 우위를 점하려 하거나 자신이 겪은 경험과 무용담이 보편적 삶의 표본이 될 수 없다. 자랑하고 싶은 나의 지식도 남에게는 필적할 수 없을 정도로 하찮을 것일 수도 있다. 따라서 남의 충고나 가르침을 나는 무용지물로 생각하고 있지는 않았을까? 사실 이 세상을 살아가면서 나에게는 알건 모르건 여러 사람들과 만남의 인연이 있었음을 부정할 수 없다. 그 인연이 나에게 좋은 과보를 가져다 줄 수 있었던 스승이 분명히 존재하였다고 본다. 아마도 우리는 그것을 간과했거나 망각하고 있었을 것이다. 그 가운데 획기적으로 나의 삶을 바꾸어 준 만남이 있었다면 그것이 바로 진정한 선지식과의 만남이었다고 할 수 있을 것이다. 우리는 그러한 인연을 반드시 기억해 내야 한다. 이후 어느 순간에 진실과의 만남을 기약하기 위해서라도 이번만은 놓치지 말고 꼭 진실이 무엇인가를 바로 깨달아야 한다. 우리는 항상 회향하는 마음과 자세로서 남을 대하여야 한다. 상불경보살(常不輕菩薩)은 만나는 누구에게도 자신이 먼저 남에게 머리를 숙이면서 인사하고 「내가 당신들을 존경하고 감히 가벼이 여기지 않는다」고 하였다. 누가 자신에게 욕하고, 해(害)하려 해도 이에 굴하지 않고 「늘 당신을 존경합니다.」 라고 했다. 이 보살에게는 만나는 모든 이들이 나에게 새로운 것을 깨닫게 해주는 선지식

---

41) 무학도 : 아라한을 지칭함

으로 여겼을 것인지도 모른다. 우리는 이 보살과 같이 항상 상대를 가벼이 여기지 않는 마음을 지녀야 한다. 상불경보살은 부처님의 가르침을 존경하면서 그 행을 실천하고, 입으로는 불경의 가르침을 펴며, 부처님의 가르침인 교만과 악행을 선행으로 변화시켜 늘 중생만을 위한 교화에 힘썼다고 한다. 이와 같은 선지식의 자세를 득함이 진정한 불자로서의 모습이 되는 것이다.

사제(師弟)의 인연은 여래의 칙명(勅命)[42]

불교의 교주는 석가모니 부처님이다. 천상천하 유아독존(天上天下 唯我獨尊)이란 것의 독존은 그분의 살아오신 한 걸음 한걸음이 살아있는 생명이며 존귀한 말씀 즉 진리를 펴신 존귀한 분이라는 것을 의미한다. 그러한 진리가 여러 개가 있을 수가 없다. 그리고 그 진리를 흉내 내거나 부정하며 마치 자신이 새로운 진리를 발견한 것처럼 행동하는 것은 얼토당토한 일이다. 그런데 부처님의 교설인 진리의 말씀이 나에게 전해오는 과정에서 배달사고가 일어난 것과 같다. 누군가가 망가진 상품을 본래 새것이라고 속이고 보낸 것이나 다름없다고 하는 의심이 있었다. 그러나 그 진리를 진리로

---

42) 칙명(勅命) : 임금의 명령. 칙령. 칙지. 조서, 천자나 임금의 명령을 적은 문서, 타이르다, 경계하다. 중생구제의 심대한 의미를 담고 있음.

보지 못하고 방치한 자신이 혜안을 가지지 못해서 일어난 사고였다고 본다.

아난이 부처님의 교설(敎說)을 자의적으로 해석하지 않고 여시아문(如是我聞)의 자세로 모든 이들에게 진리를 공유하는 것과 마찬가지의 정신이 여래의 진리를 진리로서 증명되게 하는 것이다. 이러한 정신이 결여되어 있기 때문에 어떤 이는 진리가 아닌 외도(外道)로 교주가 되는 것이다. 아난의 자세는 어떠한 경우라도 자신으로부터 출발하지 않는다. 반드시 여시(如是)인 부처님 진리의 말씀으로 시작하여 아문(我聞)을 실천한 아난의 철저한 제자의 입장과 함께 호법의 정신인 것이다. 즉 이와 같이는 석가모니의 가르침인 진리와 같은 의미로 받아들이는 것이다. 이러한 가르침을 받는 제자로서의 자세가 되는 것이다.

정토진종(淨土眞宗)의 개조인 신란 대사 자신도 그의 스승인 호넨 상인의 문하에서 그를 선지식으로서 일생동안 존경과 흠모로 일관했던 모습을 살펴볼 수 있다. 더구나 그는 스승과의 만남을 여래의 칙명으로 받아들여 오로지 그 염불의 길을 묵묵히 걸어 나갔던 것이다. 신란 대사는 『탄이초』의 제6장에서 같이 선지식과 만남에 의해 염불의 전통과 역사가 증명되었고 그 본원의 힘에 의하여 일대의 큰 깨달음을 얻게 해 주었다고 서술하고 있다. 그는 오로지 부처님과의 자신과의 인연설정을 선지식의 만남에 의하지 않았더라면 어떻게 하여 이렇게 안락하고 쉬운 일문에 들어올 수가 있었겠는가 하고 회상하며 그 감동으로 일관했다.

또 「신란에게는 제자 한 사람도 없다」라는 신란 대사의 사상은 현대를 살아가고 있는 우리들의 자세에 경종을 울리는 말씀이다. 언제까지나 제자의 입장에 서서 스승의 가르침에 따라 정진하는 그 자세야말로 최극(最極)의 수행이라고 할 수 있다. 항상 제자의 입장을 지킨다는 것은 수행자로서 최상의 자세이기도 하다. 어떤 사람은 스승에게 가르침을 받아 어느 정도 익히게 되면 독립하여 완전체와 같은 몸짓을 한다. 「이 신란에게 있어서는 꼭 집어 스스로 내 제자라고 지명하거나 정식으로 자신의 상좌라고 하여 받은 한 사람도 없다.」 그 이유는 신란 대사 자신이 아미타부처님과 같이 중생구제의 대원력을 성취하여 남에게 염불을 시켰다고 하면 두말없이 당당하게 내 제자 내 신자라고 해도 문제가 되지 않을 것이라 하였다. 그러나 오로지 아미타부처님의 원력과 가르침에 따라서 염불을 하는 사람들을 내 제자라고 할 수는 없을 것이다. 따라서 염불자로서 내 제자 네 제자라고 논쟁하는 것은 지극히 황량(荒涼)하기 짝이 없는 일일 것이다. 인위적으로 자신의 제자라고 받은 수행자들에게 의리의 집단으로서 얽매이게 하는 것은 없어야 할 것이다.

「제자가 스승을 따라가야 할 연이라면 따라야 하고, 새로운 연을 찾아 떠나가야 할 연이라고 하면 떠나갈 수 있는 것이다. 스승을 등지고 다른 스승을 찾아 그의 말씀에 따라서 염불을 하는 그러한 자는 왕생하지 못한다는 것이 있을 수 있겠는가.」불교가 도덕적 윤리적 사고에 매몰되면 그것은 승속의 구분이 없어지게 된다. 인간관계에 있어 의리를 중요시하거나 조직에 치우치면 잘못하면 한 사람을 속박하는 결과를 가져 올 것이다.

선지식과 만남에 의하여 진실한 인간으로의 삶이 새롭게 탄생하는 순간 나의 DNA는 이미 아미타불의 세계로 유입되어 일미(一味)가 되는 큰 변화를 가져오게 된다. 순간적으로 아미타불의 세계인 원해(願海)의 DNA로 새로운 변이가 일어나는 것이다. 그것은 역사적 전통의 배경이 되고 또 아미타불의 DNA가 나의 현존재로 성립되게 하는 것이다. 과거에 나의 진실된 역사가 없다 하더라도 선지식과의 만남에 의한 이행(易行)의 문에 들어오게 됨을 깨닫는 순간 이미 그 염불문의 행자가 되어있는 것이다. 자기 중심으로 살아온 우리들의 삶의 방식은 자연의 섭리에 위반한 삶일 것이다. 항상 남의 박수를 받고 살아가려는 생각을 버리고 그것에 대한 감사의 생을 살면 무리 없이 진실의 흐름에 편승하게 될 것이다. 자연히 나의 새로운 삶의 흐름은 이미 염불세계인 이행문(易行門)[43)]에 살고 있음과 같다.

---

43) 이행문 : 일체중생들이 쉽게 행할 수 있는 염불문.

스승이란 이름으로

　현대에는 어느 종교를 불문하고 조직을 만들어 교주를 자처하는 무리들이 생겨나기도 한다. 단적으로 말하자면 대중들의 인기에 영합하여 순간적으로 이성을 잃고 남을 지배하고, 착취하려는 일이 일어나고 있다. 이것은 본래에 자신의 처지를 잊고 모든 진리를 자신이 깨달은 것처럼 행동하는 데에 문제가 생기는 것이다. 우리 주위에는 종교를 사칭하여 신비성에 포인트를 주어 많은 어려운 사람들을 현혹하여 금전을 착취하거나 종교를 사유화하는 일이 흔히 일어난다. 그들은 명언 제조기로 자신들에게 미혹하도록 만든 새로운 교리를 가지고 대중들을 현혹시키고, 교리의 위법이 발각되면 대중들을 협박하며 늪에 빠지게 한다. 이러한 종단은 범죄 집단과 다름이 없다. 모든 종교는 각각 중생구제라는 뚜렷한 명제를 가지고 있다. 그런데 중생구제는커녕 중생을 협박하여 금전을 갈취하고 가정을 무너지게 하는 일이 있다. 이것은 종교 본래 모습에 반한 행위이며 범죄가 아니라고 누가 부정 할 수 있겠는가? 대부분의 사람들은 실제로 많은 이들로부터 칭송과 박수를 받고 싶어 하며 유명해지고 싶어 한다. 게다가 돈까지 많이 벌고 싶어 하기 때문에 무리하게 자신을 과장하게 된다. 차별적 사고를 억지로 찾아내어 항상 남보다 더 자신만이 가져야 하고 더 뛰어난 것을 말해야 한다는 강박이 늘 자신을 누르고 있다. 그렇게 화려한 이력을 만들어 그 얼굴이 나의 명함이라고 착각하며 살아가고 있다. 만약 화려한 이력과 현실의 내면이 허위이거나 다른 행동을 하거나 생활에 충실하지 못할 때 사회적 지탄에서 벗어날 재간이 없어지는 것이다. 가끔 매체에서 접하는 저명인들이 이러한 문제로 사회를 경악하게 하고 있다. 이러한 사건들을 접한 우리들은 그러한 뉴스를 자주보면 너무 지쳐버릴 것이다. 정확히 말해서 그러한 사람들은 사회질서의 혼란을 가중시키는 생태교란종이라고 할 수 있다. 오랜 세월 동안 쌓아온 사회질서가 무너지는 것은 잘못된 교육과 생활습성에서 비롯된다. 그러한 환경변화에서 오는 생태파괴, 생태교란의 행위라고 할 수 있다. 질서는 남을 배려하는 마음을 키우고, 남을 살리기도 하는 좋은 환경을 만든다. 이러한 의미에서는 모든 스승의 가르침도 그 분야의 발전과 질서유지를 위한 기초적 사고가 될 수가 있다. 스승이 자신의 주관적 사고에 의한 교육을 시키거나 잘못된 지시를 하는 일이 있어서는 안 된다. 자신을 부각시키기 위하여 제자들을 동원하는 일도 많이 있다. 온갖 수단과 방법을 가리지 않고 남보다 더 높이 뜨려 하는 마음은 마치 풍선에 바람을 잔뜩 불어 넣고 한껏 부풀어 오르는 것과 같다. 그러한 풍선이 터져 버리거나 날아가면 그 자신의 인생도 통째로 날아가 버리는 것과 같다. 성장한다는 것은 고통이 수반 되지만 완전한 길을 가고 있는 과정이다. 스승을 넘어서 가는 것은 그 맥을 착실히 이어가는 과정이라는 뜻이다. 내가 가는 길을 바로 가지 않고 빠르고 쉬운 길로만 고집한다면 오판으로 인하여 오히려 큰 구멍에 빠질 수 있다. 나의 현재를 잘못 인식하고 부풀리면 내가 완전체라는 착각의 늪에서 헤어나기 어렵다.

스승은 자신의 창조적 진리를 전하는 역할을 하는 것이다. 이미 설계된 중생구제의 플랜을 우리에게 알려주고 우리의 견적에 맞추어 완성시켜 주는 작업을 해 주시는 것이 스승이다. 창조된 진리라는 것은 역사적 전통과 그것을 증명한 선사들의 삶에서 발하게 되는 것이다. 내가 대중들에게 박수 받고 열광을 받는다 하더라도 그것이 진리가 될 수 없는 것이다. 진리의 생명은 영원한 것이다. 또 이 영원하고 변하지 않는 진리의 깨달음을 얻어 모든 이들에게 이로움을 공유해 가는 것이기도 하다. 진리는 악을 창조하는 것이 아니라 악을 선으로 변화시키는 역할을 한다. 이 진리에 의해 우리는 새로운 안락의 세계에 안착할 수 있고, 고통의 세계를 벗어날 수 있다. 그러한 진리를 만나게 되는 것은 곧 선지식인 스승을 만나는 것으로부터 시작된다.

부모자식 간은 배반한다고 이야기하지 않지만, 근래에 이르러 존속에 대한 무도한 범죄 행위가 끊임없이 일어나기도 한다. 극히 일부겠지만 대부분은 자식이 부모를 돌보지 않고 유산에만 관심을 가지는 불효를 범하는 사람도 있다. 부모자식간의 혈연관계도 또 사제지간에도 무뢰한 일들이 일어나는 것은 본원의 섭리를 모르고 동물적 본능에 방임된 무질서하고 무지한 우리들의 세계인 것이다. 본원의 가르침에서는 이러한 무뢰한 사회에 살고 있는 나 자신의 정체를 알려주고 있다. 물리적으로 이런 혼탁한 사회를 바로 잡는 것이 어렵다. 그렇기 때문에 「본원의 가르침에 따르면 저절로 부처님의 은혜도 알고 또 스승의 은혜도 알 수 있을 것」이라고 하고 있다.

가치관의 전환

「선지식과의 만남이 없었더라면 내가 어찌 이러한 이행의 일문 (一門)[44]에 들어 올 수가 있었을까」라고 할 정도로 이 호넨 상인에 대한 신란 대사의 절대적인 믿음과 정토왕생의 구도심이 두 사제 지간을 강력하게 이어지게 한 것이다.

스승이란 나에게 어떠한 존재이어야 하는가? 또 선지식과 나는 언제 인연이 될 수 있을까? 등의 해답은 자신의 결정에 달렸다 해도 과언이 아니다. 자신이 스승과 선지식에 대한 믿음과 그 가르침에 따른 실천이 병행된다면 자신의 삶에 일대의 가치변환이 일어날 것이다. 그것은 확실히 선지식과 만남이 성사되었다는 의미가될 것이다. 자신의 가치관은 이미 선지식의 가르침속에 물들어 있고 그 세계의 일원이 되는 것이다. 그 사제 관계에 있어서는 배반

---

44) 일문 : 여기서는 염불문(念佛門)을 뜻 한다.

이든가 다른 조건이 개입될 이유가 없어지는 것이다. 그것은 스승의 가르침에 순응하여 수행하면 무엇보다도 가장 확실한 것은 내가 구제되어 간다는 것에 대한 감동을 가지게 되는 것이다. 그 관계가 단순한 감상적인 관계가 아닌 실질적이고 절대적 가치관이 생성되어 존립되어 있다는 것이다. 따라서 그 가치관은 전통이 되어 후세로 이어지게 되는 것이다. 사제지간의 전통은 그 제자에서 제자로 전승되어가는 것이다. 그렇기에 스승을 만나지 못하는 중생이 이 선지식의 만남으로 인하여 이 이행의 길을 가르쳐 받아 염불자로 가는 길임을 알 수 있을 것이다. 라는 옛 조사의 말씀을 되새기며 우리는 항상 선지식의 만남이 곧 나의 구제라는 공식을 잊지 않고 구도의 끈을 놓으면 안 된다.

석가모니 교단에 모인 제자들 역시도 이러한 관계에 의해 운집했다고 할 수 있다. 그들 역시 자신의 분야에서 나름대로 수행을 하여온 선지자이다. 그럼에도 자신이 수행해온 영역에서는 최고라고 자부하던 이들이 왜 석가모니 문하로 들어온 것일까. 아마도 그들의 가혹한 수행에도 풀리지 않았던 진리 탐구의 숙제를 풀어주었기 때문이 아닐까 생각한다. 어떠한 종교이든, 어느 사회생활에서든 간에 서로 「내가 알고 믿고 있는 것이야말로 진실이며 절대적이다.」 라는 주장을 가지고 대립하는 경우도 있게 마련이다. 그러한 상대의 주장이나 믿음을 부정하거나 비판한다고 하면 당연히 서로 싸움이 일어나게 될 것이다. 또 다르게 이야기하면 그것은

내가 믿고 있는 것 이외 다른 것은 모두 외도이고 이단이라는 말이
된다. 그러한 것은 엄청나게 위험한 발상임엔 틀림이 없다. 종교라
고 하더라도 진실한 객관성, 보편성이 선행되어야 한다. 그러나 자
신이 정당하다고 하더라도 조금이라도 남의 이야기를 듣고 배려하
는 마음이 있으면 절대로 전쟁은 일어나지 않는다. 역으로 고집스
럽게 나의 주장을 관철시키려 하고 남을 패배자로 만든다고 해서
그것이 승리자가 되는 것은 아니다. 역사는 영원한 승자도 패자도
없음이 반복됨을 깨달아야 한다.

경전에 있어서 '여시아문'의 정신은 진실을 보편화하고 증명시
키기 위한 절대적 스승의 말씀이다. 이 자세야말로 잘못된 주관적
진리를 타파(打破)하는 큰 역할을 하고 있는 것이다. 그래서 이러
한 여시아문의 정신에는 바로 보편타당성이 있다는 것이다. 그것
을 가장 잘 나타내고 있는 것이 불교 경전이다. 왜 경전의 서두에
이 정신을 심어주게 되었는가를 좀 더 성찰하여 봉독하여야 할 것
이다. 다시 말해서 경전은 성전(聖典)이라고도 하며 이 성전을 대할
때에는 경건한 마음으로 엎드려 말씀을 받드는 자세가 무엇보다도
필요한 것이 아니겠는가? 「이와 같이 나는 부처님으로부터 들었습
니다.」라고 할 때 부처님을 만나 그 가르침을 받았다. 라는 그곳에
는 나의 주관적 사고가 전혀 들어가 있지 않는 것이 된다. 나의 견
해가 아닌 부처님 말씀을 모두에게 전달하는 것이 된다. 그렇기에
더욱더 경전에 대한 신뢰가 확실하게 되는 것이다.

그래야 성전의 가르침과 나의 진정한 믿음과의 관계설정이 된다. 만약 이 성전을 가볍게 여기면 나 또한 그에 상응하는 가벼운 가치를 가진 사람이 되는 것이다. 이야말로 우리들의 삶의 질과 가치전환이 바로 부처님 가르침과의 만남이 될 것이다. 그 성전(聖典)에 있는 말씀의 의취(意趣)는 역사적으로 증명된 진실이기 때문에 무엇을 비판하고 거부할 이유가 있겠는가.

　우리 부처님은 정말로 중생바보이다. 오로지 중생만을 생각하고 우리 중생구제를 위하여 오늘도 바쁘게 여기저기 돌아다보시며 중생구제를 위하여 쉽 없이 일을 하시는 것이다. 부처님의 과제는 오로지 단하나 도탄에 빠진 우리중생들을 고(苦)의 나락(奈落)에서 구제하기 위한 것이다. 때문에 우리는 이러한 부처님의 무연자비를 한시라도 빨리 깨달아 더 늦지 않게 고마운 부처님을 찾아뵈어야 할 것이다. 그러기 위해서라도 우리는 경전에서 간절히 말씀하시고자 하는 핵심을 이해하여야 한다. 또 불설(佛說)을 마음대로 해석하고 그 의취의 중심에서 벗어나 한 단어에만 집착하는 등 불필요한 시간을 허비하지 말아야 할 것이다. 어쩌면 부처님이 우리들에게 전하려고 하셨던 말씀은 중생계의 구성원에서 빨리 벗어나 불세계의 구성원이 되라고 하시는 것일지도 모른다. 단적으로 부처님의 말씀의 핵심은 우리들을 구제하기위한 말씀이다. 그러한 내용을 외면하고 자신 맘대로 포장한다면 점점 더 부처님이 원하시는 그 대망의 흐름에서 멀어지게 되는 것이다.

제7조 무애(無碍)의 염불

　염불자는 어떠한 것에도 방해를 받지 않고 오직 한길을 걷는 자를 말합니다. 그것은 왜 그런가 하면, 본원을 믿고 염불하는 사람에게는 하늘과 땅의 모든 신(神)들이 존경하여 넙죽 엎드리고, 악마도 삿된 가르침을 믿는 자들도 그 길을 방해하는 일이 없고, 또한 어떠한 죄악에도 그 업보를 느낄 수가 없는 것입니다. 어떠한 선(善)도 본원의 염불에는 미치지 못하기 때문에 무애(無碍)의 일도(一道)인 것입니다. 라고 말씀하셨습니다.

무애 장대(壯大)한 염불

무애는 생사의 고통을 어떻게 해결할까라는 걱정과 불안해 하는 나의 장애에서 해방되는 것을 말한다. 굳이 설명을 하지 않더라도 내가 살아있는 자체는 여러 종류의 장애를 안고 살아가는 것과 마찬가지이다. 본래 우리 자신에게는 표면상 그렇게 뚜렷한 장애가 보이지 않는데 스스로 일상에 무수히 많은 신심(身心)의 장애를 안고 살아가고 있다. 현실적인 삶을 위해서 자신에게 얽매이고 있는 자신을 직각하고, 눈에 씌워져 있던 비늘을 떼어내야만 비로소 앞에 펼쳐진 찬란한 바른 세상을 만날 수가 있다. 나의 신심의 온갖 구석구석에 덮여져 있는 수많은 장애를 짊어지고 살아가려면 그 무게를 감당할 수 있는 힘이 있어야 하는 것이다. 그러한 장애가 있음을 부정하고 살아가는 것은 대단한 용기가 필요하다. 보통 그 장애를 안고 살기 보다는 빨리 부처님의 가르침에 의지하는 방법을 찾아 그 장애를 제거하려 함에 따라 진정한 길이 보이고 안정되게 걸어갈 수 있는 것이다. 그러나 이러한 장애가 제거되지 않는 한 어떠한 일을 해도 앞에 놓인 난관을 한발도 헤쳐 나가기가 어려운 것이다.

염불자는 장대 무애한 자유인이다. 염불하는 사람의 삶에도 번뇌가 끊이지 않고, 업보의 장애가 끊임이 없다. 그러한 번뇌를 끊기 위해 갖은 수행도 하고 상담도 하지만 번뇌는 금방 다른 얼굴로 내게 나타나 있는 것이다. 그 장애를 없애는 수고로움은 오히려 많은 심신의 쇄약을 도모할 뿐만 아니라 시간을 소모할 뿐이다. 그 장애의 약점을 미끼로 어느 삿된 속삭임과 유혹의 구렁텅이서 빠져 헤어날 길이 없게 되는 일도 있다. 이렇듯 우리들은 여러 장애를 상종(相從)하게 되는 것이다.

사실 생애에서 번뇌를 끊고 열반의 경지에서 깨달음을 얻는 것이 무애라고도 할 수 있다. 그러나 그러한 근기를 가지지 못한 우리들에게는 그 장애가 없는 것에 접하기가 쉽지 않다. 그러한 장애에서 우리들에게 구원해 주는 것이 바로 염불인 것이다. 즉 염불자가 되어 수행하는 것이 장애를 제거하는 것이 된다. 그 염불자로서의 길이 오직 나에게 주어진 한 길이며 더 나아가서는 나의 장애가 없어짐을 얻게 되는 길이 되는 것이다.

『불설아미타경』에서는「저 부처님의 광명은 무량하고 시방의 국토를 비추는데 지장(支障)이 없다.」고 하였다. 지장이 없다는 것은 장애가 없는 즉 무애라는 의미가 된다. 부처님의 무량한 광명에 섭수가 되면 장애가 없어지는 것이다. 즉 부처님이 우리들을 섭수해주시고 버리지 않는 것을 얻는 이상 장애가 있을 리가 없다는 것이 된다. 이 장애가 없어지는 유일한 길은 염불이다. 그렇기 때문에「염불은 무애의 일도이다.」라고 하는 것이다. 염불자가 된다는 것은 지금까지 고난의 삶에서 아무런 지장이 없는 삶인 안락의 삶으로 일대의 변환이 이루어진다는 것이다. 염불은「나무아미타불」

이다. 「나무아미타불」에 의해 번뇌의 생활에서 열반의 세계로의 전이(轉移)가 되는 것이다. 아미타부처님의 불가사의한 과보가 이루어지는 것을 이름 하여 무상열반이라고 말하는 것이다. 열반의 빛인 염불이 번뇌의 생활 속에 녹아 들어가 장애가 없어지는 것을 말한다. 번뇌의 생활 속에 열반의 경지를 느끼게 하는 힘이 염불인 것이다. 그 염불자에게는 이미 장애 등은 없어지게 되는 것이 원융무애하고 자재한 세계로 진입을 하게 되는 것을 말하는 것이다.

그렇지 않더라도 살기 힘든 시대를 혼자 전전긍긍하며 살아가고 있는 나의 생의 극(極)함에 앞길이 막혀 남을 생각할 여유조차 없다고 생각하고 있는 것이 자신의 모습이다. 진정으로 그러한 고난(苦難)이 나의 삶을 방해하는 장애물인 것을 깨닫지 못하고 하루하루를 전전긍긍하며 살아가고 있다. 어둡고 긴 동굴 안에서 새로운 빛을 만나야 걸어갈 수 있다는 것쯤은 알고 있을 것이다. 그렇기 때문에 눈을 똑바로 뜨고 걸어야 한다. 눈을 뜨고도 제대로 보이지 않는 길을 눈을 감고는 전혀 걸을 수 없다. 고통이라는 삶에 덧 씌워진 중생들은 여기로부터 벗어나 빨리 앞이 가로막힌 이 어두운 장막을 걷어치우고 저 넓고 따뜻한 자유의 세계로 나아가야 한다. 원래 우리의 앞에는 장애가 있었던 것이 아니었다.

사실 가르침대로 보면 우리의 삶 앞에 놓여진 장애물이란 모두 헛것이다. 그것이 나의 눈과 마음을 속여 나를 장애인으로 만들었다. 우리는 이러한 신기루를 진짜라고 착각하고 그곳을 향해 진력하고 있다. 그 앞에 놓여 있는 수많은 장애물이 보이지도 않는데 보인다고 무모하게 행동하려 한다. 그 헛것이 진짜 장애로 인식될 때 진정으로 정신을 가다듬고 영원의 생명에게 손을 내밀어야 한다. 그렇지 못하다면 우리의 생은 언제까지나 장애물이라 여기는 것을 벗어나지 못하고 거기서 멈추어야 할지도 모른다.

진정한 염불자에게는 장애물은 무용한 것이다. 보통 귀신을 상상하면 간담이 떨어진다고 하며 무서워하고 두려워한다. 귀신이 그러한 두려운 존재로 인식되는 것에는 반드시 그 이유가 있을 것이다. 귀신을 모두 악귀로 보고 사람들에게 해코지를 한다고 믿기 때문에 나에게까지 그 해가 미친다고 믿기 때문이다. 대개 귀신은 어두운 곳이나 후미진 곳에 있다고 하여 그곳의 접근을 꺼려하기도 한다. 그러한 두려운 존재가 역으로 염불자인 나를 보호한다고 생각하면 그야말로 일대의 큰 장애물이 제거되는 것이라고 할 수 있다.

선신(善神)은 나의 편

「그 까닭이 무엇인가 하면 본원을 믿고 염불하는 행자에게는 모든 천신(天神)과 땅의 신들이 존경하여 넙죽 엎드리고 악마(惡魔)도 외도(外道)[45]도 그 길을 방해하지도 않는다.」천신지기(天神地祇)는

---

45) 외도 : 도리에 어긋나는 길을 걷는 자. 정도에 반하는 길

하늘과 땅에 계시는 모든 신을 말한다. 소위 불교에서 말하는 호법선신(護法善神)이다. 호법선신의 무리에서는 천신과 지신(地神), 산신 등의 신중(神衆)이 경복(敬伏)하는 것은 불법이 그만큼 귀중한 것이라는 의미가 된다. 따라서 이들 선신들이 그 불법에 순응하는 염불자를 존경하며 지켜주는 역할을 하는 것이다. 왜냐하면 신중들 또한 육도의 염불자인 천계의 중생이기 때문에 동붕(同朋)의 길을 걷는 자를 보호하고 이끌어 주는 것은 조금도 이상하지 않은 것이다.

따라서 이 신들은 부처님의 정법수호를 위한 집단일 뿐만 아니라 염불자들을 보호하는 호법선신이라고 하는 것이다. 그래서 이 모두가 예찬(禮讚)하는 염불자의 길은 두려울 것이 없는 탄탄대로이다. 그것은 염불의 역사가 무애의 길임을 증명하고 있는 것이다. 그냥 「나무아미타불」을 입으로 부르기만 하는 것이라면 천신과 지기도 염불자를 경시하였을 것이다. 염불 수행의 길은 이미 수많은 성현들이 걸었던 증명된 세계인 것이다. 따라서 천신과 지기들도 그 염불의 역사에 대한 위대함을 잘 알고 있어 염불자에게는 프리패스하게 도움을 주는 것이다. 우리 주변에도 많은 신이 존재한다. 그 신들에게 복을 빌고 심지어는 막대한 재물과 복전을 바치기도 한다. 자신이 신앙으로 하는 그 신들을 두려운 존재로 알고 자신들의 안위를 위하여 할 수 있는 한 공물로 그 신들을 달래며 기복을 하는 것이다. 요즘의 무속과 같은 의미일 것이다.

염불자에게는 하늘의 신과 땅의 신(地神)들도 그들을 방해하려

하지 않는다. 감히 해할 필요성을 느끼지 못하며 불보살의 눈을 피해 숨어서 염불자를 방해하지도 않는다. 왜냐하면 천신과 지신은 호법선신(護法善神)이기 때문이다. 이 염불의 길은 혼자 외롭게 가는 길이 아니다. 선신도 염불자와 동행하며 보호해주는 역할을 해준다. 같은 염불의 길을 가는 만큼 해할 이유가 전혀 없는 것이다. 이러한 선신이 지켜주는 평온한 길이 죄악의 온상이 될 까닭이 없다. 그렇기에 다른 죄를 지을 수 없는 곳이 되기 때문에 어떠한 죄악이 있을 수 없고 그 과보라는 말조차도 없기 마련이다. 거기에는 어떠한 선행도 아미타불의 중생구제의 본원의 가르침인 염불에는 도저히 미치지 못하기 때문에 오로지 염불자는 장애가 없는 길을 걸을 수 있는 것이다.

차안(此岸)에서 피안(彼岸)으로

『법화경』제25품인「관세음보살보문품」에서도 염불자에게는 일념 염불만 하여도 모든 장애를 극복할 수 있다고 설하여지고 있다. 염불인「나무관세음보살」에 의한 관음력의 위신력을 설하고 있다. 나 자신이 힘이 없어서 불구덩이에 떨어지더라도, 큰 바다의 용과 귀신, 포악한 물고기를 만나더라도, 파도가 나를 삼키려고 해도 염불의 힘에 의해 무력해진다고 한다. 이 염불은 악인이나 도적, 짐승들도 두려워하며, 자연재난에도 능히 벗어날 수 있는 지혜의 신통한 힘을 가지고 있어 삼악도의 중생들도 육도윤회로 부터 벗어나게 된다고 하였다. 「염불은 진관(眞觀), 청정관(淸淨觀), 지혜관(智慧觀)이며 대자대비의 관(觀)이니 그 불가사의하고 위대한 힘을 어디에도 견줄 수 있는 것이 없다.」라고 염불의 수승함을 최극(最極)으로 표현하고 있다.

본원을 믿고 염불을 하면 극락왕생한다는 공식은 간단한 것처럼 보이지만 엄청나게 철저하게 이루어진 역사적 실증인 것이다. 그것은 극락왕생이라는 나의 생애 최대의 목표와 과제를 풀어주기 때문이다. 다시 말하면 염불의 과보는 극락왕생인 것이다. 모든 번뇌가 구족(具足)된 어떠한 중생도 극락정토에 태어나도록 해 주겠다는 심대(甚大)한 법장보살의 서원이 바로 본원인 것이다.

누구에게나 한 번 주어질 왕생정토를 평가절하 한다면 바로 자신이 결정하여 원하는 곳으로 가면 될 것이다. 정토는 예토(穢土)에 반대되는 말로서 청정하고 고통이 없고 더러움이 없는 안락의 땅을 말하는 것이다.

즉 염불자에게 있어서 공간적 이동은 지금 우리들의 삶의 터인 사바세계인 차안(此岸)의 예토에서 저 피안(彼岸)의 정토로 가는 것 즉 정토왕생을 의미한다. 사바세계와 예토는 같은 의미로 표현한다. 시간과 공간을 넘어선 세계가 염불의 세계이다. 이 사바세계에서 사는 중생들은 갖가지 헤아릴 수 없는 팔난(八難)[46]에 처해 고통이 지속되는 세계이다. 이곳에서 부처님을 만나지 못하고 제대로 가르침을 들을 수 없기 때문에 이 여덟 가지 장애와 고통을 안고 살아가고 있다.

결론적으로 염불자가 얻을 수 있는 것은 극락왕생임을 부인할 수 없다. 자력 근기로 수행을 한다 하여도 최종 목표는 극락에 왕생하는 것이다. 단지 시간적, 근기적인 면에서 염불자가 극락에 접근하기가 용이한 것은 다행이도 선지식의 인도에 의한 나의 순응이 있기 때문이다.

「염불자는 무애(無礙)의 일도(一道)[47]이다.」라는 가르침의 길이 우리 앞에 놓여 있는데도 불구하고 평탄한 길을 일부러 파서 구덩이를 만들 필요가 있겠는가. 놓여진 길이 만약 평탄치 아니하고 험난하다고 할지라도 이미 염불자에게는 그 길이 장애가 될 수 없는 것이다. 마치 태양이 뜨면 안개가 사라지듯이 보이지 않던 사방이 걷혀버려 그 길은 탁 트인 평안한 길이 되는 것이다.

『천수경』에도 처음부터 끝까지 일관되게 나타나 있는 것은 중생구제의 대망(大網)이며, 나같이 보잘것없는 자가 아미타불의 본원에 의지하여 염불자로서 정토에 태어나길 간절히 원하면서 불보

---

46) 팔난 (八難) : 여덟 가지의 어려움이나 괴로움(배고픔·목마름·추위·더위·물·불·칼·병란). 어려움, 재앙, 근심, 구슬 이름, 힐난하다, 꾸짖다, 성하다, 타다라는 의미로 사용한다.
47) 무애의 일도 (無礙의 一道) : 그 무엇에도 방해를 받지 않는 오로지 한 길.

살을 찬탄하고, 자신의 중죄를 참회하는 것에 있음을 나타낸 것이다. 「원하옵건대 속히 반야의 큰 배에 승선케 하여 주옵소서. 원하옵건대 속히 아미타여래를 친견하게 하여 주시옵소서.」는 경전의 중심 의취이며 염불자들이 정토(淨土)에의 왕생을 원하고 있음을 알 수 있다. 정토에 극락왕생을 기원하고, 정토의 주인이신 아미타불을 속히 친견하고 싶다는 내용인 것이다. 이 이상 다른 언어가 필요하겠는가. 즉 극락왕생을 기원하며 아미타불에게 보고를 해달라고 좌 보처인 관자재보살을 칭송하며 부탁드리는 내용이라고 할 수 있다.

장애(障礙)가 없는 수행

진정한 염불자로서의 신념이 곧바로 나의 안팎이 투명한 나의 자세를 만들고 그러한 신심이 정리가 되었을 때 비로소 이 염불이 오로지 나의 길이라는 확고한 의지가 생기는 것이다. 이중, 삼중의 생활고로 인하여 때로는 예기치 않던 악순환이 계속되고 나쁜 의혹에 시달리곤 한다. 이 악의 고리 속에 갇혀 탈출할 기미도 없는 나는 자신의 의사(意思)대로 무엇 하나 제대로 할 수 없고 무엇을 하려고 한 걸음 내디디려고 하면 발자국 밑에는 위험천만한 갖가지 장애물과 함정 같은 것이 도사리고 있음을 직감한다. 이러한 장애를 걷어내고 순탄한 길을 걷기 위해서 이러한 처지에 있다는 깨달음과 바른 정신으로 재무장하여야 한다. 기가 충만하여 착각된 삶을 사는 감명을 떨쳐내지 못한 상태에서 갑자기 고난을 접할 때 잠시 이 고난을 떨쳐 내기 위하여 감상적인 염불을 하지만 그러한 수행으로는 이 번뇌 치성과 죄악이 심중한 상태를 벗어나기가 쉽지 않다. 현재 고(苦)인 나의 생활에서 벗어나지 못하고 있는 나를 솔직하게 인정하고 염불의 위신력에 의지하는 삶으로 전환이 되어야 한다.

염불자는 염불의 진위(眞僞)만을 가지고 논하고 있지 않다. 왜냐하면 염불의 세계에 사셨던 대성인(大聖人)들이 염불의 진위는 논할 필요가 없는 무기(無記)의 염불을 자증(自證)해 주셨기 때문이다.

또한 이 염불에는 색채의 구분이 없다. 각각의 염불자에 따라서 인위적으로 변화시키려 다른 색을 넣으려고 하지만 결코 물들지 않는 것이 염불이다. 단 자연의 법리에 따라 마치 온 가을 산야가 붉게 물들어가는 단풍같이 염불 또한 자연의 섭리 속에 물들어 있기 때문에 어떠한 색상과도 결합하지 않는 것이다. 그렇기 때문에 자의적으로 염불을 만들거나 주문적(呪文的)인 습기(習氣)로 행하여지는 것이 아니다. 이처럼 염불은 도저히 불가항력적인 우리들에게 무색무취이면서도 강력한 생명력을 불어넣어 주는 신비함을 지니고 있다.

염불은 인간이 생각해낸 것이 아니다. 법장보살이 대원(大願)을 세우고 상상도 할 수 없는 오랜 시간인 조재영겁(兆載永劫)의 고행에 의해 탄생하게 된 것이 염불이다. 이 원의 성취과정을 일컬어 오겁사유(五劫思惟)라고 한다. 법장이 사문(沙門)으로서 오랜 시간 동안 고행을 인욕한 것도 그가 염불을 선택할 수밖에 없었던 그의 숙업(宿業) 때문이다. 법장은 출가 수행하여 금방 자신의 일체중생을 건지겠다는 원이 성취되길 바랐다. 그렇지만 그 원이 그리 간단하게 성취될 원이 아니기에 몇 년도 아닌 오겁이라는 오랜 고행이 지속된 것이다. 법장보살의 끈기는 명불허전이다. 그는 부처님이 되는 조건 중 하나는 인욕이라는 사실을 알고 있었을 것이다. 그러나 인욕을 한 오겁이라는 시간은 그 누구도 감히 흉내 낼 수도 없는 불가사의한 오랜 시간이라고 아니 할 수 없다. 그렇기 때문에 그 염불의 위신력과 역사는 그만큼 온전한 자비의 신비력에 충만하게 성취된 한마디로 불가사의한 힘을 가진 것이다. 이러한 염불의 경지에 도달한 정토의 선사들과 신란 대사 자신은 이 염불의 세계를 모든 이들에게 전하고 싶었을 것이다.

제8조 무위(無爲)의 염불

염불은 그 행자에게 있어서는, 수행도 아니고 선도 아닙니다. 염불은 자신의 재량(裁量)에 의해서 행하는 것이 아니기에 행이 아니라고 하는 것입니다. 또 자신의 재량에 의해서 행하는 선(善)이 아니기에 선이 아니라고 하는 것입니다. 염불은 오로지 타력본원의 작용에 의한 것이고, 자력(自力)을 떠나 있으므로, 염불하는 자에게 있어서는 수행도 아니고 선도 아닌 것입니다. 라고 이와 같이 말씀하셨습니다.

염불은 본원의 작용이다

염불자에 있어서는 억지로 무엇을 하려고 생각하거나 또 행하였더라도 그 행은 자신의 의지로 행하여진 것이 아니다 라는 것이다. 염불자는 오로지 본원력을 실천하는 염불의 행자이기 때문에 내가 계획한대로 이루어지는 행이 아닌 것이나. 또 내가 착한 일을 한다고 해도 나의 의지로 행하였다기보다는 모든 인연의 과보로 착한 일이 되는 것이다. 따라서 착한 일을 내가 만들어 행한 것이 아니기에 나의 선이 아닌 것이다. 염불은 아미타부처님의 타력 본원력에 의해 성취된 것이기 때문에 우리의 선(善)이 아니라는 것이다. 따라서 자의적으로 염불을 하여 그 대가를 얻으려 하거나 계산에 넣어 행하는 것은 진정한 염불자가 아니다.

염불은 또 「나의 힘으로 할 수 있는 수행이 아니기 때문에 비행(非行)이라 한다. 나의 힘으로 행할 수 있는 선도 아니기 때문에 비선(非善)이라고 한다.」 즉 숙업의 중생인 나의 한계를 나타냄과 동시에 자력에 의지했던 나의 마음을 벗어나 타력본원에 의지해야만 하는 진정한 나를 발견하게 되는 것이다. 이러한 자아는 타력 본원의 가르침에 비추어져 철저하게 자아성찰 한 나라고 생각한다. 이렇게 철저한 자아는 가식인 나, 꾸며진 나라고 표현할 수 없다. 우리 인간의 실상은 진실, 청정심 같은 순수함이 결여되어 있다. 자신의 교만으로 축적되어 진실 되지 못하고 청정하지 못하고 거짓의 독으로 가득 채워져 있는 가짜의 나가 본래의 나를 대표하고 있는 것을 빨리 깨달아야 한다. 이와 같이 염불행자는 어느 경우라도 본원타력으로 귀결하고 있는 것을 알 수 있다. 이러한 자신의 모습을 잊고 우리들은 착각 속에 살고 있던 자신이 일대 전환하여 본원에 귀의하고 있는 것이다. 지금까지는 무엇이든 자기중심적으로 생각하고, 자신의 잣대로 남을 보고 판단하고 살았던 것이다. 내가 어떤 조건이나 이익을 위하여 염불하여 내가 바라던 기대치에 못 미쳤다면 그 염불에 대한 신뢰를 져버렸을 것이다. 염불을 전탁(電卓)위에 놓고 계산하거나 다른 유불리를 따져보는것은 기복신앙이다. 그러한 내가 착한 일을 한다고 마음을 먹고 선행을 한다 하여도 그 선행이 자신과 무관하게 변화 될 수가 있는 것이다. 자신이 선의라고 생각한 것과 무관하게 악의로 변화될 때도 있을 것이다.

아미타부처님께서는 자기애를 버리고 모두가 같이 행복할 수 있는 정토의 나라를 건설하시기 위해 대원을 세우시고 오겁이라는 기나긴 세월 동안 인고로 수행하신 끝에 마침내 그 원을 성취하게 된 것이다. 그러하기에 그 대원성취에 의해 이루어진 부처님의 자비는 남에게 베푸는 온정이나 동정과는 사뭇 다른 것이다. 우리가 부처님의 자비를 이성적으로 접근하여 멋대로 사용한다면 자비의 의미는 금방 반 토막이 날 수밖에 없게 되는 것이다. 그렇기에 이러한 자비로 감싸주시는 아미타불의 진의를 깨닫고 그 진의에 따라 염불을 하려는 마음이 일어날 때 나 같은 가식(假飾)의 존재가 곧바로 아미타불의 대원력에 구원받아 끝까지 버려짐이 없는 정토에 태어나는 이익을 얻게 되는 것이다. 불가사의한 본원의 수혜 대상은 다름이 아닌 나 자신인 것을 정말로 감사하게 생각해야 한다. 염불자는 이러한 관점에서 본원을 의지하며 자신을 관찰하여야 한다.

염불은 일반적으로 알고 있는 신비한 주술이 아니다. 스님들이 불자님들이 원한다고 해서 만들어낸 것이 아니다. 염불이 탄생하기까지 오랜 역사의 배경과 전통이 있음을 알아야 한다. 염불은 다른 어떤 최선이라고 하는 것에도 비할 수 없는 가장 큰 선이라고 한다. 따라서 그 최고의 선인 염불을 하는 자의 앞에는 어떠한 위협이나 장애물도 존재할 수도 없다는 것이다. 또한 염불자를 방해하려는 그 어떤 것도 이 세상에 존재하지 않기 때문이라고 말씀하고 계신다. 이 염불의 가르침은 남녀노소 누구나가 쉽게 접근하여 수행할 수 있는 만큼 시간에 쫓기며 바쁘게 살아가고 있는 현시대의 우리들에게 있어서는 믿고 맡길 수 있는 아주 이상적이며 적합한 신앙이 아닐 수 없다.

자연법이(自然法爾)

　인위적인 선행과 악행은 한 인간을 불행에 들게 한다. 법장보살의 오겁 동안의 사유로 성취된 이 대원을 두고 설왕설래하여 새로이 왕생할 수 있는 다른 길이 있다는 것일까?

　이미 생성된 우주의 대자연의 법칙에 인위적 힘을 가하더라도 정복할 수는 없을 것이다. 인간의 위대한 업적이라고 치부되었던 과학적 물리학적 연구의 근거와 발명은 우주를 규명하기엔 아직 역부족이라는 것을 존지(存知)하고 계시리라 본다. 자연법이는 곧 우주의 진리이며 본원의 세계인 것이다. 따라서 우리는 이에 순응하여 가야 한다. 내가 힘이 있어 한 삽을 뜨더라도 $1m^3$도 파헤치기도 힘이 드는 내가 지구상의 모든 것을 지배하려 든다는 것은 언어도단이다. 또 위협적인 핵폭탄의 버튼을 누른다하더라도 모두를 지배 할 수 있는 것이 아니다. 지구를 대상으로 미약한 우리의 힘을 과시하기보다 나의 실질적 정체를 인지하는 것이 모든 면에서 득이 되는 것이다. 내가 바로 깨닫지 못하더라도 부처님께서는 이미 진리를 깨달아 우리에게 알려주시고 계시지 않는가? 나의 능력은 남에게 많은 영향을 줄 수도 있으나 우리가 수득(修得)한 그 능력이 절대적 가치를 가질 수 없다는 것을 알아야 한다.

　자연법이(自然法爾)는 자력을 넘어선 우주의 세계이다. 온 우주의 모든 생명체가 나의 의지에 따라서 나고 죽는 것이 아니다. 그들도 나름대로 질서 속에 생장하고 멸하는 것이다. 나의 힘으로 되돌릴 수 없는 흐름이며 나의 의사대로 진행될 수 없는 자연계의 질서인 것이다. 광대한 자연계에 의해 존재하고 있는 나는 이 자연의 법칙에 따라서 살아가고 있는 것이다, 나의 의식의 흐름을 자연법이에 의존해 살고 있는 것이라고 할 수 있다.

자연법이의 문제는 인간의 본성과 대비하여 살펴볼 필요가 있다. 인간은 이타(利他)의 정신이 부족하다. 그러므로 자신에 이익에 배반되는 일은 절대하지 않는다. 자리(自利)까지만 취하고 이타는 모르는 체한다. 즉 자신의 욕망을 충족하는 것은 인간의 영역이고 이타는 부처의 영역이라고 분리시켜 자신의 부실함을 노출시키며 자신을 정당화시키고 있다. 자연은 우리에게 한없이 베풀어 주고 있다. 우리에게 어떠한 바람도 없이 상처를 입어도 우리를 미워하지 않는다. 그렇지만 자연에 대한 경외감 없이 자연을 마구 대하는 것은 결국 자연을 병들게 만드는 것이다. 자연의 중함을 알면 우리가 중해지는 것이고 그렇지 않으면 우리 인간사회도 자연과 같이 멸해가는 것이다.

제일 친밀하다고 생각하는 가족끼리도 마찬가지다. 자기중심적 사고로 살고 있는 우리들은 가족들의 소중함을 잊고 있다. 이러한 결과 가족해체라는 사회적 혼란이 오고 있다고 하는 것이다. 자신에게 있어서 남이라는 존재는 나의 부산물 정도로 밖에 여기지 않는다. 내 배를 채우고 난 나머지를 남에게 베풀 수 있다고 하는 사람도 있다. 그러나 자신의 배를 채우고도 항상 배고파 남의 것에까지 탐하는 부류도 있다. 이것을 아귀(餓鬼)의 세계라고 한다. 이러한 우리의 생활 가운데 십악삼업(十惡三業)은 떼려야 뗄 수 없다. 어떠한 상황에서도 남과 내가 고락을 같이하는 동지가 된다는 것은 무척 어려운 일이다. 자의(自意)를 무한 신뢰하여 절대로 악한 일을 하지 않는다고 말하는 것은 허언에 지나지 않는다. 먹지 않고 말하지 않고 살 수 없는 우리에게는 조금이라도 움직이려 하면 반드시 남의 희생이 따르게 마련이다. 남의 도움이 필요하지 않다고 부정하더라도 그 도움의 손길 없이 온전히 살아갈 수가 없다는 것이다. 이러한 차원에서 본다면 나의 힘만으로 살아간다는 것이 불가능한 것이 된다. 그런데 일상에서는 자력 타력의 논쟁 없이도 살아가는 데 지장이 없다고 생각하고 있다.

자력과 타력의 경계는 불교의 가르침인 심신(深信)에서 분류된다. 자꾸 말하고 논할 필요 없이 우리 자신의 신행과 현재 처해 있는 불교의 진면목을 잘 관하면 금방 알 수 있다. 부처님 앞에 서면 자연히 자신의 소원을 빌게 되고 그 원이 성취되기 위해 합장과 절을 하게는 것이 중생의 마음이다. 그러한 마음조차 부처님은 애처로워하지만 사실 부처님께서는 그 마음의 교정 없이 있는 그대로 성불할 수 있는 길을 제시하고 계신 것이다. 중생이 가지고 있는 허물 그대로 성불시키기 위하여 지금도 우리들에게 손을 내밀고 계시는 부처님이다.

생에 대한 확신

불보살님의 이름을 명호(名號)라고 한다. 그중에 많이 불려지는 명호는 「나무아미타불, 나무관세음보살, 나무지장보살」 등이 있다. 불보살님들에 관한 아무런 정보도 모르는 채로 남들이 시킨다고 명호를 부르고, 주문(다라니)등을 따라서 외우는 데서 멈추고 있으면 진정한 부처님을 만날 기회가 적어지는 것이다. 여기에서 신앙의 맹점 또는 맹신(盲信)이 나타나는 것이다. 내가 엎드리고 두 손을 모아 염력(念力)을 다해 간절히 기도하는 대상이 확실해 질 때 비로소 엎드리고 있는 자신의 진정한 자아가 나타나게 되는 것이다. 혹은 내가 누구한테 엎드리고 있는가. 내가 왜 유독 불교의 가르침에서 「나무아미타불」이란 염불을 하고 있는가? 염불자로서의 내가 이러한 의구심을 가지고 누구에게 물어본 적이 있는가. 명확히 나는 나의 신앙은 무엇인가를 자문한 적이 있었는가. 그러한 의구심을 가지고 선지식을 찾아 그 가르침을 받았을 때 비로소 「나무아미타불」의 진정한 가르침이 나의 마음과 합치가 되는 것이다.

불교의 가르침에서 「나무아미타불」이 오로지 유일한 염불이라는 것을 주장할 수도 있는 근거가 있다. 그 첫째는 아미타불은 모든 불보살의 스승이기 때문이다. 두 번째 아미타불의 사십팔원은 모든 원에서 「나무아미타불」의 명호를 주문하고 있다. 이 명호에 의해 우리의 모습과 고통을 하나도 빠짐없이 세세한 부분까지 살펴 구제하여 주시는 것이다. 기타 불보살의 원은 중생을 구제하는 데는 동등하지만 아미타불의 본원에서 제시한 내용과 같이 세밀함에 있어 많은 차이가 있다. 「나무아미타불」이라는 명호는 전통적으로나 역사적으로 보나 그만큼 보편적인 염불인 만큼 많은 민중들이 가장 접근하기가 쉬운 수행이다. 개중에는 이 명호를 가지고 과업을 포기해버린 자에게 피육적으로 도로아미타불이라고 비아냥거림으로 이야기하지만 그만큼 예로부터 지금까지 번창했던 수행이 염불이다 보니 그 대중성과 위신력이 있었음을 역설적으로 증명하고 있는 것이라 할 수 있다.

염불에 대한 신심이 강조되는 것은 그 속에 나의 역사와 배경이 만들어지기 때문이다. 내가 염불자로서의 그 신심(信心)의 확신성을 어떻게 증명을 해야 할까. 교주인 석가모니부처님께서 과연 우리에게 어떠한 염불의 중요성을 가르쳐주신 것일까. 이 염불의 진위는 또 무엇일까? 또 염불이 나의 삶에 어떠한 변화와 이익을 주고 얼마나 살아가는 힘을 주는 것일까에 많은 의문을 안고 있지만 그 의문을 풀기 위하여 오로지 염불정진에 매진해야 그 해답을 얻을 수 있는 것은 사실이다. 그러나 그 해답을 어디서 구해야 할까는 이미 많은 부분에서 피력(披瀝)했다. 염불의 세계에서 살아오신 선사들이 오로지 염불만 하라! 염불만이 너를 구해주는 진정한 선이라고 하셨다. 우리는 아무래도 그러한 구제의 대상에서 제외되고 그 반열에는 들지 않은 것 같은 느낌이다. 조금은 무모한 것 같지만 우리는 이러한 자성(自省)을 바탕으로 염불을 시작해 보아야 할 것이다. 염불은 시간과 공간을 초월한 방대한 원력은　우리 주위에 너무나 가깝게 있다. 나와 동떨어진 곳에 있다고 생각한 염불이 직접적으로는 나의 주위의 염불자들, 그리고 스승님과 선조(先祖)님들이 이미 염불의 세계에 계셨고 가장 신뢰가 가는 교주이신 석가모니 또한 염불의 세계에 계셨던 것이다.

「나무아미타불」은 간단명료한 육자(六字)의 문자이다. 이 명호가 무엇이 그리 큰 위신력이 있겠는가 하는 의심도 있을 수 있다. 이 육자명호 이외에도 불보살의 명호는 많이 있다. 그 많은 명호 가운데 가장 으뜸이고 근본적인 명호는 바로 이 「나무아미타불」이라는 것이다. 앞서 언급했듯이 염불은 자신의 편리성에 의해서 부르거나 만들어진 것이 아니다. 그리고 특정한 효험이나 특정한 부분의 위신력에 의해서 부르는 명호는 더욱더 아니다. 「나무아미타불」은 포괄적 명호이면서도 아주 근본적인 인간의 생사의 고통을 없애주는 그러한 명호인 동시에 자연히 우리의 생활 속에 녹아들어 있는 명호이고 그것이 바로 본원의 염불이라고 말하는 것이다.

따라서 중생들이 아미타부처님의 본원을 믿는 데는 이러한 독소조항을 지닌 그대로 오로지 염불을 하는 이외의 다른 어떠한 착한 일도 필요하지 않다는 것이다.

유시 이래로 염불은 지금까지 계속 존재하고 있었고 앞으로도 계속 존재할 것이다. 염불을 하지 않는다고 해서 염불이 없어지는 것이 아니다. 이러한 유구한 전통과 영원한 생명력을 지닌 염불을 가볍다고 생각하는 것은 염불의 역사를 모르고 평가절하하기 때문이다.

제9조 사제동체(師弟同體)

염불을 하고 있는데도 뛰어오를 것 같은 기쁜[48] 마음이 그다지 솟아나지도 않고, 또한 조금이라도 빨리 정토에 태어나고 싶은 마음도 일어나지 않는 것은 어떻게 생각해야 좋겠습니까? 하고 여쭈었더니 다음과 같이 말씀하셨습니다.

이 신란도 이러한 의심(不審)이 있었는데 유이엔방(唯圓房) 당신도 같은 마음이었군요. 가만히 생각해 보면 뛰어오를 듯이 크게 기뻐해야 하는 것을 기뻐하지 못하고 있기 때문에 점점 더 왕생은 틀림이 없다고 생각하는 것입니다. 기뻐해야 할 마음을 누르고 기뻐하지 못하는 것은 번뇌의 소행인 것입니다. 그런데 아미타부처님께서는 이미 그러한 것임을 알고 계시고, 모든 번뇌를 구족한 범부라고 말씀하고 계셨습니다. 본원은 이와 같이 우리들 같은 사람을 위하여 크나큰 자비의 마음으로 세워 주신 것이구나 하고 깨닫게 되고, 점점 더 믿음직스럽게 생각되는 것입니다.

또한 정토에 빨리 왕생하고 싶다는 마음도 일어나지 않고, 조금이라도 병에 걸리면 혹시 죽는 것이 아닐까 하고 마음 졸이며 생각하는 것도 번뇌의 소행입니다.

먼 옛날부터 지금까지, 태어남과 죽음을 거듭하여 온 고뇌

---

48) 용약환희(踊躍歡喜) : 하늘로 뛰어오를 정도로 춤추고 싶은 기쁨.

로 가득 찬 미혹의 세계는 버리기 어렵고, 아직 태어난 적이 없는 안락한 깨달음의 세계에 마음이 끌리지 않는 것은, 실로 번뇌가 불같이 일어나기 때문입니다. 아무리 아쉽다고 생각되더라도 사바(娑婆)의 연이 다하여 어쩔 수 없이 이 생명이 다할 때, 저 극락정토에 왕생할 수가 있게 되는 것입니다. 빨리 왕생하고 싶은 마음이 없는 우리 같은 자들을 아미타부처님은 특별히 가엾이 여겨 주시는 것입니다. 이러한 의미가 있기에, 크나큰 자비로서 세우신 본원은 점점 더 믿음직해지고, 왕생은 틀림이 없다고 생각합니다. 뛰어오를 듯이 기쁜 마음이 솟구쳐 일어나고, 또한 조금이라도 더 빨리 정토에 왕생하고 싶다는 것이라면 번뇌가 없는 것일까? 라고 오히려 의심스럽게 생각되는 것입니다. 라고 성인은 말씀하셨습니다.

용약환희(踊躍歡喜)의 번뇌인(煩惱人)

어느 날 갑자기 좋은 일이 생길 때 하늘을 날 듯한 기쁨에 춤추어야 할 일인데도 그것을 기뻐하지 못하고 덤덤한 마음인 것은 왜 그럴까 라는 의문이 들 때도 있다. 그것은 따지고 보면 기뻐야 할 마음을 억누르고 기쁘다고 표현하지 못하는 것은 번뇌(煩惱)의 소이(所以)인 것이라고 이 조에서는 가르치고 있다. 즉 그러한 무미건조한 마음이 드는 것은 번뇌라는 것이다. 그런데 역으로 이러한 상태로 번뇌를 가진 사람이기 때문에 점점 왕생이 틀림이 없다고 생각해야 한다는 것이다.

기쁨은 몸을 춤추게 하고 마음을 즐겁게 하는 것이다. 신심을 함께 움직이는 것을 환희(歡喜)라고 한다. 이러한 환희심을 가진다고 해서 남에게 지대한 피해를 줄 리가 없다. 그것을 염려하는 것은 나에게 장애가 있기 때문이다. 우리들을 기쁘게 하고 춤추게 하는 것이 무엇이 있는가. 각기 가지고 있는 성향과 관심사 그리고 당면해있는 문제를 원만하게 해결했을 때 그러한 용약환희를 누릴 수 있을 것이다. 그것을 누리지 못하는 것은 번뇌의 작용에 의한 것이지만 여기에서는 그러한 번뇌인이 왕생하는 데는 문제가 없다고 한다. 그 번뇌인은 나(我)이고 또 중생인 것이다. 더구나 이 중생은 부처님이 가장 가엾게 여기시고 어떻게든지 구해내려고 최선을 다하고 있는 대상이기도 하다.

우리들은 조금만 기쁜일이 생기면 세상을 다 쥔 것 같고 조금만 슬퍼지면 이 세상에 나 혼자 고독한 존재라고 생각한다. 이 조의 말씀에는 슬플 때에 슬픈 감정을 갖지 못한다면 그것 또한 번뇌의 소행이라고 보는 것이다. 그 번뇌가 희비의 감정을 널뛰게 하는 것일까? 우리들은 중생으로 살아가는 동안에 많은 고락이 교차되는 삶을 되풀이 하고 있지만, 그 삶에 대한 대가를 정당하게 부여받기가 쉽지는 않다. 그러한 생각을 할 여유조차도 없이 숨가쁘게 살아가야만 하는 것이 우리의 현주소 일 수 있다. 다행히 이 희비의 분별에 선행했던 것을 인정하고 그 감정기복의 분별을 넘어 남과 동행할 수 있다면 잘 살아가는 것이다. 사실 우리 모두는 기쁠 때 진정으로 기쁜 것인지 슬플 때 진정으로 슬픈 것인 줄 모르고 살아가고 있다. 그러한 감정이나 환경변화를 받아들이지 않고 부정하고 싶을 것이다. 때로는 남을 배려하지 못하는 행위를 하고 나의 기쁨만을 추구하며 살아가고 있다. 또 어떠한 기쁨이 지속되길 바라고 사는 것이지만 그것은 결국은 나의 괴로움을 가져오는 원인이 될 수 있다는 것을 깨달아야 한다. 슬픔이 있으면 내 체면 때문에 억제하고 그 슬픈 감정표출을 왜 못하고 있는 것인지 도무지 이러한 감정정리가 되지 않는 경우가 있기 때문에 번뇌라는 것이 나타난다. 이러한 번뇌는 지위 고하를 막론하고 남녀노소, 그리고 인류 공통적으로 나타나는 현상일 것이다.

더구나 염불하면 좋은 일만 일어나고 더구나 기쁨에 춤출 듯한 마음이 일어나야 하는데 그러한 마음이 일어나지 않는 것은 왜 그럴까라는 의문을 가지는 것은 지극히 당연한 일일 것이다. 염불하고 있어도 뛸 듯이 기쁘고 춤추고 싶은 기쁜 마음이 솟아나지도 않고, 무위도식(無爲徒食)하고 있는 듯이 밋밋하고, 수행하고 있는데도 아무런 감정이 일어나지 않는다는 것은 그 어디에도 의지처가 없는 공허한 마음 탓일 것이다. 내가 모든 것을 가지고 있는데 가지고 있다는 생각이 들지 않는 것은 무슨 이유일까. 분명히 좋은 것인데 남들 같으면 기쁜 마음을 한껏 표현할 텐데 나는 그러한 기쁨의 감정이입이 잘 안 되는 것인가 하고 생각할 수도 있다. 이러한 현상을 자의적으로 해석하면 무기력, 무감정이라고 할 수도 있다.

　염불자 입장에서 보면 자신에게 기쁜 마음이 일어나지 않는 것은 남과 같이 열심히 정진하지 않고 게으름을 피운 것일 수도 있다는 자책일 수도 있다. 아마도 염불에 대한 불신 내지 미래에 대한 불안이 나타나는 현상일 수가 있다. 자신은 나름대로 최선을 다해 정진하였다고 생각하며 이만큼 염불 공덕을 쌓았으니 나머지는 부처님의 몫이다 하고 자만하고 있을 수 있다. 있는 그대로의 감정을 나타내지도 못하고 언제나 좋은 모습을 보이기 위해 인내하는 것은 어떤 면에서는 번뇌의 소행일 수도 있는 것이다. 염불자는 남을 의식하여 공덕을 쌓는 것이 아니다. 오로지 아미타불의 본원의 가르침에 의해 내가 정토에 왕생한다고 믿고 염불공덕을 쌓는 것이다. 이 점을 잘 기억해야 할 것이다.

동체감정(同體感情)의 대비

　우리들의 세간에 대한 관심사는 무엇일까. 한 번 태어나서 남이 하는 것은 다해보고 싶고 남이 가진 것은 다 갖고 싶은 것이 솔직한 심정일 것이다. 내가 가진 것보다 남이 가진 것이 더 많아 보이면 자신도 더 많이 가지고 싶은 욕망이 일어나는 것이다. 그런데 남은 나보다 더 가지고 있다고 볼 수 있을까. 그것을 측량할 수 있는 잣대는 무엇일까? 우리는 석가모니의 가르침인 고성제의 오취온에서 그 해답을 찾을 수 있다. 석가모니께서는 갈애(渴愛)덩어리로 뭉쳐진 나인 것을 알려주시고 있다. 내가 충족했다고 믿고 있었는데 다른 사람이 더 갖게 된다면 나의 창고는 비어 있다고 생각할 것이다. 항상 그 목마름을 채우려 무리한 일을 한다면 그 끝은 어디인가는 뻔한 이치이다. 남이 나보다 더 가지고 있다는 것이 반드시 나와 경쟁의 대상이 될 수 없다. 내가 투사(鬪士)가 되어 가지지 못한 것을 빼앗으려는 욕심에만 정신이 팔려있다면 그 결과는 전장(戰場)과 같은 곳일 것이다. 이러한 현상들이 인간사회의 적나라하게 존재하는 실상일 것이다. 남에 대한 질투와 악감정은 자신이 바라던 바가 채워지지 않았다고 생각하기 때문이다. 이러한 자신의 실상을 깨닫고 살아가면서 적어도 남의 아픔에 더 상처를 주는 일이 있어서는 안 된다. 함께 살아가는 사회에서 자기주장만 하고 남의 견해나 질문 등을 경시하려는 풍조가 있으면 상대방과의 트러블을 피할 길 없다. 때에 따라서 남의 말에도 귀를 열어 주어야 한다. 상황에 따라 조금 다를 수는 있지만 자기의 주장이 강하면 상대편과 관계에 금이 가고 높은 벽이 생기는 원인이 되기도 하다. 남에게 귀를 기울이고 들어주는 자세야말로 최상의 선이다. 이 행을 실천하고 계시는 대표적인 분이 관세음보살님이시다. 이 세상의 모든 중생의 고통 소리에 귀를 기울이고 계시는 분이야말로 관세음보살님의 화신(化身)이다. 남의 이야기는 듣지도 않고 자신의 이야기만 펴는 사람들 사이에는 항상 불협화음이 생기게 마련이다. 신란 대사는

「사실 이 신란(親鸞)도 왜 그럴까? 하는 이런 의심(不審)이 있었는데 유엔방(唯圓房) 자네도 같은 마음을 갖고 있었구나. 이것을 가만히 잘 생각하여보면 하늘을 날 듯한 기쁜 일에 춤추어야 할 일을 기뻐할 수 없기에 점점 왕생은 틀림이 없을 것이다. 라고 생각해야 한다. 기뻐야 할 마음을 누르고 기뻐하지 않는 것은 번뇌의 소이(所以)이다. 그러한 우리들이라는 것을 아미타부처님께서는 처음부터 아시고 거듭하여 알려주시길 번뇌(三毒)로 가득한 범부[49]여 라고 말씀하시고 계시므로 본원 타력의 비원(悲願)은 이와 같은 우리들을 위하여 세운 것이라는 것을 깨닫고 점점 더 든든하게 생각하여야 되는 것이다.」

---

49) 범부(凡夫) : 어리석은 자라는 뜻, 진리에 어둡고 번뇌에 속박되어 혼란한 세계를 윤회하는 자.

부처님의 동체대비(同體大悲)는, 기법동감(機法同感)의 자세로 동체감정이라고도 불린다. 「나도 그것에 대해 조금 의심이 있었는데 유엔방 자네도 나와 같은 고민이 있었구나」라고 상대방의 아픔을 나의 아픔으로 하는 것이다. 부처가 슬퍼하는 것은 중생이 아프기 때문이다. 중생이 아프면 부처님도 아프다. 타 종교에서는 신을 절대자로서 받들고 있기 때문에 이러한 동질감이 형성되기가 어렵다. 신(神)은 절대적이기 때문에 따르는 입장에서는 무조건적인 항복이 있어야 한다. 이러한 불보살과 중생들의 관계가 그대로 스승과 제자의 관계와 같은 동체일감(同體一感) 또는 동체감정으로 나타내는 부분이다. 또한 동붕(同朋)과 같이 뜻을 같이하여 한곳으로 같이 가는 도반을 칭하기도 한다. 이것은 다른 종교에서 볼 수 없는 횡적인 평등관계를 의미하기도 한다. 이 동체감정의 이면에는 항상 자비심이 들어가 있는 것이다. 제자와의 질문과 대답이 스승이 원하고 있는 답이 아니라 하더라도 스승은 제자가 처해 있는 고뇌의 마음을 읽고 계시는 것이다. 그것이 비록 어리석은 질문이라 하더라도 스승의 원해(願海)로 흡수되어 사제지간의 한마음이 되는 것이다. 결코 감상적인 현상이 아닌 현실적인 관계인 것이다.

　　다시 말하자면 『금강경』에서 부처님께서 애제자인 수보리에 대하여 애써 「그래그래 그렇구나」 하시고 계신 것은 동체감정의 표현인 것이다. 수보리의 간절한 구도적인 질문에 대하여 수보리의 진정한 마음을 아신 부처님이 어떻게 그와의 동체감정을 가지지 않을 수 있겠는가? 그리고는 「사실 나도 그렇게 생각하나 잘 생각해 보면 내 생각이나 네 생각이나 모두 여래의 진리에 비추어 보면 이 위도 없는 한 가지인 것 같다.」라는 격려를 얻었음이 틀림없다. 이러한 일체동감의 세계가 부처님 세계이며 그것은 마치 아이를 달래는 어머니의 사랑스럽고 따스한 상호 감정의 합일(合一)의 세계가 바로 이 동체감정의 세계인 것이다.

석가모니의 덕상(德相)

석가모니부처님의 대기설법(對機說法)[50]은 바로 모든 중생을 제도하기 위한 방편설법이다. 석가모니는 중생구제를 위하여 45년간의 로정(路程)에서 만난 한 사람 한 사람의 아픔을 내 것으로 하고 그 아픔을 치유하기 위해 자기희생을 하셨던 것을 우리는 알고 있다. 어디 누구든 간에 구별하지 않고 당면한 문제해결을 위하여 그 아픔을 언제나 같이 하셨다.

이러한 석가세존 역시 선지식과의 만남에 의해 깨달은 분이기에 그는 위대한 선지식의 위치에 서시게 되는 것이다. 우리가 경전을 대할 때 가장 먼저 해야 할 일은 이 경전이 우리들에게 어떠한

---

50) 대기설법 : 응병여약(應病與藥)이라고도 함. 석가의 교설은 환자의 병에 적합한 처방을 주는 것으로 여러 면에서는 모순이 되는 점이 있다. 석가모니는 중생 하나하나의 근기에 따라 그때 그때 적절한 내용(처방)으로 설했기 때문이다.

메시지를 내고 있는가를 알아야 한다. 또 이 경전을 봉독할 때 현재 처해 있는 자신과 어떠한 대화를 나눌 수 있는가를 보아야 한다. 경전을 대하는 데에 있어서 신심을 가지고 경전의 내용을 숙지하는 것도 중요하다. 그러나 간경(看經)에 우선순위를 두어서는 단적인 지식습득에 불과하다. 경전이 생명력이 있으려면 경전을 숙지하고 그 가르침을 실천해가는 것이라고 할 수 있다.

이 수행법은 사섭법 가운데 동사섭(同事攝)의 수행이 바로 이러한 것이다. 불보살이 중생의 근기에 따라 몸을 나투시고, 중생들과 수행과 고락을 같이하고 화복(禍福)을 함께 함으로써 진리의 길로 이끌어 들이는 것이라는 가르침을 근본으로 하고 있다. 부처님께서는 중생의 고통을 안고 치유해 주시는 것은 부처님 자신에게는 아무것도 아니라고 생각하지 않는다. 부처님은 무지막지(無知莫知)한 우리 중생들을 무시하거나 외면하지 않고 끝까지 인욕하시며 자비로서 이끌어 주시는 분이다. 모든 수행법은 갈길 모르는 우리들을 구제하기 위해서 힘쓰신 석가세존의 발자취를 더듬어 가는 것이다. 그가 걸었던 그 길 위에 서서 석가세존의 숨결을 느끼고 대비의 지혜를 습득하여 고뇌에 찬 나의 실상을 알아야 하고 죄악심중한 자신을 깊이 참회하는 가운데 석가모니의 진신이 나에게 따스한 손을 내밀어 구제의 길로 안내해 주시는 것이다. 내가 신앙을 하려는 것은 석가세존의 교설을 통하여 나의 왜곡된 신심을 바로 잡고 앞으로 나의 나아갈 길을 공고히 하려는데 그 목적이 있는 것이다. 석가모니께서 일생의 편로(遍路) 가운데 어리고, 늙고, 병들은 사람과 여자와 남자를 만나 그 각각의 사람들에게 맞는 대기(對機)의 설법을 하시었다. 때로는 무기(無記)의 위엄으로 많은 제자들과 중생들을 제도하셨다. 모든 사람들의 아픈 마음을 일일이 어루만져 주시며 치유해주시는 그러한 동체대비의 마음으로 아픈 중생의 몸과 마음이 함께하여 주셨다. 우리 중생에게는 그러한 대비의 마음을 찾기는 어렵다. 혹시 있다면 남을 동정하거나 가엾이 여기는 마음에 멈추어 선다. 우리의 착한 마음은 부처님의 대비와 다른 것은 지속적으로 이어지지 않는다는 것이다. 다시 말하자면 단기(短期)에 그쳐 버리는 그러한 마음이며 그것은 그대로 중생심(衆生心) 그 자체이다.

스승의 덕상(德相)

진정한 스승은 이런 면에서 보면 절대적 가치를 지닌 자이지만 상대적으로는 모든 이들에게 평등 자재한 분이라고 할 수 있다. 우리의 근기로는 감히 이룰 수 없는 자비의 원천인 것이다. 사제지간에도 제자의 일거수일투족을 전부 헤아리지 못하더라도 당면한 제자의 아픔을 부정하지 않고 자신의 아픔으로 동질화하는 것은 대단한 자비의 발로이다. 「자네가 그러한 아픔이 있었구나! 얼마나 힘들었겠는가.」라는 따스한 말은 상대를 무장해제 하게 만든다. 보통「살기가 힘들다 나는 왜 이렇지」라고 할 때 대부분 사람들은 「뭐 그까짓 것 가지고 죽는 소리를 하는가. 나는 더 힘든 세월을 견뎌냈다. 내 고생한 이야기를 소설로 쓰면 수십 권이 된다」는 등 상대방을 배려하지 않고 자신의 무용담을 말하는 일이 다반사이다. 또 남의 아픔을 짓밟고도 우스겟소리를 했다고 아무렇지 않게 말을 얼버무리고 있는 사람도 있다. 이러한 일이 아무렇지 않게 넘어가는 데에서 상호불신은 쌓인다. 상대방의 아픔을 내 아픔으로 하기가 쉽지는 않지만 적어도 부정은 하지 말아야 한다. 하늘같은 스승님의 따뜻한 말씀 한마디에 고뇌에 숲에서 헤매고 있던 염불자들이 가지고 있던 의문이 눈 녹듯이 풀어져 버린다. 사실 감상적인 불교는 마음을 혼동하게 만든다. 그러나 사제지간의 동체감정(同體感情)은 무한신뢰로 변해가고 두 사람의 관계가 금강석처럼 단단해지는 것이다. 반대로 어떤 사람들에게 있어서는 스승에게 불만을 가지고 폄하하고 비판하려 드는 사람도 있다. 사제지간은 그러한 비판적사고 보다는 자신의 신심에 대한 부족을 먼저 질책하며 참회하는 자세가 필요한 대목이다. 보통 교육기관의 경우 스승의 존재는 일방적으로 제자를 가르치는 자를 말한다. 따라서 제자는 스승님의 말씀 하나하나에 문제를 제기하거나 스승을 비판하면 안 되는 존재로 알고 있다. 스승의 입장에서 보면 제자에게 정성을 들여 가르쳤는데 다른 방향으로 나가거나 학습을 하지 않는 경우에 아무래도 안타까운 감정보다는 좋지 않은 감정이 표출되는 일도 있다. 문제는 스승이 일방적이며 단적인 견해나 불합리한 이야기로 제자들에게 학습을 강요를 할 수 있다. 그러나 열심히 정진하는 제자들도 의도한 대로 발전하지 못하는 경우 스승의 덕상에서 보면 그 제자에 대한 안타까움이 있는 것은 인지상정이다. 제자들의 입장 또한 마찬가지로 수행과정에 생기는 우열을 평가받는다는 것은 수행의 본질에 대한 의문을 갖게 하는 것이 된다.

이러한 시간과 공간 안에서 일어나는 문제에 대한 해결점은 바로 결론이 나지 않더라도 시간의 흐름에 따라서 바른 해답이 나타날 수가 있다. 상황에 따라 문제 제기에 대한 해답이 즉시 필요할 때도 있다. 그것이 정답이 아니더라도 그 문제에 대한 해결방안을 같이 고민해가는 것도 좋은 방법일 것이다. 그것을 방편이라고 한다. 때로는 이러한 방편책이 한 사람을 살릴 때가 있는 것이다. 다급한 순간 임기응변이라도 그 위험에서 벗어나야 할 때도 있는 것이다. 이때 순발력이 필요하다. 단 그만큼 인생 편력이 있고 수행력이 있는 선지(先知)에 의해 다시 새로운 인생을 맞이할 수가 있는 것이다. 그것이 구제력이 되는 것이다.

이 조에서도 스승인 신란 대사와 제자인 유이엔(唯円) 스님과의 대화에서 사제지간의 동체감정을 살펴볼 수 있다. 신란 대사의 제자인 유이엔은 자신이 진정한 염불자로서 길을 가고 있는지를 자성하며 「탄이(歎異)」라는 테마로서 재확인과 증명받고 싶은 철저한

참괴(慚愧)의 외침이었다고 생각한다. 신란 대사 열반이후 염불의
진위에 대한 각자의 해석으로 많은 혼란이 있었음에 유이엔스님
은 그 진실을 왜곡하는 이들에 대한 경고이기도 한 것이다. 석가모
니 입멸 후 가섭존자를 위시한 대제자 및 500여 아라한들이 쌍엽
굴에 모여 제1차 결집을 단행한 것도 앞으로 올 수 있는 석가모니
의 가르침에 대한 후세들의 혼동과 왜곡을 막기 위하여 그 진위를
명확히 해 놓기 위함이었다.

탐욕과 번뇌의 중생

탐욕과 번뇌의 세계를 벗어나지 못하는 우리들이므로 아미타부
처님께서는 처음부터 이를 아시고 거듭하여 「온갖 번뇌(三毒)로 가
득한 범부여!」라고 불러주시고 계시므로 본원 타력의 비원은 이
와 같은 우리들을 위하여 세운 것임을 확실히 깨달아 점점 더 든든
하게 생각되는 것이다.

또 정토에 빨리 가고 싶은 마음도 일어나지 않고, 조금이라도 피
로하거나 아프면 혹시 죽는 것이 아닌가! 마음을 졸이면서 생
각하는 것 또한 번뇌의 소위(所爲)라고 한 것이다. 자신은 번뇌의
현실 생활에 안주(安住)하면서 더 이상 자신에게 나쁜 이변이 일
어나지 않기를 바라고 남이 나의 영역을 침범하고 훼손시키지

않기 바라며 사는 것이 나의 삶이다. 내 물건이라고 생각하고 두 손에 힘을 주어 꽉 쥐고 있다 하여도 생각지도 못하게 놓게 되는 이변이 다가오기 마련인 것이다.

정토에 왕생한다는 말조차 생소하게 느껴지는데 정토에 간다고 하면 또 다른 번뇌가 일어날 수 있다. 모르는 사물을 알려고 하면 그만큼 뇌의 활동과 신체의 활동이 병행되어야 하니까 생각을 아예 안 하고 있었던 때와 비하면 새롭게 일어난 번뇌일지도 모른다. 그러나 목적지가 뚜렷하고 좋은 곳이라고 하면 가고 싶은 마음의 변화가 좋게 일어날 것이다. 염불자에게 있어서 정토왕생의 가르침을 가지고 염불을 하고 있으나 천만번 되뇌어도 그에 대한 확고한 신념이 전혀 일어나지 않는 것은 여러 번뇌의 소행이라고 할 수밖에 없다.

중생계를 무모하게 탈피하려는 가르침은 오히려 인간의 교만함을 가져온다. 즉 교만함의 극치인 중생이 성자로 가장하고 남에게 존경받으려 행세하려는 것도 결국 그 혹독한 과보가 따를 것이다. 오히려 자신이 중생임을 부끄러워하는 것도 불교의 바른 견해라고 할 수 있다. 나는 누구인가를 빨리 알려면 바로 오탁악세(五濁惡世)[51]에서 살고 있는 번뇌치성(煩惱熾盛)한 중생이라고 인정하는 것이다. 그러나 대부분의 사람들은 이 말에 동의하지 않을 것이다.

---

51) 오탁악세 : 다섯 가지의 겁탁(劫濁: 시대의 더러움), 견탁(見濁: 사상. 견해가 사악한 것), 번뇌탁(煩惱濁: 탐. 진. 치로 마음이 더러운 것), 중생탁(衆生濁: 함께 사는 이들의 몸과 마음이 더러워), 명탁(命濁: 인간의 수명이 짧아지는 것) 등이다.

사실 부처님은 우리에게 범부라고 불러 주시는 것은 앞에 말한 번뇌치성 죄악심중의 인간이기 때문이다. 우리들은 범부라는 이름을 불러주신 부처님의 부름에 한없는 감사를 느껴야 할 것이다. 왜냐하면 범부이기 때문에 부처님은 우리에게 손을 내밀어 주시는 것이다. 따라서 범부라는 명칭은 나에게 엄청난 행운일지도 모른다. 이 범부라는 부름에 응답하는 자에게 부처님께서는 크나큰 자비를 베풀어 주시는 것이기 때문이다. 이 자비에 의해서 내 자신이 구제되는 것이며 바로 극락왕생의 이익을 얻게 되는 것을 말한다.

진정한 불성(佛性)을 찾아서

일체중생은 불성(佛性)을 가지고 있다고 하는 것이 불교의 가르침이다. 그 불성을 가진 자. 그 중 하나는 분명 나인 것이다. 즉 불성을 가진다는 것은 부처가 될 종자(種子)를 가지고 있다는 의미이다. 그런데 이 불성을 끄집어내는 것이 큰 문제이다. 내가 부처가 될 종자가 있다 하더라도 그 종자의 싹을 틔울 환경인 연(緣)의 작용이 없으면 도저히 부처가 될 수 없다고 할 수 있다. 그 불성을 밖으로 꺼내어 그것을 키울 연을 만나게 해야 한다. 그 연이 바로 염불인 것이다. 이 염불의 주인공은 불성을 가지고 있으면서도 온갖 탐욕과 번뇌가 불타오를 듯이 많은 중생인 나인 것이다.

누구나가 보편적 사고로 자신의 생각대로 살아갈 수는 있는 것이라고 믿고 있지만 자신의 마음대로 이루어지지 않는 것이다. 그러나 삶이 자신의 옷에 꼭 맞는 것이라고 생각하고 자위하고 안주하며 다른 도전을 하는 것을 두려워한다. 지금 이대로의 생활이 편하고 익숙하다고 하는 사람도 있을 것이다. 그러나 그것은 모든 것이 고정된 실체인 경우에는 그렇게 생각할 수도 있을 것이다. 모든 사물은 자신을 포함하여 변해가고 흘러 지나간다. 변해가는 실체에 대응할 것 같았던 자신이 어느 날 갑자기 멘붕이 되어 갈피를 잡을 수 없을 때 그 해결책은 묘연하게 되는 것이다. 그러나 나의 좋은 종자를 끄집어내어 갈무리를 할 때 어떠한 변화에도 어떠한 장애에도 끄떡없이 해결해 나갈 수 있다. 「이 또한 지나간다」는 아주 짧고 굵은 명제를 숙지하고 있으면 그러한 방황과 혼란이 없이도 초연하게 받아들이게 되는 것이다. 불성을 가지고 있다는 실체를 명확하게 나타낼 여러 방법을 제시하지만 나에게는 불성을 끄집어 낼 힘도 재주도 없는 것에 내가 중생임이 금방 발각되어 버린다. 왜일까 사실은 그 불성이 나타나는 것을 방해하고 있는 요인 가운데 인간의 교만심이 작용하고 있다. 사실 모두에게 불성이 있다는 것에 대한 응석이 있거나 잘못된 해석에서 비롯된 것이다. 부처가 될 소양이 있다는 것이 꼭 부처가 된다는 것은 아니다. 그러려면 어떻게 해야 하는가에 방점을 찍어야 한다. 마냥 자신이 부처가 될 소양이 있기 때문에 인간은 존엄하다는 공식은 성립 불가하다. 부처님에게 있어서는 일체중생을 그 구제의 대상으로 하고 있음이 틀림없다. 그러나 '인간만이 존엄하다', '중생이 곧 부처이다' 등으로 갑자기 두서도 없이 인간만의 실존을 부각시키는 것은 때로는 교만이 싹트게 하고 진정한 자아를 훼손시켜 버리게 되는 것이다. 정확히 이야기해서 인간만 존엄한 것은 아니다. 중생(衆生)이란 의미에서 나다나 있듯이 이 우주에서 태어나 살아있는 일체 유정은 스스로 살 권리가 있는 것이다. 다시 말하자면 인간만이 생명과 삶이 존엄하다는 것은 인간의 교만이 충만한 것이다. 또 중생이 곧 부처라는 말을 곡해하면 부처나 중생이나 한가지라고 착각하는 경우가 있다. 불자들에게 있어서는 부처가 되는 것은 수행의 궁극적 목표이기도 하다. 그런데 내가 부처가 될 몸이 아니라고 생각하고 있는데 나에게도 불성이 있어 곧 부처가 될 몸이기에 존귀한 몸이다. 라고 거기에 머무르게 된다면 원래 불교의 가르침과 다른 잘못된 방향으로 가고 있는 것이나 다름이 없다. 즉 그러한 생각이 굳어져 부처님의 진리를 훼손하게 된다면 불교도로서 존재의 당위성이 없어지게 되는 것이다. 말하자면 불성이라고 하는 단어를 살리고 죽이는 결과를 가져오는 것은 현실적 직관이 필요한 것이다.

인간사회는 자신과 이해관계에 의한 평점을 자기 맘대로 정한다. 물론 손해 볼 것 같은 사람과의 접촉은 꺼리고 이익에 부합된다고 하는 사람과 친밀하려고 노력한다. 혹자들은 개인 이기주의라고 말하고 있지만, 그것은 나를 포함한 누구라도 그러한 이기심이 내재되어 있다. 그렇다고 해서 자기 좋은 대로 보고 행동하고 남을 나의 부속물 정도로 생각한다면 이 사회는 혼란이 가중되는 아수라의 세계가 되는 것이다. 주관적 분별로 세상이 질서 있게 흘러간다고 생각할 수 없다. 이러한 자의적으로 이루어지는 공식에 의한 삶은 좋은 사회라고 할 수 없는 것이다. 모든 일은 수학 공식처럼 딱 맞아 떨어지지 않을 수가 있다. 이 세상 사람들의 생각은 각각 다른 것이다. 각기의 생각이 럭비공같이 어디로 튈지 모르고 때로는 그 공과의 조우에 의해 큰 화를 입게 되는 것이다. 따라서 내가 분별한 타인과의 관계는 그 해답을 시간과 공간 내에서 찾아야 될 것이다. 즉 평상심을 가지고 부처님의 가르침대로 실천하고 지혜를 빌려 대처해 나가야 하는 것이다.

숙업(宿業)의 중죄인

「구원겁으로부터 지금까지 유전(流轉)하여온 고뇌로 가득 찬 옛일을 버리기 어렵고, 아직도 태어나 보지도 못한 안양(安養)의 정토가 그립지 않은 것은 정말로 번뇌가 엄청나게 흥성하기 때문이다. 어느 정도 아쉽다고 생각하더라도 이 사바세계의 연이 다하여 어떻게 할 수 없어서 생명이 끝날 때에 저 극락정토에 왕생할 수 있을 것이다.」

어느 정도 현실에 만족하고 살아가고 있는 사람들은 이 세상을 떠나는 것이 아쉽다고 생각할 수 있다. 그러나 삶이 고통스러워 빨리 이 세상을 떠나고 싶다는 사람도 있다. 삶의 만족이라는 것은 시시각각 변하여 가는 것이다. 충족되었다고 생각하는 순간 그 만족이 또한 지나가버리고 새로운 욕망이 일어나는 것이 자연법이의 현상이다.

一切有爲法 如夢幻泡影 如露亦如電 應作如是觀
「일체유위법 여몽환포영 여로역여전 응작여시관
존재하고 있는 모든 생멸법은 꿈과 환영과 거품, 그리고 그림자와 같고 또한 마땅히 이슬과 번개와 같이 보아야 한다.」

우리들은 자신이라는 형상의 존재를 진짜 실체로 알고 착각하면서 살아가고 있다. 자신이 유한한 존재라는 사실을 생각하고 싶지 않고 영원히 살아갈 기세로 생에 집착하며 살고 있다. 그러나 곧 생멸을 넘어서지 못하고 벽에 부딪혀 좌절하고 임종을 맞게 된다. 문제가 있을 때마다 세상을 한탄하고 자신의 삶의 행태에 불만을 가지고 자학을 한 나는 누구인가. 지금 거울에 나타난 나의 일그러진 모습이 진정한 나 일것이다. 순간순간 변화하여가는 것에 대한 자각을 가지고 나에게 좀 더 관심을 가지고 다시 자세히 보아야 한다. 조금 전의 나는 그 모습이 있었는가를 살펴보라. 변해가고 없어지는 이전의 그 모습에 자신의 흔적을 찾을 수 있겠는가. 그러나 찾으려 애쓰지 말아야 한다. 이전의 나라는 모습이 어디로가 흔적도 없이 사라진 것을 찾으려고 해도 이미 없어진 것을 있었다고 우겨도 정작 조금 전의 자신은 어디에도 없는 것이다. 우리는 새로운 세상과의 만남을 느껴야 한다. 이전의 영예(榮譽)에 집착하여 현재의 자아를 상실할 염려가 있다. 자신이 어디에서 온 것도 깊이 생각할 겨를 없이 한없이 새로운 미래로 내 달리고 있다.

「자신은 알지 못하는 광겁(曠劫)으로부터 지금까지 항상 몰(沒)하고 유전(流轉)하고, 생사미망(生死迷妄)의 바다에 빠져 허덕이며 그 고통의 윤회를 반복하고 있는 범부이다.」 라는 이 숙업의 실체를 철저하게 직관 하여야 할 것이다. 자신은 이 중생계에서의 출리(出離)의 연(緣) 있어 보이지 않는 것은 숙업의 고통에서 자각을 못한 탓이고, 그러한 것이 미혹과 고통에 살고 있는 우리의 모습 그 자체 이외에 다른 것은 아니다.

광겁에서 지금까지의 나의 과거 생인 미혹의 우주를 근본적 무명 같은 것이라고 분명히 밝히고 있다. 항상 생하고 몰(沒)함이 반복되어 유전하는 현생의 업보를 자각하여 진정한 모습을 바로 보지 못한다면 어느 때에 생사의 고해를 넘어설 수가 있을 것인가. 이 미혹과 고뇌의 세계에서 하루 빨리 탈각(脫却)하여야 한다. 요컨대 절대로 구제될 수 없는 자신인 것을 급히 깨닫고 해탈과의 인연을 닿을 수 있게 하여야 한다. 그 해탈을 찾아 미혹된 자신의 현주소를 알려 그곳을 벗어나야 한다. 그러나 도저히 그 미혹됨이 나와 떨어질 가망이 없는 자신이라 하더라도 미망(迷妄)에 있는 자신을 조속히 깨닫고 자신의 모든 것 전부를 아미타불의 본원에 맡기고 나면 그곳이 바로 오히려 진리인 무상(無常)의 대해(大海)에 유입하게 된 것이다. 이 무상법(無常法)의 세계가 자연히 본원의 심신(深信)으로 서 전개해 나가게 되는 것이다.

사바의 연이 다하여

어떠한 이유에서도 이 사바세계의 연이 다한다면 자신이 현재 의 삶에 대한 애착을 가지고 버티더라도 더 이상 생명을 연장할 수 있는 힘이 하나도 없게 되는 것이다. 이 사바세계가 유일한 안식처 로 생각하고 있는 사람에게 있어서 다른 어떠한 좋은 세계를 보여 주더라도 좀처럼 이해하려 들지 않을 것이다. 엄격히 이야기 하자 면 지금 자신의 생에 있어서 고락의 삶이 전부라고 믿고 이 현실에 서 번뇌를 없애려는 의지조차 없기 때문에 어쩌면 번뇌나 고통은 정작 나에게 없어야 할 것이고 나에게 잘못 다가온 것처럼 생각할 수 있다. 나의 현실을 고통이라고 인식하여도 현재의 고난을 극복 하는데 있어서 다른 사람에 대한 원망과 도피로 일관하고 있는 것 이 나 자신의 모습이기도 하다.

지옥세계에서는 일일일야(一日日夜), 만사만생(萬死萬生)라고 했다. 하루에 만 번 죽고 만 번 태어난다는 이야기인 것이다. 정확하게 만 번 죽임을 당하고 만 번 살림을 당하는 고통스러운 지옥 이야기이다. 중죄인이 그만큼 그 죄 값을 다하려면 더 많은 고통이 따른다는 것이다. 나의 죄과가 현생에서만 저지른 것뿐이겠는가? 내가 알지도 못하는 까마득한 과거생의 죄까지 합하여 그 대가를 지불해야 하는 것이다. 그런데 염불자에게 이러한 숙업의 중죄인도 그 죄를 멸할 길이 생겼다고 하니 이 말을 듣고 어찌 귀가 열리고 눈이 번쩍 뜨이지 않겠는가? 이 중죄의 죄과를 면한 기쁨을 말로 표현 못해 몸이 반응하여 저절로 흥이 나게 마련이다.

「빨리 왕생하고 싶은 마음이 없는 우리 같은 자들을 아미타 부처님은 특별히 가엾이 여겨 주시는 것입니다. 이러한 의미가 있기 때문에, 크나큰 자비로서 세우신 본원은 점점 더 믿음직해지고, 왕생은 틀림이 없다고 생각합니다.」

정토왕생에 대한 사람들의 생각은 두 가지로 요약할 수 있다. 하나는 왕생이란 자체를 모르고 살아가고 있거나, 또 하나는 왕생을 부정하는 것이다. 전자건 후자건 정토왕생에 대한 과보를 생각하지 못하는 의미에서는 같다고 볼 수 있다. 왕생이라는 것은 극락세계에 태어남을 말한다. 대부분의 사람들은 그러한 극락세계에 대한 실상도 인정하려 하지도 않고, 또한 과거세에 대한 숙업 또한 인정하기도 어려울 것이다. 그러나 본원의 가르침에서는 그 어떠한 부류라 하더라도 생명이 끝날 때에 모두 저 극락정토에 왕생할 수 있다고 한다. 따라서 우리들은 그러한 상황에서 그 세계가 좋다 나쁘다를 논할 수 있는 입장이 아닐 것이다. 이 무명의 자신이기에 빨리 그 안락의 정토에 안착하고 싶은 마음이 일어나지 않는 것은 당연한 일이다. 또 정토에 빨리 가고 싶은 마음이 일어나지 않는 것은 현실을 벗어난 새로운 세계에 대한 실상도 모르고 그 세계를 인지한다고 해도 의심과 두려움이 앞설 것이다.

미래생이란, 과거로부터 현재의 혼돈의 세계에서 해탈된 청정한 삶을 추구하는 정토세계에서의 삶을 말한다. 즉 지금까지 알던 중생계와 대별되는 안락(安樂)의 세계이며 평등하고 자유스러운 세계로 억압이 없고 영원한 생명이 있는 그 자체의 세계이며 바로 우리가 최종 목적지는 정토의 세계이다. 정토의 세계는 곧 아미타불의 세계이다. 정토의 교주이신 그 아미타불의 세계를 흠모하여 그곳에 어떻게 하여 태어날까는 내가 본원을 믿고 염불을 할 것인지 아닌지에서 극명하게 차이가 난다. 극락세계는 일체중생이 태어나야만 하는 마땅한 곳이지만 그곳을 외면하고 현재 사바세계에서 자기 의지만을 고집한다면 그곳에 갈 수 있는 확률이 점점 멀어지게 된다.

현재는 물론 미래의 왕생이 결정되는 자는 염불하는 자 뿐이다. 아미타불에 나무(南無)하는 자를 염불자라고 한다. 「나무아미타불」이 자신이 되는 것이고 다시 「나무아미타불」이 태어나오는 것이다. 「염불하려는 생각을 일으키는 마음이 일어날 때」 현재의 찰나 찰나를 사는 우리 인간에게 있어서는 한걸음 한걸음이 「나무아미타불」의 길위에 서게 되는 것이다. 부처님과 범부가 공히 심신이 하나가 되어 염불의 불도(佛道)위에서 그 「나무아미타불」이 자연적으로 입으로 나올 때 이미 나는 아미타불의 정토에 살고 있게 되는 것이다. 결국은 정토는 염불자의 세계이다. 염불하는 행자에게 있어서는 이 유정(有情)의 존재 자체로 대표되는 신업(身業), 구업(口業), 의업(意業)의 선악이 엄연히 존재한다는 현실을 깨달아야 한다. 그러나 나무(南無)에 의한 절대 부정적 전환(轉換)을 걸쳐 절대유정으로서 해탈을 위한 염불정진을 하는 것이 정토왕생을 하는 길이다. 그렇게 되는 것이다. 그 삼업의 현실속에 있는 나를 회심시켜 본원을 만나 바로 염불의 세계로 진입하면 이 길이 현생을 불세계로 전환하는 정도(正道)로 이는 곧바로 우리가 최종 목적지로 하는 정토로의 왕생인 것이다. 정토왕생에 앞서 실행하여야 할 참회와 철저한 염불수행을 하는 곳에 즉득왕생(卽得往生)이 있다. 이 사바의 연이 다할 때 이 즉득왕생이 미래 왕생에도 이어지는 이익이 된다는 의의(意義)도 있는 것이다.

제10조 무의(無義)[52]의 의(義)

본원타력의 염불에 있어서 인간의 생각이 가미되지 않은 것을 근본 된 법의(法義)[53]라고 합니다. 왜냐하면 염불은 자신의 사리와 분별을 넘어서 있고, 칭찬으로도 다할 수 없고, 말로 다할 수 없고, 마음으로도 다 헤아릴 수 없기 때문입니다. 라고 성인께서 말씀하셨습니다.

---

52) 무의(無義) : 자력의 꾀함이 들어가지 않음. 사려나 분별을 더하지 않는 것
53) 법의(法義) : 진리의 가르침인 도리. 근본 된 의의.

무중유(無中有)의 법칙

염불의 힘은 불가설(不可說)[54], 불가칭(不可稱)[55], 불가사의한 것으로 말로 다함이 없다고 한다. 이것이 진정한 염불의 의의(意義)라고 말 할 수 있다. 염불은 자신의 역량으로 할 수 있거나 또한 하지 못하거나 하는 것이 아니다. 또 나의 역량이 있어 염불을 하는 것이 아니다. 실상 우리들의 생활에 있어서 내가 의도(意圖)하고 행동을 한다고 해서 자신의 역량으로 이루어졌다고 할 수 없는 것이다. 우리는 믿고 싶은 것만 믿고 마음에 안 드는 것은 쳐다보지도 않으려 한다. 그러나 그것조차 자신의 의사대로 된다는 보장은 없는 것이다.

내가 자신 있다고 믿고 싶은 생각이나 꾀함을 더하지 않는 것이야말로 즉 나의 힘으로 될 수 있다고 굳게 믿었던 일이 어느 날 예상외의 일로 되어 버렸을 때 오는 상실감은 이루 말할 수 없을 것이다. 그러나 그렇게 될 것이라고 예상하는 것 또한 무의미한 일인 것이다. 모든 일은 나 자신의 힘이 더해지지 않은 불가사의한 원력에 의해 이루어지고 있다고 보는 것이다.

그러하기에 본원타력에서는 그것을 무의(無義)의 의(義)에 의한 염불이라고 정의하고 있는 것이다.

---

54) 불가설 : 말로 다함이 없다.
55) 불가칭 : 칭찬을 다함이 없다.

아미타불의 원력을 칭송할만하다고 자기 판단으로 칭송하는 것이 아닌 본원의 불가사의한 힘이 나를 그렇게 만들어 주는 것인 불가칭이라는 표현을 쓰고 있다.

그래서 또한 말로 다 할 수가 없고, 우리의 상상을 초월하는 신비스런 일이 되는 것이므로 염불의 마음, 염불의 진실한 가르침 안에 광대한 원력의 작용이 있는 것이다.

영원한 생명인 그 명호가 나를 불러 깨우쳐 구해질 수 있다는 것조차도 우리의 생각으로 계산되는 것이 아니다. 이 불가사의한 위신력에 대하여 기뻐하고, 칭찬하고, 말로도 다 표현할 역량이 부족하기에 무의(無義)의 염불인 것이다. 그것이 아미타불의 진의에 부합하는 것이 된다.

무의는 중생계에서 도저히 생각하고 계산할 수가 없는 것을 말한다. 이러한 무의를 가지고 의(義)로 하는 것은 부처님의 지혜가 아니면 제대로 볼 수도 만날 수도 없다는 것이다. 중생의 어둡고 어리석은 생각으로 무의를 의로 변화시킬 수가 없다. 따라서 나의 꾀로 무엇이든 할 수 있다는 어리석음을 버리고 하루빨리 부처님의 본원력에 귀의하는 것이 명확한 지혜이다. 본원타력은 우리의 모든 역량을 훨씬 넘어서 있고 감히 우리의 어리석음을 감추려 해도 그 아미타불의 본원타력인 원력 앞에서는 마치 백일하에 어디에도 그 사실을 감출 곳이 없게 되는 것 같은 것이다.

염불 속에는 칭찬으로 다함이 없고, 말로서 다함이 없으며, 우리의 상상력으로도 헤아릴 수 없는 것이고 그 가운데는 부처님의 자비와 광명이 담겨져 있다.

그렇기에 염불을 목청껏 높인다 하더라도 진정한 나의 염불과 실질적 부처님의 본원과 극적인 만남이 이루어진다면 나의 사바세계에 태어난 의미를 한껏 더 높이게 되는 것이다. 염불자로서의 나는 이 세상에 태어난 의미부여가 확실해지는 것이다.

사실 내가 진정으로 부처님을 잘 안다고 해서 부처님 말씀을 이야기를 하고, 신심에 대한 자신감을 가지고 정진한다고 하지만. 그러나 실상은 내가 부처님 법에 기뻐해야 할 이유를 분명히 알지 못하고, 칭찬하여야 할 내용도 다 숙지하지 못할 것이다. 또한 염불의 의취를 잘 이해하지도 못한 상태에서 염불에 대한 자의적 해석을 하거나 염불을 신비적 신앙으로 알고 믿고 있거나 하는 것은 실로 염불의 진위를 왜곡할 위험성이 다분히 있다. 자칫 그 진의가 훼손된다면 곧 염불자체에 내포된 진정된 생명을 잃게 하는 행위가 되는 것이다.

또한 번뇌를 없애야 깨달음을 얻는다는 이야기는 우리에게는 도저히 불가능에 가까운 이야기이다. 그러한 우리를 위해서 성취해 주신 아미타불의 대원력에 의해서 내가 지니고 있는 번뇌를 가진 채로 구제된다고 알려 주시고 계신 것이다. 어느 쪽이 쉬운 길인가? 번뇌에서 해탈한다는 것은 성인(聖人)인 아라한의 구역이다. 이에 반하여 도저히 번뇌를 버릴 수 없는 인간으로서는 도저히 구제될 기회가 없어지게 된다. 그래서 중생 그 자체로 우리 염불자에게는 아미타불에게 구제될 찬스가 있는 것이다.

불가사의하게도 아미타불의 본원에는 번뇌구족의 우리들을 구제하기 위해서 본원을 세웠다고 하신다. 어째서인가 도저히 믿기지 않는 아미타불의 서원이지만 왜 그런지 한번 자세히 들여다보자.

제 2 장

중서(中序)

그 옛날 신란 대사가 계셨을 때, 같은 마음을 가지고 관동(關東)에서 그 머나먼 교토(京都)[56]까지 걸음을 하여 같은 신심으로 곧바로 왕생할 정토에 마음을 둔 사람들은 다 함께 신란 대사의 진정한 말씀을 들었던 것입니다. 그러나 그 사람들에 따라서 염불하고 계셨던 분들인 노인도 젊은이도 그 숫자를 헤아릴 수 없을 정도로 많이 계신 가운데, 요즘에는 성인께서 말씀하셨던 가르침과는 다른 여러 가지 신심의 논의를 가지고 언쟁하고 있다는 것을 남을 통하여 듣고 있습니다. 그러한 근거도 없는 생각 하나하나에 대하여 다음과 같이 상세하게 서술하여 갑시다.

---

56) 교토 : 헤이안(平安), 가마쿠라, 무로마치, 센고쿠, 아즈치 모모야마시대와 메이지 시대 초기까지 정치, 문화 경제의 중심지인 수도였다.

탄이(歎異)의 정신

　　앞의 10조까지는 스승인 신란 대사의 말씀에 해당한다. 그 귀결로「염불은 무의를 가지고 의라고 한다.」그 의(義) 없는 염불은 진실의 가르침에서 의를 세우는 것에서 이단(異端)이 생겨났다고 볼 수 있다. 이 이후에 제11조에서 제18조까지가 유이엔이 말하고자 하는 '탄이(歎異)'에 대한 서술이라고 본다. '탄이'란 정법(正法)을 왜곡하는 것에 대하여 통탄(痛嘆)한다는 의미이기도 하지만 그 진실을 규명하여 바른길로 세우는 것까지가 진정한 '탄이'가 되는 것이다.

　　「요즘에는 대사께서 말씀하신 가르침과 다른 것에 여러 가지 논쟁하고 계신 것을 남을 통하여 듣고 있습니다.」

　　유이엔스님은 스승의 가르침과 다르게 밖에서 전해지고 있는 염불의 내용 하나하나 진리의 교설에 비유하여 아래와 같이 상세하게 서술하였다. 이 '탄이'라는 의미에서는 단지 다르다는 이유만으로 비판을 하는 것이 아니라 그 본의를 바로 잡기 위한 것이며 철저한 호법정신을 겸비한 '탄이'의 정신 그 자체가 스며져 있다.

　　'탄이'의 정신은 우리 세대에서 일어나는 모든 문제를 해결해야 하는 시대적 요구이기도 하다. 자칫 잘못하면 좌우(左右) 흑백의 논리와 구별이 안 되어 잘못 판단 할 때도 있을 수가 있다. '탄이'

는 반드시 불설(佛說)이 근본이 되어야 하고 객관적, 주관적 사고(思考)를 모두 넘어서야 한다. 더구나 개인적인 견해를 보태면 진정한 '탄이'가 될 수 없게 된다. 다시 말하자면 '탄이'의 정신은 오로지 불법(佛法)에 기인하여야만 하고 불법에 대한 확신이 있어야 한다. '탄이'는 개혁이 아니다. 그러나 '탄이'를 논할 때는 순교자적 용기가 필요하다. 부처님의 가르침에 위배되는 행위는 어느 상황이라도 바로 고쳐가야만 하는 용기가 필요한 것이다. 많은 염불자들의 바른 가르침에 대한 절실한 욕구를 외면하지 않는 것을 '탄이'하는 것이다.

우리들은 과연 불자로서 바른길을 걷고 있는가. 그 바른길 위에서서 걷고는 있는가. 혹시 자신만의 이익을 쫓아 살면서 나에는 물론 남에게도 바르지 못한 생각과 행동을 하지 않았는가. '탄이'의 정신은 반드시 남이 다른 것이 아닌 내가 올바르지 못한 것에 대한 나 스스로에의 경책이 선행되어야 한다. 나의 비뚤어진 눈과 마음으로는 사물과 인간을 바르게 볼 수가 없다. 그래서 자자(自恣)[57]의 정신이 우선 되어야 한다. 자신을 돌아보지 않고는 남을 책할 수 없다. 이러한 견지에서 보는 '탄이'는 자자(自恣)의 참회를 거쳐 비로소 정확한 우주관을 가질 수가 있고 바른 사회를 구현 할 수가 있는 것이다. 자신도 국가도 이것에 기초하지 않으면 모두가 적이

---

57) 자자(自恣) : 백중. 즉 우란분재에서 유래한 자기의 죄를 참회하고 고백해서 다른 승려들에게서 경책을 받는 것.

되어버리는 것이다. 다른 하나는 부처님의 가르침이 정법이라고 하면 나의 신행은 자의적 사고로만 행하는 외도에 가깝다고 보아야 한다. 『탄이초』에서 유이엔스님이 말하는 '탄이'는 스승인 신란 대사에게 직접들은 진실의 신심과 다르게 말하는 현재의 상황을 개탄스럽게 보고 있는 것이며, 아울러 그 혼란이 오지 않게 지키지 못했던 자신의 무능을 경책하는 것이라고 생각한다. 이전에 신란 대사가 살아 계셨을 때도 번뇌구족의 중생들이 한 가지 마음으로 그 머나먼 교토까지 발걸음을 재촉하여 믿음(信)을 하나로 하여 마땅히 다가 올 미래의 보토(極樂淨土)에 대해 마음을 기울이던 무리들이 모두 함께 신란 대사의 큰 가르침을 받았다고 들었다. 그러한 사람들이 신란 대사가 그 지역을 떠났다고 하여 자기 마음대로 부처님의 가르침을 왜곡하여 민초들에게 혼란을 주는 것은 진정으로 개탄스러운 일일 것이다.

잘못된 리더십

자신과 국가와 국제사회 관계 또한 이 '탄이'의 정신이 필요한 때이다. 한 국가에서 한 지도자의 오판과 독선으로 인하여 아무런 죄 없는 민간인들을 희생시키는 것을 종종 보아왔다. 권력에 심취한 나머지 삿된 판단으로 인해 자신과 국민들이 혹독한 결말로 비참하게 끝나게 되는 것을 역사가 잘 보여주고 있다. 한 사람의 권력자가 어떠한 명분을 가지고 행하는 횡포는 리더십과 거리가 멀다. 개인의 이익과 국가의 이익은 동일한 것 같이 보이지만 절대로 공유하는 것이 아니다. 역사가 그것을 증명해 주고 있다. 어리석은 민초는 지도자들의 강력한 제스처에 열광하고 있다. 역설적으로 국민을 위한다는 정치가들의 무책임한 발언 그 이면에 얼마나 많은 사람들의 희생이 따르고 있는지 국민들은 헤아리지 못한다. 이윽고 그 열광의 도가니가 자신을 삼키는 줄 모르고 불나방 같은 무의미한 착각 속에 살고 있다.

러시아 볼셰비키 혁명[58]도 제정(帝政)러시아에 불만을 품은 대중의 세력에 편승해서 일부 야심가들이 정권을 농단한 폭력 혁명이란 사실 이상의 의미는 없다. 소련 공산당 이전 제정러시아시대와 비교하며 혁명주체들의 야만적 만행에 의해 노동자들의 고통이 지속되었다는 점이다. 러시아 혁명을 지도한 케렌스키, 볼셰비키 그리고 레닌 등이 행한 인민통치 방식에서 나타난 야심과 폭력적 농단이란 점에서 바로 인민을 위한 혁명의 불합리성을 역력히 나타내고 있다. 한 지도자에 의한 폭력으로 많은 인민들이 희생된 예는 파시즘, 나치즘, 쇼와이즘 따위가 대표적이다. 이 독재자들은 기성 가치 체계를 붕괴하여 권력을 배경으로 하여 목

---

58) 볼셰비키 혁명 : Russia革命 1917년 3월 10월 혁명 로마노프 왕조 몰락, 볼셰비키의 소련 정부성립. 사회주의혁명.

적 달성을 위해서는 수단과 방법을 가리지 아니하는 폭력지배를 했다. 식민지 정책을 수립하여 합리적 근거의 기치를 가지고 통치하였으나 실제는 수많은 인민들의 피와 땀으로 이룬 것을 착취한 수단에 불과한 것이다. 그러나 이 모든 정권 역시 오래가지 못하고 붕괴된다는 역사적 사실이 혁명적 실체가 허구라는 것을 입증하였다. 이러하듯 한 국가의 리더의 폭거로 인하여 피폐된 인민들의 생활고가 본래의 상태로 돌아오기까지 반복된 희생을 강요당하여 인간성 절멸까지 이르게 되는 경우도 있다.

철학의 출발은 틀림없이 허무주의에서였고 핍박에 견디지 못한 젊은이들이 열광해 왔던 러시아 혁명도 그 허무주의에 힘입은 바, 그 끝은 인민들이 봉기한 그 초기혁명의 가치상실 그 자체였다고 본다. 한 지도자가 남의 생명을 경시하는 것은 자신도 그 경시하는 만큼의 과보를 받게 된다.

현재 힘의 논리로만 전개되는 강대국 간의 군비경쟁과 자국의 이익만을 추구하는 경제 논리로 약소국가에 협박하고 착취하는 악행이 반복하여 일어나고 있다. 지금도 지구 곳곳에서 한 국가의 권력 집단이 다수의 힘을 빌려 오직 자신의 권력의 영달만을 생각하며 무고한 국민들을 희생시키고 있다. 이러한 이면(裏面)의 세계에서는 민주 자유 평등 차별 등의 단어는 이미 숨어 버린지 오래이다. 그러나 그 권력을 유지하려 하는 욕심으로 인민들을 무력으로 제압하려는 짓을 반복하는 악순환에 자멸해 버리게 된다. 역사적으로 이러한 예는 많이 보아 왔다. 세계는 네오데탕트(Neo detancts) 라고 할 수 있는 미국과 중국간의 힘겨루기에 의한 새로운 국제 질서가 성립되었다.

지금도 냉혹하게도 네오데탕드로 인하여 강대강 군비경쟁으로 중소국들의 핵무기와 강력한 살상용 무기개발에 박차를 가해 바야흐로 세계는 공히 다중적 위험에 노출되어 있다. 그 리더들은 자국의 국민들의 방어 목적이라 하여 아무런 죄책도 없이 무고한 많은 이들에게 총구를 들이대고 희생시키는 악행을 반복하고 있다. 이러한 현실 앞에서 나는 우리는 무엇을 할 수 있고 무력적 경쟁인 그 행위가 무엇이 옳고 그른가가 명확한 답이 떠오르지 않는다. 나만 배부르고 등 따시면 끝나는 일이 아니다. 한국인도 역사적 고난을 잊어서는 안 된다. 그 혹독한 역사를 망각하면 다시 그 역사는 반드시 되돌아오게 될 것이다.

코비드19가 말해 주듯이 질병도 전쟁도 나를 비켜가지는 않는다. 내가 강해서 그들의 총부리가 나를 겨냥하지 않는 것은 아니다. 이러한 상황에서 나만 비켜 가면 된다거나 우리나라만 아니면 된다는 안이한 생각을 버려야 한다. 세계는 지금 한 국가를 넘어선 공동운명체가 되었다. 그것이 중생계에 있는 우리들의 현실인 것이다. 아수라의 세계에서 부처님의 가르침을 들으려 하지 않고 오직 자신의 입과 주머니를 채우려 싸우고 있다. 그 결과 서로가 흉악한 몰골이 남게 되며 그 상처가 아물기도 전에 또 목숨을 걸고 싸우고 있다. 의미도 없이 남을 희생시키는 자신의 행위를 정당화한다면 남의 희생으로 목적을 이루려고 하는 사악하고 비열한 짓이다.

　세계 각국은 자국의 이익을 우선하는 원칙을 세우고 있다. 외교의 첫 번째 목표는 국익이라고 생각하기 때문에 국제질서를 파괴하고 힘에 의한 착취가 가장 빠르다고 착각하고 있다. 이를 위한 경제전쟁과 핵 군비경쟁에 박차를 가하고 있다. 이 현상은 비단 강대국 간에만 일어나는 현상은 아닌 것이다. 현실적으로 세계는 공동체의 운명이지만 각국의 이기주의로 인하여 그 질서가 무너졌다. 이대로 가면 세계는 공멸의 위기가 도래할 것이다. 그러한 현실을 직관하지 못한다면 앞으로 다가올 인류의 미래는 당연히 어둡고 불투명해진다. 세계의 질서는 한 리더에 의해 무참하게 깨질 수 있다. 그러나 부처님 세계는 부처님과 성중이 공존하며 평화를 유지하고 서로를 곤혹하게 하지 않는 지극히 즐거운 세계이다. 무질서한 사바세계에서는 많은 변화가 끊임없이 일어나고 중생들의 고통이 끝날 기미가 보이지 않는다. 그러나 하루라도 빨리 어리석은 탐 진 치의 세계에서 벗어날 수 있도록 석가모니의 교설을 되새길 필요가 있다. 가만히 생각해 보면 이러한 세계가 올 것이라고 예견한 이가 바로 석가모니 부처님이다. 지금이 그의 예견대로 바로 말법(末法)시대이다. 그 말법시대가 도래한다는 것을 이미 아시고 미래에 정법을 다시 일으키기 위하여 미륵보살에게 부촉한 것은 미래의 세계에 대한 안정과 지속하여 중생구제를 부탁을 하셨던 석가모니의 염원인 것이다.

제3장

별서 (別序)

제11조 불가사의함이란

글자 하나도 모르고 염불을 하고 있는 사람들을 향하여 그대는 아미타불의 서원불가사의(誓願不可思議)[59]한 원력을 믿고 염불하고 있는 것인가?, 아니면 명호(名號)[60]불가사의한 원력을 믿고 염불하고 있는가? 하면서 말로 겁을 주고는 이 두 가지 불가사의에 대하여 자세한 내용도 분명히 설명하고 밝혀주지도 않고 사람들의 마음을 혼란스럽게 하는 것에 대하여 거듭 조심하여 생각해야 합니다.

아미타불은 서원 불가사의한 원력에 의하여 누구나 지니기 쉽고, 부르기 쉬운 「나무아미타불」의 육자명호를 생각해 내어 주시어, 이 명호를 부르는 자를 정토로 맞이한다는 약속을 하고 계신 것입니다. 그렇기 때문에 우선 아미타불의 크나큰 자비로 세워진 서원 불가사의한 원력에 구원을 받아서, 이 미혹의 생사[61]의 고통에서 벗어날 수 있다고 믿고, 염불하는 것도 아미타여래의 원력이라고 생각한다면, 그곳에는 조금도 자신의 재량(裁量)이 섞여지지 않은 것이기에, 본원의 말씀에 따라서 진실의 보토인 정토에 왕생하게 되는 것입니다.

---

59) 서원불가사의(誓願不可思議) : 인간의 생각으로는 도저히 상상을 초월한 헤아릴 수 없는 형상.
60) 명호 : 일반적으로는 모든 부처님, 보살님의 이름을 명호라고 한다. 정토교에서는 특히 아미타불의 이름을 가리키고 있다.
61) 미혹의 생사 : 미혹의 세계 중생계

이것은 아미타불의 서원(誓願)불가사의한 원력을 종지(宗旨)로
서 믿어 받들면 거기에 명호의 불가사의한 원력도 자연히 갖춰
지게 되는 것이고, 서원불가사의와 명호불가사의한 원력도 하
나가 되어 조금도 다를 바가 없다는 것입니다.

다음에는 제멋대로의 생각으로 선과 악에 관하여 선이 왕생
하는데 도움이 되고, 악이 왕생의 장애가 된다고 구별하여 생
각하는 것은, 서원의 불가사의한 원력을 믿지 않고서, 자신의
의지로서 정토에 왕생하려고 노력하며 염불을 하는 것도 자력
으로 하는 행으로 간주해 버리는 것입니다. 이와 같은 사람은
명호의 불가사의한 원력도 믿지 않고 있는 것입니다. 그러나 믿
지는 않고 있지만 염불을 하면 변지(辺地), 해만(懈慢), 의성태궁
(疑城胎宮)[62]이라고 불러지고 있는 방편(方便)의 정토에 왕생하여,
과수의 원(果遂之願)[63]에 의하여 결국에는 진실의 보토(정토)에 태
어날 수가 있습니다. 그것은 명호불가사의의 원력인 것입니다.
이 사실은 그대로 서원 불가사의한 원력에 의한 것이므로 이
두 가지는 오직 하나인 것입니다.

---

62) 의성태궁 : ①변지(辺地), 정토 가운데 변경의 땅이라는 뜻. ②해만계(懈慢界), 교만
하고 자력의 마음으로 가득찬자들이 머무는 세계라는 뜻. ③의성태궁(疑城胎宮)-
의성이란 본원을 의심하는 자가 머무는 곳의 뜻으로 이것을 태궁이라고 하는 것은
모처럼 정토에 태어나서도 연꽃 속에 싸여서 흡사 엄마의 태궁에 있는 것처럼 오백
년간 부처님을 만나지 않고 불법을 듣지 않고 성중(聖衆)을 볼 수 없기 때문이다.
63) 과수의 원(果遂之願) : 제 20원. 과수라 함은 달성하다. 완수하다. 라는 뜻으로 하나
는 화토왕생(化土往生)을 말하고, 또 하나는 제 18원에의 전입을 달성시키는 것.

불가사의(不可思議)한 대원이란

불가사의라는 것은 무슨 의미일까. 사전적 의미로는 우리들의 생각이나 행동으로 미루어 헤아릴 수도 행동할 수도 없다는 뜻이다. 사람의 힘이 미치지 못하고 상상(想像)조차 할 수 없는 신비한 세상이 존재하는 것을 말한다. 일상에 주위에 불가사의한 일을 많이 대할 수 있다. 불가사의라는 것은 단지 보고 느낄 수 있지만 내가 생각하고 해낼 수 있는 일이 아니라는 의미이기도 하다. 그것을 보고 경외하기도 하고 새로운 믿음이 발하여 지금까지의 잘못된 나의 삶을 밝혀주고 바른길로 걷게 하는 힘을 주게 한다.

이 조항에서는 서원(誓願)과 명호(名號)의 의미를 알지 못하는 행자에게 있어서 처음으로 접하는 단어이기에 무척 어렵고 생소한 이야기로 들릴 수가 있다. 이 의미도 모르는 채 본원인 48원의 불가사의함과 명호(名號)인 「나무아미타불」의 불가사의에 대한 언쟁은 무의미한 것이 된다. 더구나 염불이라는 단어조차도 생소할 수 있겠지만 서원과 명호를 이해하기는 더욱더 난해한 이야기이다. 우선 서원(誓願)은 아미타불의 전신인 법장보살님께서 세우신 48원(願)인 본원을 의미하는 것이다.

불교에서 원을 세우는 분은 불보살이다. 대부분의 경우에는 보살님이 원을 세우는 것으로 되어 있다. 예를 들면 약사여래, 보현보살, 법장보살, 지장보살 등 많은 보살님이 원을 세우시고 수행하여 원을 성취한 과보로 부처님이 되시는 것이다. 그 보살(菩薩)을 범어로 보리살타 (bodhisattva, 보디사트바)라고 부른다. 이 보살은 중생들에게 자신이 쌓은 공덕(puñña)을 전해줌으로써 자비를 실천한다고 한다. 보살이라는 개념은 오랜 수행의 결과로 불과(佛果)를 성취하는 분인 것이다. 중생을 교화하여 구제하는 '상구보리 하화중생(上求菩提 下化衆生)'의 대원(大願)을 세우고 그 원을 성취하기 위해 부처가 될 권리를 유보하고 윤회의 중생계에 머무르며 우리들을 구제(救濟)하는 선근 공덕을 쌓는 분이 보살이다. 따라서 이 본원 역시 아미타불의 인위(因位)인 법장보살이 그 중생구제의 서원을 세우고 오 겁이란 오랜 기간 동안 사유(思惟)한 과보로 48원이 성취된 것이다.

명호란 부처님의 이름을 말한다. 여기에서는 정토의 교주이신 아미타불의 이름을 말하는 것이다. 그 이름을 부르며 아미타불께 귀의하겠다고 서약하는 것이 「나무아미타불」인 것이다. 『불설아미타경』에 의하면 아미타불이 출현하신 이래로 지금에 약 10겁이 되었고 아미타불이 상주하고 계신 곳은 서방(西方)정토라고 설하고 있다. 그 서방정토는 지금 내가 있는 여기로부터 서쪽으로 약 십만 억 불국토를 지나면 극락세계가 있다고 하고 계시는 것이다. 그곳은 이름 하여 극락이라고 하는데 그곳에 가면 그 위도 없는 즐거움만 있는 곳이라고 하여 극락(極樂)이라고 부르는 것이다. 극락정토에 장엄된 인테리어는 이 세상 어디에도 볼 수 없는 찬란하고, 호화스러운 일곱 가지로 된 보화로 꾸며졌다고 말씀하고 계신다.

그 보화는 금(金)·은(銀)·청옥(靑玉)·수정(水晶)·진주(眞珠)·마노(瑪瑙)·호박(琥珀)을 말한다. 이 귀한 칠보(七寶)로 꾸며진 극락세계는 화려함과 아름다움의 극치를 이룬다고 되어있다. 그리고 극락에는 많은 성중(聖衆)이 계시고, 그리고 아름다운 청, 백, 황, 적색의 네 가지 색의 연꽃과 극락조가 하루 종일 지저귀고 있고 극락의 향기는 미묘(微妙)하고 깨끗하며 항상 즐겁고 괴로움이 없는 즐거움만 있는 곳이라고 표현하고 있다. 이 새로운 극락세계의 눈을 뜨고 기쁜 마음에 염불하려는 마음이 일어났을 때, 바로 이 아름다운 극락에 태어나게 된다는 것이다. 그 이익의 극대함이 바로 나를 사바의 고통에서 벗어나게 하는 것이다. 나를 항상 부처님의 대자비의 세계로 이끌어 주시고 그 정토에 안주하게 하여 주시는 것이 이 불가사의한 대원의 힘인 것이며 염불의 공덕인 셈이다. 그 이익을 받는 수혜자가 다름 아닌 염불자로서의 나인 것이다.

이 본원을 불가사의한 힘의 작용이 이 군맹(群萌)인 나에게 크게 작용하여 많은 변화를 가져다주는 것이다. 나의 번뇌가 있는 그대로 중생의 몸을 가진 채로 무상열반의 깨달음을 향하여 자재하게 다시 정토에 태어날 수 있는 몸이 된다는 것이다. 그래서 우리는 아미타불의 본원에 무한한 신뢰를 가지고 염불을 하려는 마음이 생겨나지 않을 수 없게 되는 것이다. 바로 그것이 아미타불의 불가사의한 위신력에 의한 것이다. 그 불가사의한 힘에 의해 무도한 내가 자연스럽게 염불을 하게 되는 것이다. 아미타불의 광명은 해와 달도 그 빛을 발하지 못하고 검게 변하게 하는 그 강렬한 빛을 가지시고 암흑 속에서 헤매고 있는 무명의 중생을 지혜의 빛으로 비추어 주시고 안양(安養)의 공간으로 이끌어 주신다. 또한 영원한 생명을 가지신 불가사의한 힘으로 이 유한(有限)한 우리들의 생을 영원한 안락한 정토의 삶으로 이어 주시려 하는 것이 아미타불의 대자비심인 것이다. 이러한 아미타불의 자재하신 한량없는 수명과 무량한 광명의 수혜자가 바로 나인 것이다. 그렇기에 불가사의 하다는 것은 남이 아닌 나에게 있는 것이다. 그렇게 받은 큰 은혜는 다른 어느 곳에도 없음을 비로소 알게 되는 것이다.

아무래도 중생계에 있는 우리들은 항상 분별하고 차별하는데 익숙해져 있다. 반면 우리 중생계와는 달리 늙은이와 젊은이 그리고 착한 이과 악한 이를 가리지 않고 구제하여 버리지 않는 아미타불의 세계가 있다. 그 아미타불에게 귀명(歸命)한다는 의미로 아미타불에 나무(南無)를 붙여 육자 명호인 「나무아미타불」이라고 하는 것이다.

일문불통(一文不通)의 문맹은 구제되는가

우리 속담에 「낫 놓고 기역자도 모른다」고 하는 이야기가 있다. 소위 글자를 모르는 문맹(文盲)을 말한다. 최근에는 한글 교실이 생겨 그 지독한 어려운 생활에서 학교도 가지 못한 노인 등이 늦게 한글을 깨치게 되어 기뻐하는 모습을 볼 수 있다. 그들은 글을 몰랐기 때문에 버스를 탈 때도 가게를 찾아갈 때도 남에게 물어보아야 하는 고충에서 해방되어 늦게나마 자유스러운 행동을 하게 된 것이다. 물론 일상생활에 있어서 문자를 안다고 해서 잘 살고 전부 행복하다고는 할 수 없다. 문자를 모르고도 생활하는 데 큰 지장 없이 살아가는 사람들이 있다. 염불은 이러한 문자를 모르는 사람들에게도 아무런 장애 없이 행할 수 있는 수행이다. 또 염불자는 언제 어디서, 누구든지 「나무아미타불」을 부르는 데는 지장(支障)이 없는 것이다. 문자를 모른다고 해서 이러한 염불자의 삶과 신행에 영향을 줄 수가 있는 것은 아니다.

석가세존의 열반 이후 얼마 지나지 않아 세존의 진리의 말씀을 바로 전하기 위해 제자들에 의해서 결집된 기록을 남기게 된다. 후세의 불자들이 석존의 교설에 미혹이 한 점도 없도록 한 모임이 앞서 언급한 쌍엽굴의 결집인 것이다. 그곳에서 결집된 대표적인 내용은 사성제(四聖諦)[64]로부터 12인연법 등이라고 할 수 있다. 그렇게 결집된 금언(金言)을 가지고 염불하는 자들이 이러한 교설을 통달한다는 것은 도저히 불가능한 일이다. 사실 이 석가모니의 교의를 통달하고 열심히 교학을 연구하면 극락왕생이 가능하다고 한다

---

[64] 서성제 : 고·집·멸·도 불교의 정격을 나타낸 전형으로써 유력한 것 고제, 집제, 멸제, 도제.

면 금생에 있어서는 극락왕생을 포기해야 하는 사람들이 많을 것이다. 불교 공부를 많이하여 부처님 말씀을 이해한다고 하여 불교 교학에 대한 지식이 없는 자들을 무시하고 차별하는 것이 석가모니의 진의가 아니다. 석가세존이 계실 때에는 역으로 모든 이들의 근기에 맞추어 말씀해 주시고 구제해 주셨다고 하는데 그렇게 본다면 석가세존의 교설을 모른다고 해서 구제되지 못했다는 이야기는 들은 적이 없다. 글자도 모르고 더구나 경전의 내용도 모른다고 왕생이 안 된다는 것은 정말로 잘못된 가르침이라고 할 수 있다.

잘 생각해보면 우리들 일상에 가장 필요한 것은 의식주 해결이 단연 우선일 것이다. 그 이외에 가족과 이웃 그리고 이 사회에서 살아가는데 학문만 가지고 어떻게 상호관계를 원만하게 해가는가를 생각하지 않을 수 없다. 학문에 의해 그 삶의 만족도가 다르게 변하지 않을 것이다. 동물의 세계 차원의 생과 비교하여 인간의 삶은 언어적 소통에 의한 사람과의 관계설정이 중요한 변수이기는 하다. 그런데 글자를 알고 모르고의 차이에 의해 삶의 질이 크게 달라진다면 이 세계는 온통 책으로 덮여지게 되고 여기저기서 학설을 논하며 싸우는 광경을 많이 목격하게 될 것이다. 지금 염불 신앙에 있어서 우리를 어렵게 하는 것은 과연 이 요소 이외에 다른 어떠한 것이 또 있을까. 또 우리의 삶에 있어 무엇을 어디까지를 더 필요로 하는 것일까. 이러한 생각을 거듭한다면 그 끝은 알 수가 없게 되어 버린다. 잘 살펴보면 한국의 고양이도 일본의 개도 글자를 배워 학교에 진학하여 공부하려 들지 않는다. 그들의 관심은 오로지 먹이 찾기와 종족 번식의 본능에 충실하는 것 이외 다른 무엇도 없다. 아니 사람과 동물을 옆에 놓고 비교한다는 것보다는 만물의 영장이라 불리는 인간이기 때문에 삶에 크게 영향을 주지도 않은 것에 쓸데없는 에너지를 쏟아 버린다면 동물의 삶보다는 열세한 삶이 되는 것이 아닌가 한다. 더 나아가서 자신의 스펙 쌓기에 물불을 가리지 않고 불법(不法)을 저지르는 기성세대에게 있어서는 유식한 문장이 그들의 행복을 가져오는 신물(神物)일지도 모른다. 그 신물에 의해서 남을 아래로 놓고 싶어 하고 지배하려 드는 좋지 않은 환경을 만들 수 있다. 그러나 인간이 아무리 수승하더라도 부처님께서는 고통의 삶에서 구제되는 대상을 일체중생이라 하였다. 즉 인간만의 삶이 아닌 공생(共生), 공업(共業)의 일체중생이 대상인 것이다. 내가 남을 밀쳐놓고 나만이 혼자 극락국에 왕생하려는 것이 아닌 내가 쌓은 공덕도 남에게 나누어 모든 중생들과 같이 극락국에 가려는 회향(廻向)의 가르침을 주셨다.

이 세상에 모든 생물을 인간이 지배하는 존재라는 착각에서 하루바삐 벗어나야 한다. 인간은 다른 생명들과의 공생(共生)관계로 유지됨으로서 생명보존이 가능한 것이다. 꿀벌(honey bee)을 이용하여 꿀을 착취하고, 벌로 인하여 농사를 짓는 것이 아주 당연하고 자연스러운 현상이라고 생각하다가 벌꿀이 지구 온난화와 같은 이상 변화로 줄어들게 되자 인간은 비로소 위험을 감지하는 것이나 마찬가지이다. 전문가들의 추정에 따르면 꿀벌 실종사건은 급격한 기후변화와 살충제 남용이 낳은 결과라고 비판한다. UN은 전 세계 야생벌의 40%가 멸종위기에 처했고, 2035년에는 꿀벌이 영영 사라질 수 있다고 경고했다. 만약 꿀벌이 돌아오지 않는다면 인류는 식량난과 영양 부족으로 한 해에만 142만 명을 잃을 수 있다고 경종을 울리고 있다. 이러한 전쟁보다 더 심각한 문제가 환경변화라고 할 수 있다. 그러기에 생태계의 미물과도 잘 공존해야 한다는 사실을 잊지 말아야 한다. 인간만의 삶을 논하고 더구나 학문적으로 분석하고 해석하는 것은 때로는 무의미하다. 자연과 생태계와 톱니바퀴처럼 맞추어 살다가 틀이 고장 나 어긋장이 나는 것은 자연이 우리에게 위험을 경고하는 현상이다. 언제 어디서 큰 재앙이 일어날지 조심스러운 부분이다. 좀 더 생태계의 환경 등의 현실성을 직관하고 나아가 자신의 삶을 성찰할 필요가 있다.

나의 본래면목

아미타부처님이 성취하신 본원이 이 세상에서 아무리 훌륭하다 하여도 정작 나 스스로가 그 구제의 손길을 거부하고 아미타부처님을 불신(不信)한다면 나에게 있어서 그 본원의 가르침은 무용지물이 되는 것이다. 그러나 아무리 우리들이 그 본원을 불신하고 거부하더라도 본원이 지니는 그 위신력의 효용 가치나 진가가 떨어지는 것이 아니다. 나의 능력이 탁월하더라도 그 본원을 제어할 힘을 가질 수는 없다. 그러나 본원을 믿고 염불을 하는 자에게 있어서는 이러한 분별이 하등에 문제가 될 수가 없다. 아무리 본원의 원력이 수승하더라도 어느 의미에서 보면 본원을 선택하든 말든 간에 각 개인이 선택할 문제라고 본다. 그 선택지는 남의 문제가 아닌 나 개인에 국한되는 문제 일 수도 있다. 지금 우리에게 있어서 반드시 어느 것을 선택해야 한다면 그 선택은 당연히 법장보살의 본원이어야만 한다. 그 이유는 이미 앞 절에서 몇 번이고 피력했다. 빨리 이야기해서 나 같은 자도 구제될 수 있는 단 한 곳은 아미타불의 가르침인 본원에 의지하는 길 그 외에 눈을 씻고 찾아보려 해도 찾을 길이 없다. 나의 희망과 그 본원의 약속이 일치하기 때문이다. 이미 아미타불의 위신력에 대해서는 불교 전반을 통하여 알려져 있고 그 사실이 오랜 옛날로부터 지금까지 증명되고 전승되어 왔다. 내가 부정한다고 해서 부정되는 것이 아니다. 나 보다 수억 배나 훌륭하신 원효, 경흥, 태현 대사 등 많은 선사(先師)들께서는 그 본원의 가르침에 속고 사셨겠는가. 그래서 나의 진면목(眞面目)은 이 본원의 세계에 합류하느냐 아니냐의 유무에 따라 그 변화를 확인할 수 있다. 그 본원의 합류에 의해 내가 가지는 효용의 가치가 극대화되어 나타날 것이다.

　사실 본원의 효용가치를 따지는 것보다 그 본원이 나의 삶에 대한 어떠한 확신을 가져다주는가. 이것이 중요한 의문이기도 하다. 즉 본원에 의해서 나의 현재와 미래의 행방은 어떻게 되는가를 알아야 한다. 그 의문조차도 본원의 가르침에 따라 수행을 실천하는 과정에서 그 가르침의 진의(眞意)를 저절로 알게 되기 때문이다.

여기서 아미타부처님께서 정의하시는 나의 본래의 모습은 과연 어떠한 것일까. 나라는 인간은 항상 나의 사정에 부합하다고 생각한 부처님만을 골라 평가했고 진실이라고 선택한 그 가르침을 근기있게 실천하지 못하는 나는 정작 나의 진면목을 돌아보지 못하고 있었다. 부처님이 바라보시는 나는 분명히 일상의 고된 삶을 핑계로 늘 자신의 안위(安慰)만 취하려 하는 방일한 모습일 것이다. 또 언제나 충족함을 모르고 욕망에 취해 약한 자를 희생시키고 그들의 고혈을 짜내고 착취하며 살아가고 있는 존재였을 것이다. 십악(十惡)의 굴레에서 극악무도한 행을 저지르면서도 그 죄과를 부정하고 뉘우침이 전혀 없는 죄악이 깊고도 무거운 나일 것이다. 그 밖에 다 나열할 수도 없는 다중적 인격과 가식(假飾)으로 추악한 모습을 감춘 채 다른 선(善)으로 포장한 모습으로 사는 나일 것이다. 이 생에서 늘 불안해하면서도 악행을 멈출 수 없는 오욕(五慾)[65]으로 충만한 자신의 악업이 자신의 세포 속 깊이 잠재되어있는 진짜 나의 모습일 수가 있다. 그러나 우리 모두는 이러한 자신의 모습이

---

65) 오욕(五慾) : ① 사람의 재물욕·색욕·식욕·명예욕·수면욕(睡眠慾)인 다섯 가지 욕심.

진짜 모습이라고 인정하기는 어렵다. 우리들은 이러한 가식의 가면을 벗어 내 던지고 본원의 진리를 쿨하게 인정하는 자신이 되어야 한다. 자신의 허물을 덮으려 가식과 위선으로 포장하고, 자신이 하는 행동을 정당화하기 위해서 허울좋은 껍질 속에 갇힌 반복하기도 하는 이러한 행위가 반복되면서 진정한 나라고 믿는 허울좋은 껍질속에 갇힌 나인 것이다. 지금까지 거짓이 습관적 삶으로 이어지고 위선의 모습으로 자아가 형성되어 굳어져 있는 자신이다. 마치 에드바르드 뭉크(1898-1944)[66]의 『절규』에서나 보는 비슷한 모습이 바로 나의 자화상일지도 모른다. 아마도 속으로 나를 악의 구렁텅이에서 꺼내줘 라고 절규하고 있는 모습일 것이다.

　순수함과 정직함이라는 것을 중생이 본래 지니고 있다고 착각하며 살아가는 것은 잘못된 생각이다. 자신이 순수한 마음을 가지고 있다고 하는 것은 자신이 정하는 것이 아니다. 조직적 사회의 생활 규범이나 도덕에서 나오는 것을 잘 지킨다고 자부하는 것 또한 잘못된 생각이다. 이러한 규범과 기준이 생기기 이전부터 이미 잘못 형성된 자아가 지금의 자신(自身)이라는 표면적 모습으로 나타나 있는 것이다. 인간의 실상은 이미 언급한 바와 같이 대표적으로 오온(五蘊)[67]으로 대변되고 있다. 그러한 오온의 자아가 시시각

---

66) 에드바르드 뭉크(Edvard, Munch) : 노르웨이의 화가·판화가. 사랑·죽음·불안 따위의 주제를 강렬한 색채로 환상적으로 표현하여, 표현주의의 작풍(作風)을 확립하였다. 작품에 『절규』는 실존의 고통을 형상화한 초상으로 높이 평가받고 있다

67) 오온(五蘊): 안(眼), 이(耳), 비(鼻). 설(舌). 신(身)으로 다섯 가지를 의미하며 구체적으로는 십이처(十二處)중의 눈, 귀, 코, 혀, 몸 등의 다섯 인식능력인 오근(五根)

각으로 갈애(渴愛)와 갈등이 멈출 줄 모르고 부딪히고 대치하여 불같이 활활 타오르는 번뇌를 일으키게 되어 좀처럼 그러한 장애를 버리려 하지 않는다. 우리 중생들의 삶에 있어서 독(毒)의 요소이면서 삶 그 자체이기도 한 이 오온은 자신만 모르는 삶의 독소임과 동시에 고통의 원인인 것이다. 그러한 오온을 꼭 붙잡고 죽음이 다가오고 있는 것조차 모르고 놓으려 하지 않는 것이 나의 본래의 모습인 것이다. 삶의 독소에 집착하고 놓지 않으려고 애쓰는 자신의 모습이 얼마나 어리석은가. 오온의 실체가 자신의 진정한 모습인 것을 모르고 입안에 떨어지는 꿀맛에 취하여 자신이 죽어가고 있는 줄 모르고 탐하며 사는 모습이 바로 나인 것이다. 반드시 이 다섯 가지 독소에서 벗어나야 할 것임에도 불구하고 놓지를 못하고 있는 것이 우리들의 현실적 삶이라고 해도 과언이 아니다. 불교의 가르침에서 이 독소들을 꼭 붙잡고 놓지 못하는 것을 오취온(五取蘊)[68]이라고 한다.

법장비구가 이러한 중생들의 갈애와 집착에서 벗어나지 못하는 곳에서 반드시 우리들을 구제하기 위해 세우신 원이 바로 본원인 것이다. 법장비구가 중생구제를 위해 완벽하게 기획하시고 정토를 건설하시어 모든 중생들을 왕생시키기 위한 본원을 세우신 것이

및 그것들 각각에 대응하는 색깔·형태, 소리, 냄새, 맛, 감촉 등의 다섯 인식대상인 오경(五境)과 비가시적 물질현상인 무표색(無表色)을 포함한다.

68) 오취온(五取蘊) : 오음(五陰)이라고도 한다. 산스끄리뜨어로는 pañca-skandha이다. 『구사론』에 따르면 온(蘊, skandha)은 인과관계에 의해 생멸하는 유위법(有爲法)의 집적[和合聚]을 의미한다.

그리 허술할 리가 없다. 어떠한 원이라도 최선을 다하여도 이 본원력에 대항할 수 있는 원은 없다. 이렇듯 아미타불의 본원이 즉흥적으로 세워진 것이 아니다. 법장이 출가 이후 원을 세워 오겁이란 긴 기간을 사유하신 수행의 결과 서원을 성취하시고 아미타불이 되어 지금에 10겁이 지났다고 한 것이다. 따라서 역사적 전통과 오랜 옛날부터 기획되어 고행을 거듭한 끝에 원이 성취된 것이기에 결코 간단하다고 할 수가 없다. 이 세상에서 존재하고 있는 어떠한 선(善)도 이렇게 성취된 아미타부처님의 본원력에 감히 비교할 수가 없다.

제12조 학문은 필요한 것일까

경전과 조사(祖師)들의 해석을 읽고 공부하지 않는 사람들은 정토에 왕생을 이룰지, 어떨지 의심스럽다는 것에 대하여 이것은 논할 가치도 없는 잘못된 생각이라고 말할 수밖에 없습니다.

본원타력의 진실한 가르침을 밝히고 있는 성교(聖敎)에는, 아미타불의 본원을 믿고 염불을 하면 반드시 부처가 된다는 것을 설하고 있습니다. 정토에 왕생하기 위하여 그 외에 어떠한 다른 학문이 필요하다고 하는 것입니까?

진실로 이러한 이치를 알지 못하고 헤매고 있는 사람들은, 어떻게 하든지 학문을 하여 본원의 취지(趣旨)를 알아야 합니다. 아무리 경전과 조사님들이 쓰신 논서들을 읽고 공부한다 하더라도, 그 성교(聖敎)의 본래 취지를 알지 못한다면 무어라 형언할 수 없는 안타까운 일입니다.

한 글자도 모르고 경전과 논서 등의 사리(事理)[69]도 모르는 사람들이 외우기 쉽도록 성취하신 명호이기 때문에 이 염불을 이행(易行)이라고 하는 것입니다.

학문 위주로 하는 수행은 성도문(聖道門)이고. 그리고 난행

---

69) 사리(事理) : 불교에서는 일의 이치나 변화하는 현상과 그 배후에 있는 불변하는 진리를 말함.

(難行)이라고 합니다. 학문에 의하여 명예욕과 재정욕을 얻으려고 생각을 품은 사람은 다음 생에 있어서 정토에 왕생할 수 있는지 어떨지 의심스럽다는 것의 증거가 되는 문헌도 있을 것입니다.

요즘은 오로지 본원을 믿고 염불의 길을 걷는 사람들과, 성도문(聖道門)의 사람 등이 서로 교의(敎義)에 대하여 논쟁을 하며, 우리 종지(宗旨)야 말로 제일 뛰어나고, 다른 사람들이 믿고 있는 가르침은 질이 떨어진다. 라고 하므로 부처님의 가르침을 적대시하는 사람도 나타나고 그 정법을 비방하는 일도 일어납니다. 그러한 일들이 자기 스스로가 정법의 가르침을 파괴하고 비방하는 일이 되어버리는 것이 아니겠습니까? 만약에 여러 종파가 입을 모아 염불은 근기(根機)[70]가 약한 사람들을 위한 것이고, 그 가르침은 깊이가 없고 초라하여 보잘 것 없다고 하더라도 조금도 말다툼을 하지 말고 우리들과 같이 하근기(下根機)의 범부이며, 또 한 글자도 모르는 자일지라도 본원을 믿는 것만으로 구제될 수 있다는 가르침을 받아 믿고 있기에 상근기(上根機)의 사람들에게는 전혀 하찮은 것이라도 우리에게 있어서는 최상의 가르침인 것입니다.

만약 염불 이외의 다른 가르침이 뛰어나다 하더라도, 나에게 있어서 그 기량(器量)에 미치지 못하기 때문에 수행할 수가 없습

---

70) 근기 : 불교에서 교법(敎法)을 받거나 수행을 할 수 있는 중생의 능력.

니다. 누구라도 모두 생사의 고통을 벗어나는 것만이 모든 부처님들의 진정한 원(願)이시므로 내가 염불을 하는 것을 방해하지 말아 주세요라고 하며 불쾌하다는 태도를 취하지 않으면 감히 누가 염불을 방해하겠습니까. 더욱이 또 말로 논쟁(論諍)을 하면 그곳에는 갖가지 번뇌가 일어나고, 지혜가 있는 사람은 이러한 언쟁이 있는 장소에서 멀리 떠나야 한다는 것의 증거가 되는 문서도 있는 것입니다.

고(故) 신란 성인의 말씀에는 이 염불의 가르침을 믿는 사람도 있다면 그것을 비방하는 사람도 있을 것입니다. 라고 이미 석가모니 부처님께서는 설하셨기 때문에 우리는 이미 믿고 수행하고 있고, 한편 다른 쪽의 사람은 비방하는 일도 있기에, 석가모니의 말씀이 진실이라는 것을 알 수 있을 것입니다. 그렇게 본다면 염불하여 정토에 왕생한다는 것은 점점 더 확실하다고 생각해야 하는 것입니다. 혹시라도 염불의 가르침을 비방하는 사람이 없었더라면, 믿는 사람은 있는데 어째서 비방하는 사람이 없는 것일까 라고 생각해버릴 게 틀림없을 것입니다. 그러나 이처럼 말했다고 해서 반드시 다른 사람들에게 비방 받아야 한다는 것은 아닙니다.

석가모니께서는 믿는 사람과 비방하는 사람, 어느 쪽도 있을 것이다. 라는 것을 미리 알고 계시며, 믿는 사람이 의심을 가질 수 없도록 생각해 내시어 이미 그것을 설하고 계셨던 것을 말하고 있는 것이다. 라고 하셨습니다.

요즘은 학문하여 다른 사람이 비방하는 것을 그치게 하며, 논의(論義)하고 질의 문답하는 것이 중요하다는 마음가짐으로 계시는 것일까요? 학문하는 것이라면 점점 더 깊이 여래의 진정한 마음을 알고, 본원의 광대한 자비의 마음을 알아, 자신과 같이 보잘 것 없는 자는 왕생을 못하는 것이 아닐까? 라고 걱정을 하고 있는 사람에게도 본원에서는 선인이든가 악인이든가 마음이 청정한가. 청정하지 않는가. 라는 구별이 없다는 것을 설하여 들려주시는 것이야 말로 학문하는 자로서의 가치가 있겠죠. 그런데도 이따금씩 아무런 계산도 없이 본원의 가르침에 따라서 염불하는 사람에게, 학문하는 것이야말로 왕생할 수 있다고 하며 겁을 주는 것은 가르침을 방해하는 악마이며, 부처님에게 적대하는 자들이 하는 일입니다. 자기 자신에게 타력의 신심(信心)이 결여되어 있는 것뿐만 아니라 자칫 잘못하면 다른 사람에게도 혼란스럽게 할 수도 있는 것입니다.

삼가 두려운 일이 아닐 수 없습니다. 신란 성인의 큰 뜻에 반하는 것을 거듭 애달파 할 일입니다. 이것은 아미타불 본원의 의취와 맞지 않은 것임을. 운운

지식(知識)과 지혜(智慧)

경전과 조사(祖師)들의 해석을 읽거나, 공부하지 않는 사람들은 정토에 왕생을 이룰지 못 이룰지는 학문을 해야만 알 수 있다는 것은 얼토당토한 일이다. 경전을 공부하는 것만이 석가모니의 진의를 알 수 있고 모르면 그 진의를 알지 못한다는 것에 대한 반의(反意)인 것이다. 본원의 가르침에서는 문맹도 중생이니 만큼 당연히 구제의 대상이라고 가르치고 있다. 그런데 그 의취에 반한 교학을 반드시 해야 성불할 수 있다는 것은 어불성설(語不成說)인 것이다.

세간적으로는 학문을 맹신하여 사회를 이끌어가는 구심이 된다고 믿고 학문에 의해 우열을 가려 선별하는 것은 현 우리 사회의 교육체계이기도 하다. 그러한 잣대로 학문에 의한 인재선발을 인격의 완성기준으로 나타내고 있다. 학교와 사회에서 이미 고정화된 이러한 생각과 틀이 무한경쟁 사회를 만들어 다른 것을 뒤돌아볼 겨를 없이 무조건적으로 학문 습득을 위해 달리기만 한다. 그 결과 인간 상실, 인성부재 등 많은 사회적 문제점이 발견되어 심각한 인격 장애를 양산하고 있는 실정이다.

지혜와 지식은 똑같지 않다. 지혜의 사전적 의미는 사물의 도리나 이치를 잘 분별하는 정신 능력과 슬기로움으로 해석 된다. 불가(佛家)에서는 지혜는 중생이 미혹(迷惑)을 소멸하고 부처의 진정한 깨달음을 위한 필수 요소라고 말한다. 즉 지식과는 대별(大別)되는 것이 지혜이다. 불교의 지혜는 사물의 식별에 사용되는 지(智)와 포괄적으로 식별의 기능을 초월하는 반야(般若)로 나누어서 구분했다. 일반적으로 지식과 지혜를 혼동하여 잘못 이해하고 사용하는 경우도 있다. 이 둘은 엄연히 다른 의미이다. 특히 불교에 있어서는 더욱 그렇다. 불교에서의 지혜는 자신의 번뇌와 미혹을 소멸하고 보리(菩提)를 성취하기 위하여 수행의 결과를 얻는 부처님의 진리를 의미하고 있다. 지혜는 수행의 과보로 얻는 것인 동시에 수행실천 과정을 원활하게 해 주는 부처님 가르침의 행을 슬기롭게 이루어 나가는 것을 의미하기도 한다. 반면에 지식은 소위 학구적인 열의에 의해 얻는 기억과 서적이나 연구를 통하여 얻은 것을 삶에 필요한 자기계발을 하기 위한 학문적 연구나 적용으로 모든 분야의 사회발전을 위한 전문적 기술이나 학문적 전공을 가지는 것을 말한다.

교육기관에서 정해진 기간 동안 단계적으로 증득하는 것은 학문에 대한 지식이다. 그렇게 얻은 지식에 대한 소신을 가지고 사는 것은 그만큼 오랜 시간 동안에 한 분야에서 노력의 결과로 얻어진 전문성의 소산(所産)이기도 하다. 요즘 학부모나 교육 관계자들은 과열된 교육의 결과로 나타난 인성부재의 세대들을 양산했다는 비판에서 피하기는 어려울 것이다. 학벌이나 전문 자격증같이 남과의 차등된 지식을 가지고 있으면 언젠가 그 용도에 적합하게 활용되어 이익을 창출해 낼 수가 있는 것도 사실이다. 현대의 직장에서는 전문적 지식을 요하는 부분이 많고 대부분 그 지식에 의해 창조적인 회사의 성장을 기대하고 있는 것도 사실이다. 이러한 전문 분야의 학문과 지식 이외에 사회적 각 호황에 편승하여 개인적인 삶을 윤택하게 하려 재테크에 뛰어들고 있다. 허황된 꿈이지만 자신이 이 기회에 동참하지 못하면 인생에 패배자로 생각하여 그 쪽으로 많은 관심을 갖는 젊은층이 늘어나고 있는 추세이다. 그러나 그러한 지식을 잘못 사용하여 허망한 요행에 의지하거나, 남의 성공을 따라 하려는 자신에게 브레이크를 걸지 못하면 결국 그 삿된 지식에 의해 인생의 파탄이 오는 경우도 있다. 나의 모든 감각과 운을 앞세워 마치 자신이 예측 통계를 절대적 수치로 믿고 인생역전을 꿈꾸며 무리한 투자를 하여 실패를 하는 경우도 많이 일어나고 있다. 자신이 알고 있는 지식에 의존한 나머지 이러한 어려운 경우에 봉착하는 것이다.

자신의 눈과 귀 그리고 체험을 통하여 얻은 것도 지식의 하나이나 다른 말로 경험이라고도 한다. 그러나 자신의 경험과 감각에 의지해 얻어진 것이 아닌 객관적 진리가 충만한 선지식의 보편적 지혜를 가지고 대응한다고 하면 어떠한 실패를 할 위험이 적어지게 되는 것이다. 그러나 성공한다는 것은 실패를 거듭한 숫자에 비례한다는 것을 알아야 할 것이다. 지속적인 정직한 도전만이 성공이라는 골문에 근접할 수 있을 것이다. 한 사회분야에서 원하지 않더라도 선사(先師)들이 득한 어떠한 경험과 지식을 실생활에 잘 적용해 가는 것이 지혜라고도 볼 수 있다

한편으로 지식은 대개 철학적 사고에 의하여 얻어진 성과와 사물에 대한 단편적인 사실적인 경험에 의한 바른 인식을 통하여 객관적 타당성을 판단하는 기준체계를 학문적으로 논증한 것이라고 할 수 있다. 지식은 어떤 대상이나 전문적 분야를 연구하여 배우거나 실천을 통하여 알게 된 명확한 인식이나 이해를 말하기도 한다. 그러나 세속적인 지식의 대부분은 자신을 이롭게 하기 위한 자리(自利)의 성격이 강하다. 따라서 지식은 학문을 뇌에 입력하여 자신의 신분을 상승시키려는 목적에 적용될 수도 있다. 지식은 어느 면에서는 타와 나의 평가가 되지만 한편으로는 사회 과학을 만들어내는 공인된 공식이기도 하다. 때로는 지식전쟁으로 인하여 차별화 된 사회를 낳기도 하고 때로는 불평등을 초래하기도 한다. 이러한 지식은 인간의 삶에 아주 유용한 쪽으로 발전시킬 수가 있지만 시간의 흐름에 따라 개인의 일탈로 지식이 악용될 수 있는 예도 있다.

　결과적으로 불교에서는 자타가 함께 성불하는 길을 가려는 이타(利他)의 정신이 지혜이고, 이타의 행을 강조하는 것이다. 반면 지식은 자리(自利)의 성격을 띠고 있는 것이 대부분임을 알 수 있다. 결국 지식도 유용하게 사용하면 지혜와 같이 자타 공히 이롭게 하려는 공(公)적인 영역이 될 것으로 본다.

불립문자(不立文字)의 사상

불교의 교학을 위주로 부처님 말씀을 이어가려는 소위 불교학자들은 문자로써 교(敎)를 세우는 것이 중요하다고 인식하고, 후학에게는 문자로서 전승되어야만 진정한 불맥(佛脈)이 이어진다고 생각하여 왔다. 반대로 그러한 문자나 학문 등은 불교참선 수행을 하는데 있어서 하등에 필요 없고 오히려 수행을 방해하는 것으로 간주되어 온 것도 사실이다. 그러나 그 방면의 교학을 바탕으로 참선에 들어가야 수행의 진의를 깨달을 수 있다고 본다. 어떤 학문이던 이론을 바탕으로 실기가 이루어진다는 것은 부정할 수 없을 것이다. 이론이 끝나 선 수행으로 들어갈 때는 이론은 접어두고 참선에 매진하여야 하는데 이론에 끄달려 집중하기가 힘들어 글자에 매달리지 말라고 하는 것이 선 수행자들의 주장이다.

부처님 말씀을 전승하는데 있어서는 구전(口傳)으로는 한계가 있다. 제일 문제는 세월의 흐름에 따라 도중에 말씀의 진위가 훼손되거나 왜곡되어 갈 위험성이 있기 때문이다. 방금 들었던 말씀도 기억을 망실(忘失)하는 경우도 있다. 그렇기 때문에 부처님 말씀의 정확한 내용을 전승하기 위해서 문자화된 경전 등은 분명히 필요하다. 이것은 석가모니의 교설에 대한 진위를 가지고 공방하는 것을 잠재울 수 있는 유일한 방법이기 때문이다. 문제는 너무 교설을 문자에 의존하다 보면 신앙에 나태해질 경우가 생기는 것이다. 반대로 문자에 대한 맹신으로 말미암아 창고에 쌓아놓고 자신의 이야기만 하는 교만이 생기게 마련이다. 예를 들면 팔만대장경을 가지고 있다 해도 그냥 저장만 되어있다 하면 그 진정한 가치의 효용이 떨어지게 된다. 또 그곳에 경전의 내용이 보관되어 있고 연구자료로 활용하지 못한다고 한다면 그것은 단지 목판에 불과한 것이 된다. 아무리 훌륭하고 긍지를 가진 귀중한 것이라도 어떻게 활용하느냐에 따라 그 가치가 달라진다.

선불교의 참선 수행은 문자를 세우는 것이 방편일 뿐 정작 수행에는 불필요하다고 말하고 있다. 그러나 선 수행에서도 기본적인 매뉴얼이 필요하기 때문에 부득이 문자를 사용해야 한다고 지적하고 있다. 선사(禪師)들이 문자가 필요 없다는 것은 너무 한 쪽의 교학에 의존하지 말고 그 교학의 내용에 대한 가르침을 숙지하고 체득하여 수행에 전념하라는 의미로 풀이된다. 그러한 교학이나 문자의 형식에 얽매이면 깨달음을 이루는데 방해가 되는 것이라는 생각이 지배적이다. 한편으로 학문에 얽매이면 수행 정진을 게을리 하게 된다고 하는 것도 일리가 있다. 본래의 불교가 지향하는 정신은 중생들의 바른 삶을 위한 방향 제시 그 자체라고 본다. 석가모니의 깨달음은 우리들에게 더 윤택한 삶을 위한 어드바이스라고 할 수 있다. 이러한 석가모니의 본의와는 상반되게 개인의 새로운 주장을 보태면 고단한 삶을 이어가는 사람들에게 혼란을 초래하여 더욱 고통이 해소되기가 어렵게 된다. 교학은 정진을 권장하는 차원에 방점을 두고 좀 더 합리적인 체계 정립을 위한 가르침으로 보고 선종(禪宗)에서는 불립문자의 입장을 표명하였다고 본다.

한편 한 글자도 모르고 경전과 논서 등의 흐름과 사리도 구분 못하는 사람들이라도 염불은 외우기 쉽도록 성취된 명호이기 때문에 누구나가 쉽게 접근할 수 있다. 그러기에 이 명호인 「나무아미타불」의 수행을 이행(易行)이라고 하는 것이다. 학문과 선을 위주로하는 수행은 성도문(聖道門)이고 또 난행(難行)이라고 한다. 불교에서 학문에 의하여 명예욕을 얻으려 한다면 진정한 부처님 가르침을 위배하는 일이다. 또 그 학문에 의해서 재욕을 얻으려 하는 생각을 가진다는 것은 수행자의 행이 아니다. 염불자로 이러한 것을 탐한다면 이 생에 있어서 본원의 신심을 외면하는 것이 된다. 그 사람들은 정토에 왕생하는 일은 가벼이 여겨 한갓 애니메이션과 같다고 생각할 수도 있다. 그런데 어떻게 보면 교학자들은 난해한 학문을 논하는 부분을 높이 여기고 글자 수의 많고 적음으로 대소를 가늠하는 것은 어리석은 행동일 수도 있다.

결론적으로 불교는 학문이 아닌 종교이다. 혹자들은 부처님의 가르침이 깊이가 있다고 하여 불교적 지식을 습득하여 시대의 풍조에 맞게 학문화하려는 것은 매우 부적절하다고 본다. 경전을 통하여 많은 선지식에 의해 교판(敎判)을 행하고 학문적으로 체계화시킨 것은 후학들 입장에 있어 감사한 일이다. 경전을 정리하고 해석함으로서 신앙을 좀 더 합리적 사고로 이끌어 줄 수 있고, 우리들의 신앙체계를 명확하게 증명해 줄 수 있다. 경전은 신심의 깊이를 더할 확고한 진리를 증명하는 가르침인 동시에 우리들의 복전(福田)이기 때문이다.

철학적 사고의 틀을 넘어서라

항간에서는 불교를 철학과 동등한 반열에 놓는 사례가 종종 있다. 심지어는 부처님과 고대 철학자를 동등하게 여기고 철학적 사상에 견주는 불교학자들도 있다. 이러한 철학사상 체계의 측면에서 본다면 일부는 철학적 사고로 해석될 여지는 아주 없지 않지만, 그 견해와 종교적 견해의 차이는 분명히 존재하고 있다. 부처님의 사고(思考)는 불변하는 사고인 진리이고, 일반적 철학 체계의 사상은 시대의 조류에 따라 계속 변화해 나간다는 점에 주목해야 할 것이다.

이 세계의 사상체계는 꼭 이 두 가지만 있는 것은 아니다. 굳이 이 둘을 분리하여서 생각한다면 한쪽은 학문이 되고 다른 한쪽은 신비주의적인 구제의 종교로 치부될 수밖에 없다. 다시 말하자면 불교에 있어서 경전의 역할은 부처님 말씀의 실천을 위한 이정표가 된다고 볼 수 있다. 앞서 언급했듯이 우리 중생들에게 생활의 길잡이로 고통에서 해방시켜 주는 방법을 알려주시는 것이 경전이다. 따라서 불교의 경전을 기본으로 한 학문 즉 교학은 사실 불교를 신앙하고 수행하는 데 있어서 바른 신앙의 바탕이 되는 동시에 신앙의 당위성을 깨닫게 하고 증명하는 역할로 신앙 체계상의 중요하고 확실한 근거가 되는 것이다. 단 신앙체계를 부정하고 염불의 진의를 교학적으로 해석하려 하는 데에서 문제가 생겨나는 것이다. 따라서 신앙에 있어서 학문적 수긍이 필요한가 않은가를 논하는 것 자체에서 큰 모순이 생겨나게 마련이다.

참선 수행이나 염불신앙에서 이 학문에 대한 숙의(熟議)는 상대적으로 필요하다. 확실한 것은 이 참선과 염불의 신행에 있어서도 교학은 어느 정도 필요한 부분이 있다고 본다. 두 수행체계에서 굳이 경전을 들여다보고 있어야 되는가에 대한 의구심은 생긴다. 다른 면에서 보면 정진 중에 큰 장애를 만났을 때 그 돌파구로서 확신과 증명을 나타낸 교학의 가르침을 받아서 정진을 할 수 있다는 점에서는 석가모니의 교설이 유의(有意)한 것임에는 틀림이 없다.

사실 기본적인 교학을 모르는 상태에서 신앙을 하면 신비적 사고에 빠지게 되는 경우가 있다. 잘못하면 생사(生死)의 문제를 공간적 이동만으로 강조하여 무속과 불교를 혼동하여 마치 불교의 가르침을 미신(迷信)으로 여기는 이야기를 할 수도 있다. 엄연히 다른 길인 것을 알고도 묵인하는 것은 불자들의 행동이 아니다. 반면 너무 교학에 치우쳐 불교를 철학 체계로 혼동하여 논하는 것은 종교로서의 불교를 인정하지 않는 것과 같다. 물론 불교의 가르침은 위대하다고 하지만 급기야는 타종교와 비교하여 우월성만을 강조하는 것은 지나친 교만이라 할 수 있다. 혹자들은 불교를 넘어 그리스 철학과 중국의 철학과 비교학문이 되어 우열을 따지고 그 반열에 놓고 관찰하기 쉽다. 불교가 철학의 상위단계라고 단언하고 이야기하는 것이 아니다. 다시 말해서 불교는 신앙 즉 신심(信心)을 기본으로 하는 종교이기 때문에 어떠한 종교와 학문 등과 비교할 필요가 없다.

그러면 종교는 무엇인가? 모든 종교는 공통으로 중생구제를 제일주의로 한다. 불교의 경우에는 인간이 고락의 삶에서 해탈하여 불세계에서 안락한 삶을 추구하는 수행이다. 이것은 인간이 세속적이고 유한(有限)한 고통의 영역에 있음을 자인함으로 유한함에서 무한함으로의 전이함을 이행하는 것이라고 말할 수 있다. 이 변화가 없으면 언제까지나 제자리에서 머물러 고통의 세계에서 넘어서지 못하게 되는 것이다. 철학은 인간의 정신적 구조를 분석하여 알려주고 인간답게 정의롭게 살아가는 질서를 가르치는 학문이다. 사실 종교와 학문의 경우에 상호의 경계를 자유롭게 넘나드는 것은 대단한 일이겠지만 각각의 영역은 분명하게 나누어져 있는 것이다. 석가모니와 노자와도 비교 상위의 논쟁이 있었다. 특히 중국인들은 노자사상이 석가모니에게 지대한 영향을 끼쳤다고 한다. 심지어는 석가모니가 노자의 제자라는 이야기까지 하고 있는 현실을 어떻게 설명을 해야 할까. 역사적으로도 왜곡된 여러 문제가 있었다. 이것은 중국 특유의 중화사상에서 나오는 중국인의 상대적 우월감에서 나온 것이다.

염불자의 자세

지금에도 염불자로서의 길을 걷는 사람들과, 자력으로 수행정진하고 있는 행자들 사이에 서로 상대의 종파의 종지와 교설에 대하여 필요 이상으로 옳고 그름의 논쟁(論諍)을 하거나 그 진위(眞僞)를 논하고 있는게 현실이다. 같은 석가모니의 가르침을 받아 수행하는 행자들인 것을 망각하는 것은 있을 수 없는 일이다. 자신이 행하고 있거나 믿고 알고 있는 가르침이야말로 가장 월등하게 뛰어나다고 할 수 있다. 그러나 자신과 다른 수행자들을 의심하고 그의 가르침에 대한 질이 떨어진다고 경시하는 말을 하는 것은 있어서 안 될 일이다. 올바른 염불자의 자세는 자타(自他)가 일시(一時)에 성불하는 길을 권하는 것이다. 수행자들 간에 부처님의 가르침을 적대시하는 사람도 출현하고, 그 법을 비방하고 없애려는 자도 있을 것이다. 불교의 진리를 자아 중심적인 사고로 판단하여 그 진의를 훼손시키면 안 된다. 가끔 남을 비방하고 차별하는 엄청난 실수로 사회적으로 큰 문제가 될 때가 있다. 나와 다른 생각을 가진 사람이라도 절대적으로 그를 적대시하면 안 된다. 때에 따라서는 자신의 생각이 틀릴 때도 있는 것이다. 세속적 훈습으로 경쟁적 생활을 하여온 사람들에게 선이든 악이든 불문하고 남을 배척하고 경시하는 일이 종종 있다.

염불자는 모든 것이 나의 것 인양 믿고 독식하려 하고 남에게 뺏기지 않으려 온갖 수단을 동원하는 것은 탐심임을 자각해야 한다. 그리고 남의 행동이 맘에 들지 않고 모든 일에 불만이 가득한 상태인 진심(瞋心)으로 화가 끊이지 않은 자신의 상태가 온전한 것인가를 돌아보아야 한다. 마지막으로 자신의 판단이 최고라고 생각하고 다른 사람의 이야기를 귀담아듣지도 않아 중요한 일에 낭패를 보는 일이 없어야 한다. 반대로 귀가 얇아 남의 솔깃한 이야기를 들어 자신이 어렵게 쌓은 재산과 명망을 망치는 어리석음을 벗어나야 한다. 우리들은 항상 남보다 위에서 서려 하는 헛된 우월적 사고에 빠지는 경향이 많다. 남의 의견이나 사고도 상호 존중되어 가야만 하는데 무조건 남이 틀렸고 내가 옳다고 하는 것은 싸움만 초래할 뿐이다. 따라서 자신의 생각이 옳건 그르건 남을 설득하려 드는 것 또한 자신에게 바르지 못한 행동이며 그것은 어쩌면 남을 지배하려는 사상이 잠재해 있다는 반증일 수도 있는 것이다.

세상을 바라보는 시각은 각각 다르다. 나 또한 남에게 과하게 비추어질 수가 있다. 자신이 보고 아는 것과 다른 사람이 보고 아는 것과 다른 점은 분명히 존재한다. 이 시각적인 차이를 두고 서로 옳다고 싸운다는 것은 서로에게 조금도 득이 되지 않는 어리석은 일이 될 것이다. 상대의 의견을 존중한다는 것은 남이 나를 존중해야 한다는 전제가 있을 것이다. 이러한 것들을 동등한 반열에서 놓고 보면 자신을 바로 통찰할 수 있는 용기를 가질 수 있고, 그러한 마음으로 세상의 모든 것을 바라본다면 세상은 정말 평화로울 것이다.

자자(自恣)의 자세가 바로 그것을 가르치고 있다. 나의 진정한 참회가 없이는 세상이 바로 보이지 않는다. 앞서 언급했듯이 자자(自恣)는 하안거(夏安居)[71]의 회향날인 백중에 모인 수행자들이 자기의 죄를 참회하고 고백해서 다른 대중 승려들에게서 훈계를 받는 것으로 알려져 있다. 남이 나에게 충정 어린 말로 지적하고 훈계할 때에는 부정도 하고 싶고 화도 나지만 시간이 지남에 따라 망각해 버리는 일이 있다. 그래서 이 자자에 의해 지적받은 나의 허물을 철저히 통찰하게 되는 것이다. 그래야 진정으로 자신을 내려놓을 수 있고 나를 보는 대중들의 충정 어린 말이 다른 무엇보다도 값어치가 있게 되는 것이다. 현실적으로는 나의 생각이나 주장을 수면 아래로 잠재우고 타인의 충고나 질책 또는 추궁을 듣는다는 것은 보통 어려운 일이 아닐 수 없다. 자만심으로 가득차고 방자한 나를 일깨워주는데도 자존심이 상해 바로 수긍하지 않는 것이다. 이러

---

71) 하안거 : 안거란 산스크리트어 varṣa 원 뜻은 우기(雨期)를 뜻함. 수행자들이 일정한 기간 동안 외출을 금하고 수행하는 제도. 고대 인도의 수행승들은 우기(雨期) 3개월 동안에는 동굴이나 사원에서 수행에만 전념하였는데, 이를 우안거(雨安居)라고 함. 우리나라에서는 음력 4월 15일에 시작하여 7월 15일에 마치는 하안거(夏安居)와 음력 10월 15일에 시작하여 이듬해 1월 15일에 마치는 동안거(冬安居)가 있음.

한 자신을 먼저 알아야만 자신이 남을 가르치려 하거나 남의 이야기를 들으려고 하지 않는지 보이는 것이다. 남의 이야기를 경청하고 자기주장을 삼가고 남을 먼저 배려하는 마음이야말로 바로 석존의 가르침인 것이다. 이 가르침을 행하는 자가 바로 염불자의 자세이다. 이와 같이 남의 관심사를 공유하려 하는 것은 자아의 그릇된 견해를 나타내는 것과 같다. 보다 더 자신의 삶을 직관하라는 선사(先師)들의 가르침을 받들어 우선 나보다 남의 말을 경청하는 바른 자세가 우선인 것이다. 자신이 잘못된 것을 알고도 자신을 속이고 남을 속여가면서 끝까지 자신의 이야기를 하려 하는 요즘 세태를 보면 가슴이 아려온다.

제13조 **무엇을 할 수 있는가**

아미타부처님의 본원이 불가사의한 힘이 있다고 해서, 자신이 저지른 죄악을 두려워하지 않는 것은, 곧 본원에 응석부리며 기고만장하는 것이며, 이러한 사람은 정토에 왕생을 이룰 수 없다. 라는 것에 대하여.

이 조항은 본원을 의심하는 것이며, 또 선악이 모두 숙업[72]에 의한 것임을 알지 못하고 있다는 점입니다.

좋은 마음이 일어나는 것도 전생에 나에게 좋은 업이 작용했기 때문입니다. 나쁜 일을 하려 생각하고 그것을 하게 되는 것도 전생의 악업이 그렇게 시켰기 때문입니다. 열반하신 성인의 말씀에는 「토끼나 양의 털끝에 묻어있는 티끌만한 작은 죄악이라도, 숙세의 업에 의하지 않은 것이 없다는 것을 알아야 한다.」라고 말씀하셨습니다.

또 언젠가 성인께서 「유엔방(唯圓房)이여 내가 말하는 것을 믿는가?」라고 말씀하시기에 「예 믿습니다.」고 말씀드렸더니 「그러면 내가 말하는 것을 거역하지 않겠는가?」라고 거듭하여 말씀하시기에 삼가 받아들이겠다고 말씀드렸습니다. 그런데 성인께서는 「그러면 우선 사람을 천 명을 죽여주지 않겠는가. 그리하면 그대의 왕생은 따놓은 당상일 것이다.」라고 말씀하셨습

---

72) 숙업(宿業) : 과거의세(過去의 世), 숙세에 있어서의 지은 업.

니다. 그 때에 「성인의 말씀은 그러하시지만 저 같은 자의 기량으로서는 단 한 사람도 죽일 수 있다고 생각되지 않습니다.」라고 말씀드렸더니 「그러면 어째서 이 신란이 시키는 것을 거역하지 않겠다고 약속했느냐」라고 말씀하셨습니다. 이어 「이것으로 알 수 있겠지. 어떠한 일이라도 자신의 마음대로 된다면 정토에 왕생하기 위해서 천인(千人)을 죽이라고 말할 때에 곧바로 죽일 수가 있었을 것이다. 그렇지만 생각대로 죽일 수 있는 업연이 없기 때문에 한 사람도 죽이지 못하는 것뿐이다. 자신의 마음이 착해서 해(害)하지 않는 것은 아니다. 또 해치지 않으려 마음을 먹더라도 백 명이나 천 명을 죽이는 일도 있을 수 있을 것이다.」라고 말씀하셨습니다. 이러한 일은 우리 자신들의 마음이 착해서 왕생할 수 있다고 생각하고, 자신의 마음이 나빠서 왕생할 수 없다고 마음대로 생각하여, 본원의 불가사의한 힘에 구제받을 수 있다는 것도 모르고 있는 것에 대하여 가르침이 계셨던 것입니다.

　이전에 잘못된 생각에 빠져 있었던 사람들이 있었는데, 죄악을 저지른 자를 구해 주신다는 본원이라는 이유로 고의로 죄악을 만들고는 그것이 왕생을 위한 업이라고 해야 한다고 말하는 등 점점 그 잘못된 소문이 들려왔습니다. 그때 어소식(御消息)[73]에서 「아무리 약(藥)이 있다 하더라도 즐겨 독을 마셔서

---

73) 어소식(御消息) : 신란 대사의 편지 모음집.

는 안 된다.」라고 적으셨던 것은 이와 같은 삿된 집착에 얽매어 있는 것을 그치게 하려함 인 것입니다. 결단코 악업은 왕생의 장애가 된다는 것이 아닙니다.

「계율을 잘 지키고, 죄악을 범하지 않는 사람만이 본원을 믿을 수가 있다고 한다면 어리석은 우리들은 어떻게 하여 이 생사의 고해(苦海)를 건널 수가 있겠는가?」라고 말씀해 주셨습니다. 이와 같이 한심스러운 죄악의 몸이라도 본원을 만남으로 해서 정말로 본원의 존귀함에 자긍심을 가질 수가 있는 것입니다. 그렇다고 하더라도 설사 자신과 연이 없는 악업을 범하는 등은 할 수 없겠지요.

또한 성인께서는「바다나 강에서 그물을 치고, 낚시를 하며 삶을 영위하는 자도, 산야에서 짐승을 잡고, 새를 잡아 삶을 이어가는 사람들도, 장사를 하고, 논과 밭을 일구며 살아가고 있는 사람도 모두 한 가지이다.」라고 말씀하시었습니다. 이어서「사람은 누구라도 그렇게 될 수밖에 없는 업연이 일어난다면, 어떠한 행동거지라도 하게 되는 것이다.」라는 말씀이 있었습니다.

그런데도 요즘은 마치 자신이 뛰어난 염불자인 체하고는 착한 사람만이 염불을 할 수가 있는 것처럼 생각하고, 어느 때는 염불도량에 벽보 등을 붙여, 이런 저런 행동을 하는 사람은 도량에 들여서는 안 된다 등의 말을 하는 사람이 있지만, 이것이야말로 외부적으로는 오직 현명하고 선한 행동으로 정진하는 모습을 나타내 보이고 속마음은 거짓과 위선의 마음을 품고 있는 것이 아니겠습니까.

아미타불의 본원에 대한 긍지에 응석부리며 짓는 죄악도 숙세의 업연에 의한 것입니다. 그렇게 본다면 좋은 업도 나쁜 업도 모두 숙업에 맡기고 오로지 본원의 원력에 몸을 맡기는 것이야 말로 타력인 것입니다. 『유신초(唯信鈔)』[74]에도 「아미타부처님에게 어느 정도의 불가사의한 위신력이 있음을 알고는 자신은 죄업이 깊은 몸이기에 도저히 구제되기 힘들다고 생각하는 것일까.」라고 적혀져 있습니다.

본원을 자랑스럽게 생각하는 마음이 있기 때문에 타력에 몸을 맡기는 자신의 신심(信心)도 확실하게 결정되어 있다고 생각할 수 있습니다. 보통 자신의 죄악과 번뇌를 다 소멸한 후에 본원을 믿는다고 하면, 본원을 자랑하는 마음이 없어도 좋겠죠. 그러나 번뇌를 끊어 버렸다고 하면 그대로 부처가 되는 것이니, 그와 같이 이미 부처가 된 자에게는 오겁의 긴 시간 동안에 사유(思惟)를 거듭하시고 세우신 아미타불의 서원도 전혀 필요 없게 되겠지요. 본원에 대한 자랑은 좋지 않다고 경고하던 많은 사람들도 번뇌가 가득하고, 청정하지 않은 것으로 사려(思慮)

---

74) 유신초(唯信鈔) : 염불왕생의 요의를 서술하여, 오직 신심을 전수염불의 간요로 하는 것을 밝힌 것. 법연상인의 제자인 성각법인(聖覺法印저 . 일본)

됩니다. 그것은 바로 본원에 응석을 부리고 있는 것이 아닐까요. 도대체 어떠한 악을 본원자랑이라고 하고, 어떠한 악을 본원자랑이 아니라고 하는 것일까요. 본원자랑이 좋지 않다고 말하는 것은 오히려 유치한 생각이 아닐까요.

본원에의 응석

이 조에서는 아미타불의 본원은 악인도 구제된다고 해서 죄악을 범하는 것을 두려워하지 않고 있는 것은 본원이 이러한 악인도 버리지 않고 구제한다는 것에 응석부리고 있다는 것이다. 응석은 아이가 어른에게 어리광을 부리거나 어른들이 자신을 무한대로 용서하여 준다고 믿는 행위이다. 부처님의 무연자비가 자신을 무한대로 사랑한다는 가르침에 응석을 부리는 것이다. 그러한 부처님이 무슨 일을 해도 다 용서해준다고 믿고 두려워하는 기색 없이 막무가내로 행동을 하는 것을 말한다. 흔히 대부분의 어른들이 예의가 없는 아이들을 다 받아주는 것을 볼 수 있다. 그 아이가 어려서 성장하면 달라질 것이라고 눈을 감는 어른들이 많은 그러한 사회의 미래는 어둡기만 하다. 그러나 본원에서 보면 이 응석을 받아주는 측은 부처님이고, 이 응석을 부리는 쪽은 중생들인 것이다. 언제나 무슨 상황이든 응석을 받아들여 다 용서가 된다면 비뚤어진 사람들이 횡횡하는 사회가 되고 사회악이 넘쳐흐를 것이다. 그렇지만 일반적으로 사회의 질서를 지키기 위해서는 일정한 선이 필요하다.

아미타불의 본원이 다른 모든 불보살님의 원보다 뛰어나다고 과신하여 그 본원에 가르침을 따르는 체하며 내적으로는 위배되는 행위를 한다면 분명 자신의 신앙에 오류가 있다는 증거일 것이다.

물론 부처님의 가피에 의하여 모든 중죄가 소멸된다고 하여 두려운 것이 없다고는 하지만 그것은 소위 본원에 대한 과한 응석에 지나지 않는다. 여기에서는 이러한 사람은 왕생할 수 없다는 것에 대한 비판을 하는 것이다.

또 본원을 믿는 자만이 극락왕생을 이룰 수 있다고 착각하는 사람들이 있다는 것은 본원의 가르침에 대한 이해 부족으로 생각할 수 있다. 그 행위는 본원의 가르침을 늘 자신의 이익에 부합되도록 기원하는 데 지나지 않는 것이다. 본원에 응석부리고 있다는 것은 염불자 가운데에서 아미타불의 본원은 어떠한 악인이라도 구제된다고 하는 것을 이유로 삼는 데 있다. 일부 염불자들이 자기 자신이 스스로 악을 두려워하지 않고 먼저 구제된다는 오해로 앞뒤를 가리지 않고 무조건 악을 행하는 어리석음을 범하는 일이 있었다고 한다. 따지고 보면 아미타불의 본원은 노소 선악의 사람들을 가리지 않고 모두 평등하게 구제하시는 큰 원력이 담겨져 있는 것은 사실이다. 그런데 이 부분을 잘못 오해를 하면 역으로 어마어마한 악행이 일어날 수 있는 위험이 있다. 한편으로 악인의 구제에 대한 것을 회의적인 시각에서 보면 의심스러운 구석이 한 두 가지가 아닐 것이다. 선인(善人)을 후순위의 악인을 앞 순위로 구제하려는 아미타불의 본 마음이 진짜일까에 대한 의구심도 가질 수가 있는 것이다. 이것이 진정한 본원의 의취라고 믿고 확신에 찬 말을 하면서도 본원에 대한 풀리지 않은 의혹을 버리지 못하는 사람이 있을 것이다. 자신들은 절대로 악행을 저지르지 않는다고 하지만 자신의 마음속을 깊이 살펴보아야 할 것이다. 진정으로 왕생을 이루기 위해서는 선업을 쌓아야 한다고 말을 하면서 속으로 확신 없는 선행에 힘을 쏟고 있는 자신이다. 이러한 행위는 자신의 마음을 믿고 본원을 의심하는 모습이 아닐까 한다. 아미타불의 본원이 불가사의한 힘이 있다고 해서 그것을 믿고 악행을 일부러 자행한다고 한다면 얼마나 어리석은 일인가. 과연 이러한 행위를 용서하는 것이 진실한 아미타불의 본원의 진의일까 하는 이러한 것에 의문을 가질 수 있다.

세간에서의 윤리도덕을 중요시하는 가르침에서 선악의 구별에서 오는 기억이 있다. 세간에서 선악의 기준과 본원에서의 가르침을 혼동하고 있는 것일 수 있다. 이 본원에서의 선악관은 모든 중생을 구분 없이 구제하는 아미타불의 대자비에 의한 평등사상에 기초하고 있다. 반면 세간적 입장에서 보면 도덕적 가치를 지키려 할 것이며 기타의 종교에서도 또한 이러한 불교의 선악관은 인정할 수 없는 면이 있는 것도 사실이다. 그러나 어떻게 보면 모든 이들을 차별하지 않고 구제되는 데는 동의를 하지만 그 방법론에서의 차이는 클 수도 있다. 그러나 아미타불이 이 모든 문제에서 해결할 수 있는 힘이 인정되었다면 그 누구도 틀림없이 불가사의한 구제력을 부정하지는 않을 것이다. 이러한 본원의 위신력을 전제로 생각해 보면 이 구제방법은 가장 신뢰가 가며 또 현실적인 것이다. 본원을 믿는다는 것은 간단히 말해 나를 구제해 주는 아미타불의 가르침을 믿는 것이 된다. 일부의 사람들은 불보살의 가르침에 따르면 모든 것이 다 용서되고 구제된다는 생각을 하고 불보살의 가피에 기대어 일부러 죄를 지어도 모두 용서가 된다고 말을 하고 있다. 이러한 생각은 자신에게만 부합한 유리한 것만 기억하고 자신이 지은 악업도 선택지가 없다고 궁색한 변명을 하고 일부러 자신의 과오는 지워버리려 한다. 이러한 행위가 앞으로 자신의 삶에 도움이 된다고 믿고 싶은 것이 대부분의 인식이기도 하다. 이 교설을 왜곡하여 어떠한 악업을 저지른 사람을 더욱더 가엾이 여기는 아미타부처님이 계셔서 왕생하는 데는 두렵지 않다고 응석을 부리고 있는 것이다.

세간의 여러 가지 형태의 삶에도 자신을 감추기 위해서 응석을 부리고는 자신만 편하게 살려는 습성을 가진 사람들이 있다. 대단히 비겁한 일이다. 내가 믿을 구석이 있다고 해도 나에게 주어진 소임을 회피하고 남에게 전가해 버리는 일이 있다. 자신만이 이익을 위해 남을 희생시켜도 나는 구제되는 몸이기에 문제없다는 것과 마찬가지이다. 모든 일에는 그에 합당하고 정당한 행동을 해야 한다는 것을 잊어서는 안 된다. 현재 처해있는 그대로 수긍하며 열심히 사는 습관을 길러야 한다. 그러면 절대로 빈곤하게 되지 않는다. 남을 견주어 사는 사람은 항상 패배자인 것이다. 남이 나를 모델로 하는 행동이나 삶을 살아야 하는 것이다.

지금까지 나 자신은 남의 덕택으로 살아온 사실을 인지하고 떳떳하게 독립자적인 입장에서 걸어가야만 부쩍 성장하는 것이다. 어떤 이는 내가 남에게 피해를 주지도 않고 아쉽게 손을 벌리지도 않고 어렵게 살아가는 그냥 중산층이라고 주장하고 싶을 것이다. 자신을 중산층에 끼워넣는 것도 남에게 피해를 주지 않고 도움을 주지 않는다는 면에서 보면 자신은 회피일 수 있다. 왜냐하면 자신이 현재를 있는 그대로 보지 않고 적당히 사회에 응석을 부리고 있는 것이나 다름이 없다. 내가 남과의 관계가 일절 없이 자신 혼자의 능력으로 살아갈 수 있는 것일까. 자신이 그냥 그러한 좋은 곳에 안주하고 좋은 것만 보려하고 있지 않는가. 멈추지 말고 천천히 지속하여 걸으면서 생각해 보자. 남 없이 내가 존재할 수 있는지 생각해야 한다.

숙업(宿業)의 자각

내가 지금 착한 마음이 생기는 것은 내가 착해서 그런 것이 아니며, 내가 착한 생각을 해서 선행을 하게 되는 것이 아니라고 한다. 남을 해하려 해도 어떤 업연에 의해 악행을 행할 수 없게 되는 것이다. 우리의 착한 마음이 가는 대로 행이 이루어진다면 이 세상의 모든 평화가 올 것이 자명하다. 그 이유는 모든 사람은 기본적으로 선한 일을 하려 들지만 그 행위의 과정에서 생각과는 다른 돌발적 연이 작용할 수도 있다. 그러한 연의 작용에 의해 그 과보는 달라질 수가 있다. 내가 기억도 못하는 과거세로부터 지금까지 살아온 것은 숙업의 작용에 의해 살아왔다고 보는 것이다.

그 이유는 예측 불허한 업연(業緣)의 작용에 의해 과보가 다르게 나타나기 때문이다. 업(業, karma)은 과거로부터 현재까지인 지금 이 순간 행하는 행위조차도 연에 의한 것으로 그것이 미래에 선악의 결과를 가져오며 바로 새로운 원인으로 이어져 가는 것이라고 한다. 그 업을 숙세(宿世)인 과거세에서 지금까지 행한 업으로 숙업(宿業)이라고도 한다. 숙(宿)은 지난날, 옛날, 원래, 오랜이란 의미로 해석된다. 업이란 조작(造作)이란 의미로 신(身)의 행위, 구(口)인 언어, 의(意)인 의지의 삼업의 작용에 의한 행위이다. 업의 형태는 신구 의를 삼업(三業)이라 나뉘어 있지만 이러한 업이 상호의 인(因)이 되어 다음의 상황을 결정한다. 또한 그 업연으로 결정된 상태를 업보(業報)라고 하는 것이다. 즉 숙세에 행했던 업이 인(因)이 되어 현재가 있고 미래의 업으로 연결 되어가는 것이다.

우리가 받고 있는 현재의 고락(苦樂)은 숙세의 업보에 의한 것이라고 하는 것이다. 그러한 자각을 가지는 것이 곧 숙업인 것이다. 인간의 짓고 있는 업의 무게와 깊이는 사실 인간의 머리로 수긍할 수는 없다. 그렇게 수긍한다면 인간의 운명론이 되기 쉬운 것이다. 불교에서는 운명이라는 말을 쓰지는 않는다. 그 이유는 바로 이 업은 작용변화에 의한 업보가 있기 때문이고 또 그러한 업이 멈춤 없이 현재 진행형이기 때문이다. 우리들의 결정된 삶이나 죽음이라면 운명론에 가깝다고 할 수 있겠지만 불교관에서는 모든 것은 변화되어가는 것이 정설이기에 철학에서 말하는 운명의 사상과는 대별되는 것이다. 빨리 이야기해서 운명은 변하지 않고 받아들이는 것이고, 업은 연의 작용에 의해 끊임없이 변화해 갈 수 있는 것으로 내가 처해 있는 좋고 나쁨도 정지되지 않고 때론 좋은 쪽으로 나쁜 쪽으로 변화가 될 수가 있기 때문에 어느 면에서는 삶에 희망적이라고 할 수 있다.

내가 인간의 몸을 받아 태어난 것만으로도 전생에 좋은 업을 닦아 그렇게 나타났기 때문이다. 살아가면서 나쁜 일을 생각하고 그것을 행하게 되는 것도 전생의 악업의 영향이 남아 있기 때문이라고 한다. 신란 대사의 말씀에는 「토끼나 양의 털끝에 붙어있는 티끌만한 작은 죄라도, 전생에 있어서 업에 의하지 않은 것이 없다는 것을 알아야 한다.」라고 말씀하셨다. 이러한 업연에 의한 숙업의 연속성이라고 해석할 수 있다.

이 장의 숙업설은 인간의 업의 깊이는 인간의 지혜로서 이해될 부분이 아니다. 만약 납득이 간다면 체념하게 되고 반대로 부정한다면 운명(運命)론에 함몰되는 것이라고 할 수 있다. 그 운명이라는 것은 현재가 당연히 있어야 할 것에 대한 책임을 과거의 우연성에 맡기고 자기의 책임을 전가시키고 과거를 아쉬워하는 것이다. 이에 대하여 숙업은 아미타불의 본원에 가르침을 만나는 것에서부터 처음으로 받을 수 있다. 바로 현재 이렇게 있게 해준 과거의 필연성을 수긍하고 거기에 책임을 가지고 사실 그대로 자재하게 사는 법을 말한다.

소가료진(曾我量深)선생은 '숙업은 본능이다'라고 하였다. 또한 과거세에 있어서 좋은 업을 쌓은 것을 숙선(宿善)이라 하고, 과거세의 악의 행위를 악업이라고 하는 것이다. 이 두가지 업을 포함하여 숙업으로 되는 것이다. 이렇듯 업에 의한 우리의 삶의 질을 변화시킬 수 있을지는 결론부터 말하자면 변화시킬 수 있다는 것이 불교가 가지는 강점이라고 할 수 있다. 침체된 불교를 부흥시키고 변화시키는 방법은 모든 수행자가 각기 제자리를 지키는데 있다. 기독교는 기도에 의해 절대자가 해결을 해주지만 불교는 신체적 정신적 수행에 의해 자신의 업을 변화시킬 수 있다. 그것은 숙업의 범부라는 자각에 의한 본원과의 만남으로 새로워지는 인연 즉 업연에 의한 삶의 변화를 말하는 것이다. 인연의 법칙에서 내면적인 조건을 인(因)이라고 한다. 그 인(因)에 결정적으로 변화시킬 수 있는 외면적 환경과의 접합인 연(緣)의 작용에 주목해야 한다. 적당할지 모르겠지만 태아의 배양에는 난자(卵子)라는 인에 연과 어떠한 정자(精子)와의 결합에 의해 임신이라는 과보를 얻을 수 있는 것이다. 그러나 여기에서 완성된 인연과(因緣果)를 논하는 것은 있을 수 없다. 인연은 끝없이 변화하고 흘러가기 때문에 태아가 태어나는 시기까지도 지속하여 인과 연과 과는 되풀이되어 가는 것이라고 할 수 있다. 소위 모든 행위는 이 업연의 도리에 의해 형성되고 일어나는 것이다.

또 현재 이렇게 나타난 나의 모습인 과보(果報) 또한 과거의 인과 연의 필연성에 의한 만남에서 시작된 것으로 보고 내가 그 만남을 수긍한 시점에서 책임을 지고 가야만 한다. 그래야만 숙업의 진정한 의미가 되며 거부할 수 없는 삶에서 있는 그대로 자재(自在)하게 살아가는 방법이라고 말하고 싶다. 이 숙업은 아미타불의 본원의 가르침에 접함으로 처음으로 깨닫게 되는 것이다.

타력의 신심

본원 타력에는 자신의 분별지(分別智)가 섞여져 있지 않는 상태인 것을 진정한 타력이라고 말할 수 있다. 또 내가 스스로 판단하여 정하는 신심은 타력의 신심이 아니다. 타력은 자신의 입맛에 맞는 음식만 선택할 수 없는 것이기 때문이다. 본원 타력에서는 쓰고, 달고, 맵고, 신맛을 분별 할 수도 선택할 수도 없다. 타력은 내가 싫어하는 맛이라 하더라도 그것을 받아들일 수밖에 없는 상태를 말하는 것이다. 반대로 자력(自力) 행자들에 있어서는 쓰면 뱉고 좋은 것만을 추구하려는 마음작용 때문에 어떠한 일을 하다가도 힘들면 손을 놓게 되는 것이다. 즉 자력에는 이해관계가 분명히 존재하기 때문에 분별지로 행하는 것이다. 수행에 있어서는 내가 선택한 것에 대한 후회가 있으면 안 된다.그 수행을 멈추면 더욱더 후회의 고통이 따르기 때문이다. 그것은 자신이 추구하는 것에 대하여 마음이 충족되지 않아서 그러한 고통이 수반되는 것이다.

내가 분별지를 가지고 있는 한, 결국 본원의 진정한 마음을 잘 설명하거나, 선악에 대한 진위를 설명한다고 해도, 오히려 혀가 더 꼬여 버린다. 자신이 알던 신념이 틀림없다고 믿었던 것도 잊고, 잠시 혼동하여 결국은 본래 자신의 주장과는 배치된 논리로 관철시키려는 오류를 범한다. 안타깝게도 자신이 잘못된 주장이라는 것을 알고도 감추려 하며 자기 변명에 열을 올리며 정당하다는 거짓을 말한다. 이렇듯 내 자신의 지식과 능력의 한계는 이러한 부작용을 낳고 있다.

타력본원에서는 자신의 주장대로 살아가는 일체 유정(有情)에 대해서 모두 번뇌 구족한 중생이기에 구제의 큰 뜻의 대상이 되는 것이다.

타력의 본의는 인간의 교만한 사고를 버리고 아미타의 본원에 신심(身心)을 의지하여 염불자가 되는 것을 의미한다.

자신의 힘과 능력을 최대화하여 분별하고 차등하는 마음을 깨부수어 없앤 상태가 타력이다. 타력은 단순히 타의 능력을 척도로 가늠하는 것은 아니다. 인간의 본래면목을 깨닫고 엎드리는 자세야말로 타력이며 최고의 깨달음일 수도 있다. 자력은 오로지 자신의 근기만으로써 수행을 하고 자아를 극대화 시키려는 상(相)을 나타내는 것을 말한다. 우리는 아상(我相)으로 인하여 온갖 장애가 생기는 것을 관찰하여 부처님의 진의에 귀의하여 그 가르침을 받들어 행하는 일이 곧 타력본원에 자신을 의탁하는 것이 된다.

자력은 사아를 관철하는 것이며, 타력은 자아를 버리는 것에 차이가 있다고 본다. 만물이 내가 의식하고 원한다고 해서 행하여지고 얻어지는 것은 아니다. 우리는 이 기본적 원리를 몸소 경험을 통해서 잘 인지하고 있다. 자력의 삶에서 타력의 삶으로의 일대 전환이 일어나는 계기는 평탄한 삶에서 굴곡이 지는 삶이 시작할 때 모든 사람들은 자기 한계에 도달했을 때라고 말한다. 자신의 힘으로 무리 없이 살아온 세월 속에 한 순간적으로 자신의 힘의 한계를 직감하는 것이다. 그 때에 비로소 자신을 내려놓고 자연의 변화에 순응해가게 되고 자신의 실체를 자각하게 된다. 내가 여태까지 행해왔던 지난날의 어리석음에 얼굴을 감싸질 것이다. 그러한 과정에서 나의 현존재(現存在)와 부처님의 가르침과의 진정한 만남이 이루어지는 것이다. 그리하여 본원타력의 불가사의한 원력을 실감하게 되는 것이다. 불교는 자력의 종교이다, 타력의 종교라는 이러한 논쟁(論爭)은 예로부터 승가에서 전개되고 있었다. 말하자면 자력은 내힘으로 행하는 일을 말한다. 타력은 나의 힘이 아닌 남의 힘을 빌리는 것이다. 혹자들이 보기에 따라서는 분명히 이런 것을 논하는 것은 불필요한 에너지 소모일 수도 있다. 그러나 한편으로 가만히 생각해보면 이러한 논의 과정을 통해 불교발전이 이루어질 것이다.

업연(業緣)의 불가사의

본원을 믿는 사람은 악을 두려워할 것이 없다고 하는데 대하여, 어떤 사람들은 단지 본원에만 의지해서는 정토에 왕생을 못 한다고 주장을 한다. 그것은 단지 비판을 하기 위한 것이며 본원의 진정한 의미를 간과하고 있는 것이나 마찬가지다. 그러한 사람들은 마치 선인선과(善因善果), 악인악과(惡因惡果)의 이치를 주장하고 도덕적 교육 차원에서 착하게 생활하는 것을 권장하고 있는 것이다. 그들은 본원의 가르침이 본래는 계율을 지키며 작선(作善)하는 자만이 가피를 받을 수 있다고 하는 왜곡된 사실을 믿는 사람이다.

진정한 본원의 불가사의한 힘은 죄악심중(罪惡深重)한 이 몸을 깨닫게 해줄 뿐만 아니라 무명(無明) 속에서 헤매고 있는 나에게 밝은 지혜의 광명을 비추어 주고, 이윽고 정토왕생을 방해한다는 악을 선으로 변화시킬 수 있는 힘을 주는 것이다. 나의 무명을 타력의 힘으로 변화를 시키는 종자가 바로 연(緣)인 것이다. 그 연이 염불인 「나무아미타불」인 것이다. 반면에 그 타력의 광명을 막는 것이 계율을 중시하는 자력행이다.

불교는 마치 계율의 종교인 것처럼 호도하고 그 계율을 지키지 못한 자는 극락왕생을 이루지 못한다는 운명론적인 가르침을 펴는 것은 중생들에게 장애물을 짊어지게 하는 것이나 마찬가지이다. 이는 모든 중생들에게 살아갈 희망마저 거두게 하는 것이다. 사실 불교는 나 같은 인간이라도 어떻게든 구제될 수 있는 가르침이고 대단히 현실적인 삶과 고통에서 해탈하는 희망적인 동기를 유발시키는 가르침이다.

그러한 희망을 꺾고 어려운 길로 가게 하는 것은 잘못 이해하면 고통에서 해탈하기 위하여 고통의 수행을 하는 것으로 비추어질 수 있다. 세간적인 이분적 사고에서 벗어나지 못하는 수행자들에게도 업연에 의해 새로운 길을 일깨워 주는 희망이 있어야 한다. 이 업연이 잘못 바뀌면 정반대의 길로 가겠지만 본원의 가르침에서는 조금의 잘못된 오차도 허용치 않고 바른 길로 인도해 주시는 것이다. 이러한 의미에서 보면 타력본원에서 숙업의 가르침은 모든 수행자들은 반드시 깨달아야 할 중요한 점이라고 할 수 있다.

우리 삶에 있어서 어떠한 순간적 인연이라도 중요하지 않은 것이 하나도 없다. 왜냐하면 찰나에 일어나는 무수한 행업(行業)은 나의 의지를 넘어선 것으로 경이로운 일이기 때문이다. 그 하나하나의 업의 발함에 일일이 대처해나가는 일은 도저히 불가능한 일이다. 인간의 근기로 그 흐름을 대처한다는 것은 불가능에 가깝다.

현재의 나의 모든 업행은 과거로부터 받은 업보에 의한 것이라고 알려져 있다. 이러한 과거세의 연결고리를 끊기란 쉽지 않은 것이다. 한편에서 보면 석가모니의 교설인 인연법을 상기시키면 그 과거세의 인(因)에 좋고, 나쁘다고 하는 연(緣) 이 없었더라면 현재 나의 존재가 생기지 않았을 것이다. 그 업연을 내가 받아들이고 안 하고의 선택지는 없다. 이러한 연결고리를 어떠한 방법으로 제어할 수가 있는 것일까. 다행히 우리는 법장의 오겁사유의 원(願)인 본원과 만남으로 인해서 염불하게 되고 그 과보로 정토왕생의 약속을 받아들일 수 있게 된 것이다. 그럼으로써 현재 번뇌의 고통에서 해탈할 수가 있는 것이다. 도저히 구제될 것 같지도 않았던 나의 업행에 대한 과보를 받아들일 수 있었던 힘이 바로 아미타부처님의 본원 불가사의인 것이다. 이 생에 있어서 고통의 바다를 건너 해탈하지 못하면 다음 생을 기약할 수도 있다고는 장담 할 수가 없는 것이다. 그렇기 때문에 지금 본원 타력의 불가사의한 힘이 절실하게 필요한 것이다.

우리의 행위 하나하나는 자신의 의지를 넘어선 것이지만 거기에 아주 미미한 조건이라 하더라도 만나게 되는 연의 작용에 의해 큰 변화를 일으킬 수 있는 것임을 명심해야 한다. 나의 임의적 근기로는 도저히 변화시킬 수도 없는 것이 업연의 소행인 것이다. 내가 착하기 때문에 좋은 결과가 있고 내가 나쁘기 때문에 나쁜 결과가 있다는 것은 있을 수가 없는 것이다. 선행을 하면 좋은 과보를

얻고 악행을 하면 나쁜 과보를 받는 것은 인지상정이지만 이러한
선악의 업연도 염불에 의해 해탈 될 수 있음을 알아야 한다.

제14조 죄를 씻을 수 있는가

한 번 염불하는 것만으로도 팔십억겁(八十億劫) 동안의 중죄가 소멸한다고 믿어야 한다는 것에 대하여.

이 조항은 십악 오악[75]의 중죄를 범하고 평상시 염불을 한 적이 없는 사람이라도 목숨이 다하려 할 때 처음으로 선지식의 가르침을 받고, 한 번이라도 염불하면 팔십억 겁 동안의 고통이 지속될 정도의 무거운 죄가 소멸되고, 열 번 염불하면 그 열 배 정도 중죄가 멸하고 왕생 할 수 있다고 말하고 있는 것입니다. 이것은 십악 오악의 죄악이 얼마나 무거운 것인가를 알리기 위하여 한 번의 염불 또는 열 번의 염불이라고 말하고 있다고 생각합니다만. 요컨대 염불하는 것에 의해 죄를 소멸시키는 이익을 얻을 수 있다는 것입니다. 그러나 그것은 우리들이 믿고 있는 타력의 신심과는 거리가 멀고 그곳에는 미치지 못합니다.

그 이유는 다음과 같은 것입니다. 이미 우리들은 아미타불의 자비의 광명을 받고 있기 때문에 본원을 믿는 마음이 처음으로 일어날 때 절대로 깨지지 않는 금강(金剛)의 신심을 받게 되는 것이므로, 그때 이미 아미타불은 이 몸을 정정취(正定聚)[76]의

---

75) 오악(五惡) : 오계(五戒)를 어기는 다섯 가지 악행(惡行). 살생(殺生), 투도(偸盗), 사음(邪淫), 망어(妄語), 음주(飮酒)를 말한다.
76) 정정취(正定聚) : 정토에의 왕생이 바로 정해지고 반드시 깨달음을 얻어 부처가 되는 것이 결정되어 있는 자리. 삼취(三聚)의 하나이다.

자리로 앉혀 주시는 것입니다. 이 세상에서 생명이 다하면 온갖 번뇌와 장애를 일전(一轉)시켜 진실한 깨달음을 열게 해주시는 것입니다. 만약 이 크나큰 비원(悲願)[77]이 없었더라면 이러한 어리석은 죄인들은 어찌하여 생사의 고통에서 해탈할 수가 있을까를 생각하여, 일생동안 하는 염불은 모두 여래의 크나큰 자비의 은혜(恩惠)를 깊고, 그 크나큰 덕(德)에 감사하는 것이라고 생각해야 합니다.

염불을 할 때 마다 자신의 죄가 소멸되어 간다고 믿는 것은, 그것이야말로 자신의 힘으로 죄를 소멸시켜 정토에 왕생하려고 노력하려는 것에 지나지 않습니다. 만약 그러하다면 일생 동안에 마음속으로 생각하고 있던 모두가 전부 생사의 인연에 얽혀있지 않은 것이 없기에, 생명이 다할 때까지 쉬지 않고 염불을 하여 왕생을 이루어야 합니다. 단 과거세에 일으킨 업연에 의해 현생에서 생각한 대로 살아갈 수가 없는 것이므로 어떠한 예상치 못한 일들을 만날지도 모르고, 또한 질병과 고뇌의 고통에 시달려서 마음이 안정되지 않은 채로 이 생을 다할 수도 있을 것입니다. 그때에는 염불을 하기가 어렵습니다. 그 동안에 지은 죄는 어떻게 하여 소멸시킬 수 있을까요. 죄가 소멸되지 않기 때문에 극락왕생은 이룰 수 없다고 하는 것일까요.

---

77) 비원(悲願) : 아미타여래의 대자대비(大慈大悲)의 대원인 본원.

모든 중생을 구제해 주시고 버리지 않는 아미타불의 본원[78]을 믿고 맡기면 어떤 생각지도 못한 일을 만나 선한 행을 짓고 스스로 염불하여 목숨이 다하면 바로 왕생할 수가 있는 것입니다. 또한 생명이 끝나려 할 때 염불을 할 수 있다고 하더라도, 그것은 깨달음을 여는 그 시기가 가까워 옴에 따라서 마지막으로 아미타불에게 모든 것을 맡기고 그 은혜에 보답하는 염불인 것이겠지요.

염불하여 죄를 멸하려고 생각하는 것은, 자력에 얽매인 마음이며, 이 생명이 끝나려 할 때에 염불하여 마음이 흐트러짐이 없이 왕생하려고 원하는 사람의 본마음이기 때문에, 그것은 본원 타력의 신심(信心)이 없다고 하는 것입니다.

---

78) 아미타불의 원 : 섭취불사(攝取不捨)의 원(願). 어두운 중생들을 자비의 광명 속에 감싸주시고 절대로 버리지 않고 다시는 미혹의 세계로 들지 않게 하는 아미타부처님의 본원.

업장소멸의 염불

저마다 다투어 「나무아미타불」의 수승(殊勝)함을 자랑하기 위해서 팔십억 겁의 고통을 받아야 하는 무거운 죄를 한 번 염불하여 면할 수 있다고 말하고 긍지를 가지게 하여 염불자들의 가슴을 설레게 하는 일이 있었다고 한다. 정말로 이 팔십억 겁이란 숫자는 현대의 수학으로 헤아릴 수 없는 불가사의한 숫자인데 그 기간 동안의 살아감이 현실이 된다면 무시무시한 고통이 아닐 수 없을 것이다. 오래살고 싶어 하는 사람들에게는 환영받을 만한 일일 수 있다. 가만히 생각해 보면 이러한 오랜 세월 동안 이어져 온 숙세(宿世)의 업에 더하여 현세에도 짓고 있는 십악 오악의 죄업을 소멸하려면 얼마나 어려운 것인가를 반증하고 있다. 사실 일반적으로 현세에서는 이 큰 죄업을 소멸하기가 도저히 불가능하다. 이 윤회의 고리를 끊어내기 위해서 하루빨리 탐·친·치의 세계에서 벗어나야 한다. 그러기 위해서는 자신의 죄악심중 함을 자각하여 하루라도 빨리 본원의 가르침을 만나 염불의 세계로 진입하여 이 무거운 업장을 소멸해야 한다. 과거세로부터 지금까지 이어온 팔십억 겁의 악업이 얼마나 깊고 무거운 것인가를 깨달아 유일한 안락의 세계인 극락정토로 왕생하는 길을 택해야 한다. 어쩌면 우리들의 생에 있어서 만날지 모르는 정토를 향한 구제의 손길을 잡을 수 있을까는 미지수이지만 이 절호의 찬스를 절대 놓치면 후회막급이다. 본원의 가르침은 언제나 개방되어 누구든지 그 의취에 따라 한 번 또는 열 번의 염불을 하여 자신의 중죄를 면할 기회를 얻고, 백천만 겁에도 만나기 어려운 이 본원의 실재가 나에게까지 다가와 이익을 안겨주신 것이 얼마나 다행스러운 것인가에 정말로 감사해야 할 일이다.

　본원의 원력은 내가 의도하건 의도하지 않건 간에 나의 현재의 삶을 이어가게 하고 있다. 그리고 순간순간에 갖가지 새로운 연을 만나 종국(終局)에는 정토에 왕생하는 길이 열리게 한다. 이러한 본원의 고마움을 그냥 스쳐 지나게 해서는 안 될 것이다. 어렵게 나한테까지 찾아온 이 소중한 인연의 끈을 놓친다고 생각한다면 얼마나 안타까운 일인가.

　믿기도 어렵지만 나는 한 인간으로서 갖은 악행을 일으키고 게다가 인간의 몸으로서 도저히 용서받을 수 없는 중죄까지 저질렀다고 볼 때, 그 중죄를 씻을 기회가 나에게까지 오는 것이다. 그것은 바로 「나무아미타불」의 염불을 만나는 것이다. 그동안 모르고 있었고 단 한 번 부르지 않았던 명호지만 자신의 생이 다할 때 다행히 선지식의 가르침을 만나 한 번 「나무아미타불」 하면 팔십억 겁의 죄업이 깨끗하게 소멸된다고 하는 것이다. 그러나 그러한 염불을 할 기회가 나에게 주어지지 않았다고 한다면 무척 안타까울 것이다. 염불을 한 번 내지 열 번 하면 팔십억 겁의 죄가 씻겨 새로 태어날 것이라는 말씀은 단순히 인간으로서 도저히 씻을 수 없는 죄악을 비교하여 한 번은 가볍고 열 번은 무겁다는 것을 알려주기 위한 것이다. 『불설관무량수경』의 말씀대로 명호를 부르는 것이 죄를 씻기 위한 것이라면 그것은 우리들의 직각(直覺)[79]이 쉽지 않다는 의미일 수도 있다. 염불은 정토왕생의 믿음으로 나의 마음이 움직이기 시작할 때에 깨달음이 주어지는 것이다. 그러면 반드시 구제가 확정된 사람들의 그룹에 들어오게 되는 것이다. 구제의 대상이 되었다 하면 동시에 나 자신의 욕심도, 미혹도, 아집(我執)이라는 의미가 염불의 세계로 진입됨과 동시에 변화되어 사물을 있는 그대로 받아들이고 바르게 바라볼 수 있게 되는 것이다. 거기에 아미타불의 절대적인 자비의 작용이 없다면 모든 사물을 제대로 눈도 똑바로 마주치지 못하는 비참한 죄인인 내가 어떻게 하여 이 미혹된 삶을 어떻게 떨쳐낼 수가 있을까 생각을 하게 된다.

　서산대사의 게송에

　"생야일편부운기(生也一片浮雲起), 사야일편부운멸(死也一片浮雲滅)."

　「생(生)은 한 조각의 구름이 생기는 것이고, 죽음은 한 조각의 구름이 흩어지는 것」이라 하였다. 미혹을 떨치지 못하고 구름과 같은 인생의 실체를 바로 알지 못하면 앞서 언급한 이러한 나의 생은 무한 반복의 삶과 죽음이 「일일일야(一日日夜) 만사만생(萬死萬生)」의 지옥과 같은 삶의 고통이 연속적으로 이어진다고 할 수가 있다. 방

---

79)　직각(直覺) : ① 보거나 듣는 즉시로 바로 깨달음. ② 철학적으로는 직관(直觀). 깨
　　닫다, 터득하다, 깨우치다, 깨닫게 하다, 깨달음, 도리를 깨달아 아는 일

금이 지난 과거로부터 현재로 그리고 미래로 반복적으로 이어져 가는 것이다.

염불의 방법

염불은 대표적으로 행하는 방법에 따라 보통 칭명(稱名)·관상(觀像)·실상(實相)·관상(觀想)등의 염불로 나누어진다. 이 각 염불의 방법은 가장 원활한 염불 수행을 위한 것이기 때문에 각자의 근기에 따라 그 효용이 다르게 나타날 수가 있다. 염불은 어느 방법이나 결국 큰 공덕을 쌓아 극락왕생을 얻기 위한 수행법인 것이다. 많은 옛 스님들은 일생동안 하신 여러 염불 수행방법 중 가장 적합한 것을 후학들의 수행을 위한 가르침으로 주었다.

칭명염불(稱名念佛)은 구칭(口稱)염불이라고도 하며 입으로 소리 내어 「나무아미타불」을 부르는 수행을 말한다. 이 염불의 특징은 부처님 명호를 한 번 부르느냐, 열 번 부르느냐의 수량에 무게 중심을 두고 수행을 장려하지만 궁극적으로 염불을 많이 하게 하여 염불 삼매에 들기 위한 수행이라고 생각한다.

이 수행은 염불하는 데 있어 일념이나 십념의 숫자에 의한 공덕을 이야기하는 것은 아니지만 입으로 명호를 지속하여 부르는 것을 말한다. 관상염불(觀像念佛)은 일심으로 황금 진신(眞身)의 모습으로 화(化)한 아미타불을 관하고, 아미타부처님의 진의(眞意)를 생각하는 방법이다. 이 염불 수행을 하는 이는 이 세상에 연이 다하면 아미타불의 정토에 왕생한다고 되어 있다.

또 관불(觀佛)[80]염불 수행방법이 있다. 이 수행은 염불하면서 아미타부처님의 모습과 그 공덕을 관(觀)하는 것이나, 이것이 관상염불과 조금 차이는 있다는 견해도 있시만 실제로는 염불과 큰 차이는 없으며 『불설관무량수경』에서의 16관법에 나타난 수행법이다. 실상염불(實相念佛)은 아미타불의 법신을 관하며 부르는 염불을 말한다. 실상으로서 아미타불의 진실한 법신(法身)을 관하는 것이다. 이 염불법도 법신의 세계에서 삼매를 증득한다는 점에서 보면 자력의 수행이나 결국 관불염불(관상염불)과 큰 차이는 없다고 본다.

관상(觀想)염불은 단정히 앉아 한결같은 마음으로 한 부처의 상호와 공덕을 관하여 생각하는 것이다. 즉 서방정토의 장엄을 마음으로 생각하면서 염불하는 것이다. 어느 염불수행이라도 삼매(三昧)에 들면 분명히 부처를 볼 수 있다는 것을 말한다. 한 부처를 보게 되면 모든 부처를 볼 수 있게 되며, 이렇게 닦은 이는 죄장(罪障)이 소멸하여 그 극락에 왕생한다고 되어 있다. 본래 염불(念佛)은 오로지 마음속으로 부처님께 감사하며, 찬탄하고, 그리고 자신의 중죄를 참회하는 것이다.

---

80) 관불(觀佛) : 불보살의 진신과 공덕, 그러한 모습을 마음속으로 생각하며 살펴봄.

본원에 귀의한다는 것은 자신이 염불의 세계로 다시 태어나려는 노력이다. 어떠한 자 라도 구하지 않고는 내버려 둘 수 없다는 저 아미타불의 불가사의한 서원에 일신(一身)을 던지면 우리들이 어떠한 의외의 곳에서 죄를 저지르고 명호를 부를 수 없이 목숨을 마치더라도 언젠가 반드시 그대로 다시 태어남을 받게 되는 것이다. 또 명호를 부를 수 있는 자체는 진실한 지혜에 가까워오는 것인 만큼 유유하게 영원의 생명인 아미타불의 본원에 완전히 자신을 맡겨 그 은혜에 보답하는 것이다. 반면에 자신의 힘으로 죄를 씻는다는 등의 생각을 하고 스스로 무언가를 할 수 있다고 믿고, 임종 시까지 흐트러진 모습을 보이지 않겠다고 집착하는 것은 자신이 불가사의한 본원에 일체를 의지하겠다는 마음이 없는 것과 마찬가지이다.

그런데 이 세상의 무한한 작용에 의해 우리들의 행위가 이루어지기 때문에 예기치 못한 일에 봉착하기도 한다. 또 질병의 고통에 시달리기도 하고 마음도 안정되기 어려우므로 염불도 생각대로 안 되는 경우도 있다. 제대로 마음을 잡지 못해 갈팡질팡하는 사이에 생각지도 못한 미혹과 장애물에 가로막혀 앞이 보이지 않더라도 정신을 가다듬고 영원한 생명에 의지하려는 마음을 일으켜야 한다. 그러기 위해서는 현재의 나의 실체를 직각하고 지금까지 지은 죄를 모두 본원에 맡기고 그 가르침에 따라 염불의 세계에 진입하면 된다.

옛 염불의 선사들 또한 이러한 혼돈의 자아에서 벗어나려 매번 자자(自恣)하였던 것이다. 지속적인 염불의 수행에 의해 터득한 방법과 신념을 후학들에게 전승하였던 것이다.

원효(元曉)스님도 이러한 신념 아래 염불 수행방법을 아래와 같이 십념(十念)으로 요약하여 설하셨다.

①모든 중생을 자심(慈心)을 가지고 대한다.

②모든 중생을 비심(悲心)을 가지고 대한다.

③자신의 목숨을 돌아보지 않고 불법(佛法)을 옹호한다.

④괴로운 일을 견디어 끝내 후퇴하지 않는다.

⑤청정한 마음을 가지고 재물을 탐하지 않는다.

⑥언제나 진리를 깨치려는 마음을 지닌다.

⑦모든 중생을 차별하지 아니한다.

⑧항간에 떠도는 말에 귀를 기울이지 아니한다.

⑨바른 생각을 하며 흩어진 마음을 가지지 아니한다.

⑩부처님 가르침을 새기어 망념(妄念)을 버린다.

원효 스님은 염불을 수행하는 방법을 위와 같이 열 가지로 정리하였다. 염불자는 항상 부처님의 가르침에 따라 행동하며 진리를 깨달으려는 마음을 가지고 정진하여야 한다고 설하고 있다. 염불을 꼭 입으로 소리 내서 하는 구칭염불(口稱念佛)에 한하지 않고 신구의(身口意) 삼업을 청정하게 하는 행이 진정한 염불임을 나타내고 있다. 이 염불수행의 이면에는 본원의 가르침에이 수반되는 것임을 잊지 말아야 할 것이다.

진정한 염불

진정한 염불이란 무엇인가. 구칭염불(口稱念佛)과 같이 입으로 염송을 하는 것이 진정한 염불인가? 아니면 마음으로 부처님을 생각하는 것이 염불인가. 대부분의 염불자들은 어떠한 것이 진정한 염불인가를 혼란해 하고 있다. 실제로 염불은 탐진치(貪瞋痴) 삼독으로부터 해탈하기 위해 하는 것만이 아니다. 이미 언급했듯이 나 자신은 삼독에서 탈출할 수 있는 힘이 있는 몸이 아니다. 그래서 중요한 것은 그러한 자신을 철저하게 체득해야 한다는 것이다. 즉 자신의 의지로서 무언가를 이루겠다는 생각은 무의미한 것이다. 그런데 자신의 능력에 의지하려는 대부분의 사람들은 한계에 부딪혀 대부분의 절망의 늪에서 헤어 나오지 못하고 있다. 그러한 사람은 자신과 맞지않는 타인만을 적으로 삼아 버리는 일이 허다하다. 또 한편에서는 자신의 삶에 있어 스스로가 주인공이라 믿고 생함도 멸함도 자신의 의지에 달려 있다고 믿고 살다가 잠깐 사이에 어떠한 난관에 봉착했을 경우 자신의 한계를 넘어서지 못해 절망한다.

우연히 불교의 가르침을 만나 염불을 하여 지금까지의 자신의 생을 보상받으려 하는 것은 아직도 자아에 대한 집착을 버리지 못한 탓이다. 그렇게 하는 것은 자력의 염불이나 다름이 없다. 이미 염불은 보은(報恩)과 참회 그리고 감사의 염(念)인 것을 나타내고 있다고 언급하였다. 우리가 본원의 가르침에 따라 수행하는 염불은 오로지 여래의 크나큰 자비의 은혜(恩惠)를 갚고, 여래의 큰 덕상에 감사하는 것이 진정한 염불이라고 생각해야 할 것이다. 진정으로 염불하는 행자에 있어서는 본원염불 이외에 다른 분별지가 필요 없게 된다. 염(念)과 불(佛)이 동일하지 않는 염불은 진정한 염불이 될 수 없다. 즉 염은 내가 삼보께 귀의하여 본원의 가르침에 따라 부처님을 생각하는 염이며, 불은 모든 중생을 제도하기 위해 진리의 가르침을 펴고 계시는 부처님의 자비로운 형상과 중생구제의 불가사의한 힘을 가진 분이라는 의미이기 때문에 염과 불이 일치될 때 비로소 진정한 염불의 위신력이 발한다고 볼 수 있다. 도저히 구제될 것 같지 않은 내가 부처님의 자비에 의해 구제되는 것에 대한 나의 마음속 깊은 곳에서 우러나오는 진실한 감사의 념이 「나무아미타불」이라는 언어로 나타나 있는 것입니다. 이 모든 것은 염불을 단순한 문자나 언어로만 여겨왔던 내가 염불이 가지고 있는 깊은 생명에 과분하게 구제되는 것이기 때문이다.

또 진정한 염불은 무념의 염불이 가장 이상적인 염불이다. 이는 어떠한 염불의 방법에 집착할 필요가 없다는 의미이다. 염불이 형태나 그 질적인 것, 그리고 대소에 의해 극락왕생이 달라진다고 한다면 그 염불의 진위가 의심스러운 것이 된다. 구칭염불이든 관상염불이든 염불 그 자체가 지닌 위신력을 우리의 힘으로 훼손시킬 수가 없는 것이다. 사실 어느 염불이 진짜로 좋고 나쁜 것을 구별해서는 안 된다. 그것은 염불 자체가 지닌 본원력에 대한 진정한 믿음을 가지고 염불을 하느냐가 관건일 것이다. 그 염불의 믿음을 실천하여 가는 과정에 진정한 아미타불 본원의 가르침과 만남이 성취된다 하면 진정한 염불이 되는 것이다. 그 염불의 실천을 위해 오로지 아미타불을 향하는 마음이 일어날 때, 나를 이미 아미타불의 광명 속에 섭수해 주시고 금강(金剛)의 신심을 가지게 해주시는 것이다. 그렇게 받은 여래의 신심은 이미 나를 정정취(正定聚)의 반열에 올려주시고 그 위치를 정해 받은 내가 생명이 끝나는 날 여러 번뇌와 나쁜 장애를 일전(一轉)시켜 무생인(無生忍)[81]을 깨닫게 하여 주시는 것이다.

다시 말하면 우리가 일생동안 행하는 염불은 모두 한결같이 여래 대비(大悲)의 은덕을 갚는 행이다. 여래는 이러한 어리석은 번뇌

---

81) 무생인(無生忍) : 보살의 다섯 가지 수행 단계 가운데 네 번째 단계를 무생인이라 한다. 모든 사물과 현상이 공(空)이므로 생기고 사라짐의 변화란 있을 수 없음을 깨달아 마음의 평정을 얻는 단계이다. 인(忍)은 인가(忍可)·인지(認知)를 뜻하여 여실한 진리를 그대로 받아들이고 이해한다는 것.

『능가경(Laṅkavatarasūtra)』에서는 무생법인을 '태어남이 없는 법의 인증'을 뜻하는 'anutpattika-dharma-kṣānti'라고 한다. 『무량수경(Sukhāvatīvyūha)』에서는 '생함을 떠나다'를 뜻. 오인의 첫째 단계. 번뇌를 완전히 끊지는 못하고 일단 억눌러 통제함으로써 그것이 일어나지 못하게 하는 수행 단계이다.

치성의 죄인들은 어찌하여 고통의 생사에서 해탈시킬 수가 있을까 하는 비원(悲願)을 곧바로 나에게 전승해 주셔서 그 자비가 염불로 승화된 것이다.

따라서 염불을 개인의 물질적 이익을 가져다주는 기복의 수단으로 여긴다면 염불은 단순한 주술에 지나지 않는다. 우리들은 평상시 눈앞에 놓인 현안만을 극복하려 갖은 방법으로 탈출을 꾀한다. 엄밀히 말하자면 자신의 소구소원(所求所願)에는 정작 중요한 자신의 진정한 구제원은 빠져 있다. 즉 오욕(五慾)에 눈이 멀어 혀끝에 떨어지는 한 방울의 꿀맛에 취하여 자기가 죽는 것을 모르고 다른 것을 탐하고 있는 것이나 다름없다.

이미 여래께서는 우리들의 소구소원하는 모든 사항을 다 아시고 48가지의 원으로 함축된 서원을 성취하셨다. 그러한 우리 중생들이 바라고 있는 간절한 소원은 이미 아미타불께서 앞서 세우시고 오랫동안 수행하시고 성취하신 것이기에 우리들은 다른 어떠한 소구소원도 따로 세울 필요가 없는 것이다. 아미타불의 대원은 이미 이 세상에 존재하는 모든 악에 대한 효력을 정지시켜 주셨다. 단 아미타불이 제시한 우리들의 구제의 방법과 조건은 오로지 「나무아미타불」의 명호를 칭하는 것이다. 그 구제의 약속에 우리가 이행해야 할 것은 바로 염불하는 것이다. 그것이 우리가 준수해 나가야 할 일이다. 그 아미타불의 본원은 더 나가서 일체중생을 제도하는 것이 제일 목표이니만큼 그 대원에 따라 중생들을 행동하게 하는 힘이 바로 지혜인 것이다. 어둠 속에 있는 우리에게 광명의 지혜를 가져다주는 부처님의 명호를 부르는 것이며, 그 명호가 염불이고, 그 염불이 바로 「나무아미타불」인 것이다.

지금까지 언급한 염불에 왜 자력과 타력을 논하는가에 주의하여 생각해 볼 필요가 있다. 결과적으로 이 염불은 「비행비선(非行非善)이고, 무의(無義)를 가지고 의(義)라 한다.」라고 요약할 수 있다. 조사(祖師)들은 염불을 자신의 생업의 수단으로 여기는 것을 경계하고 있다. 이미 본원의 염불에는 행자들의 염원(念願)이 없어도 정토왕생할 수 있는 체계가 완성되어 있으므로 무의미한 자력의 근기로서 어렵게 수행할 필요가 없다는 의미가 된다.

제15조 깨달음을 얻을 수 있는가

온갖 번뇌를 구족(具足)한 몸으로서 현세에서 깨달음을 얻는다는 것에 대하여.

이 조항의 내용은 말도 안 되는 일입니다.

지금 살아있는 이 몸 그대로 부처가 된다는 것은 진언(眞言)밀교에서의 근본 된 가르침이고 삼밀행업(三密行業)의 수행에서 얻어지는 깨달음입니다. 육근청정(六根淸淨)함을 얻게 된다는 것은 법화일승(法華一乘)[82]의 가르침이고, 사안락(四安樂)의 수행[83]에서 얻어지는 공덕입니다. 이 모두는 상근(上根)기의 행자가 수행하는 난행(難行)의 길이며, 관념[84]을 성취하여 얻을 수 있는 깨달음인 것입니다.

다음 생에서 얻는 깨달음은 타력 정토의 가르침이고, 본원력을 믿는다고 결정함에 의해 구제될 수 있다는 것이 근본 까닭인 것입니다. 이것 또한 미혹의 세계를 떠나지 못하는 사람들에게 열려진 이행(易行)의 길[85]이며 선인도 악인도 분별하지 않고

---

82) 법화일승 : 법화경에 설하여진 사종의 행법. 신(身)안락행, 구(口)안락행, 의(意)안락행, 서원(誓願)안락행의 네 가지를 말한다. 삼업의 행에 있어 잘못됨을 멀리하고 모든 중생을 깨달음으로 인도한다는 자비의 서원을 일으키려 하는 자력의 길.

83) 안락행품 제십사(安樂行品 第十四) : 「사안락행(四安樂行)-신(身)·구(口)·의(意)·서원(誓願)안락행」인 4가지 기본적인 마음가짐. 계중명주(髻中明珠)의 비유.

84) 관념 : 원래는 불교용어로 정신을 통일하여 진리 또는 부처의 상호(相好)와 공덕 등을 명확히 관하는 것. 진리 또는 불타(佛陀)를 관찰사념(觀察思念)한다는 뜻이다.

85) 어려운 난행(難行)에 대한 이행(易行), 즉 쉽고 편한 길을 말함.

구제되어 가는 진실한 가르침입니다.

대개 금생(今生)에 있어서 번뇌를 끊고 죄악을 멸하려는 것 등은 도저히 될 수 있는 일이 아니기에 진언밀교(眞言密敎)나 법화일승(法華一乘)을 수행하는 청정한 승려라고 하여도, 역시 순차생[86]에서 깨달음을 얻는 것을 기원하는 것입니다. 하물며 계율을 지키지도 못하고, 수행을 하지도 않고, 가르침을 이해하는 능력도 없는 우리들이 금생에서 깨달음을 얻을 리가 없습니다. 그러나 그러한 우리들이라 하더라도 아미타불의 본원(本願)이라는 큰 배(願船)에 올라서 생사의 고해를 건너 진실한 정토라는 저 피안의 언덕에 다다르게 되면 번뇌의 검은 구름은 금새 걷혀 맑아지고, 진여(眞如)의 달빛이 바로 나타나 장애가 없이 시방세계를 비추어주고, 아미타불의 광명이 하나가 되어 고뇌하는 일체중생을 건질 수가 있는 것입니다. 그 때에 비로소 처음으로 깨달음을 얻었다고 하는 것입니다.

이 세상에서 이러한 몸을 가지고 깨달음을 얻는다는 사람은, 석가모니부처님과 같이 사람들을 구제하기 위하여 여러 가지 형태의 모습으로 나타나, 삼십이상(三十二相)[87], 팔십수형호(八十隨形好)[88]를 갖추어, 감로(甘露)의 법을 설하시며 중생들을 구제

---

86) 순차생(順次生) : 현생에서 다음 생, 새로 태어난 다음의 세계.
87) 삼십이상 : 부처가 되는 수행 과정에서 얻는 신체의 변화가 32가지라고 한다.
88) 팔십수형호 : 부처의 삼십이상(三十二相)에 부수하여 불신(佛身)을 장엄하게 하는 여든 가지의 호상(好相).

한다고 하는 것일까요. 이와 같은 것을 할 수 있어야 금생에서 깨달음을 얻었다고 할 수가 있는 것입니다.

고승화찬(高僧和讚)[89]에서 말씀하시기를

「금강석 같이 견고한 신심(信心)이 확실히 결정되는 바로 그 때에, 아미타불의 자비 광명에 섭수되어 항상 보호를 받아 이제는 영원히 미혹의 세계로 돌아오는 일이 없다.」

라는 것처럼 신심(信心)이 결정된 그때에 아미타불은 우리들을 감싸 안아 주시고 결코 버리시는 일이 없기 때문에 육도미혹의 세계에서 생사의 윤회를 거듭 할리가 없습니다. 그러나 이와 같이 알게 된 것을 깨달음을 얻었다고 속이고 얼버무릴 수가 있을까요. 대단히 슬픈 일이 아닐 수 없습니다.

「왕생 정토의 진실한 본원의 가르침에서는 이 생에 있어서 아미타불의 본원을 믿고, 정토에 왕생하여 깨달음을 얻는 것이라는 호넨 상인의 가르침을 받았습니다.」라고 지금은 열반하신 신란 성인의 말씀이 있었습니다.

---

89) 고승화찬 : 신란 대사가 찬술한 부처님을 찬탄한 시구(詩句).

현세(現世)의 깨달음과 내세(來世)의 깨달음

현세에서 중생의 몸인 채로 깨달음을 얻을 수 있는 난행(難行)의 수행인 진언밀교의 가르침인 삼밀수행이 대표적이다. 삼밀(三密)은 삼업인 신구의(身口意)의 삼밀가지의 수행을 말하고 이 수행은 우선 손으로 인계(印契)[90]를 만들고 입으로 진언을 외우며 마음으로는 불보살을 염하는 수행방법이다. 부처님을 염할 때에 부처님의 삼업과 중생의 삼업이 하나가 되어 부처님과 행자가 일체가 되는 수행인 것이다. 이것을 삼밀가지라고 말한다. 이 때의 행자는 현재 있는 그대로 부처가 된다는 수행방법이다. 이 수행을 통해 득하는 것을 즉신성불(即身成佛)이라고도 부른다.

또 다른 난행(難行)중 하나인 법화 일승의 가르침은 『법화경(法華經)』이 소의경전인 일불승(一佛乘)을 설하고 있는 천태(天台)의 가르침이다. 이 천태의 가르침은 수나라의 저장성(浙江省)지방의 천태산(天台山)에서 수행하던 지의(智顗, 538-597)대사가 세운 대승 불교의 한 종파이다. 소의경전을 『법화경』과 용수보살의 『중론(中論)』을 근본 교의(敎義)로 하는 이 수행은 선정(禪定)과 지혜의 조화를 종지(宗旨)로 한 종파이다. 고려 숙종 2년(1097)에 송나라에서 유학하고 돌아온 의천 대각국사(大覺國師, 1055-1101)가 국청사에서 최초로 천태

---

90) 인계(印契) : 부처님이 자기의 내심(內心)의 깨달음을 나타내기 위하여 열 손가락으로 만든 갖가지 표상(表象)인 수인(手印). 시무외인, 법계정인, 미타정인 등이다.

종을 개종(開宗)함으로 천태의 가르침을 펴게 되었다. 법화경에 설해져 있는 네 종류의 수행법은 신안락행(身安樂行), 구안락행(口安樂行), 의안락행(意安樂行), 서원안락행(誓願安樂行)인 네 가지를 말한다. 신구의 삼업의 작용에 잘못됨을 떠나 모든 중생을 깨달음의 길로 끌어주려 하고 자비의 서원(誓願)을 일으키려는 자력의 길인 것이다. 이 사안락의 수행법은 자력의 행이다. 어렵고 고난의 행을 스스로의 힘으로 극복하려 하는 난행의 길인 것이다. 이렇게 난행의 수행은 관념(觀念)의 수행을 통하여 정신을 통일하여 가다듬고 진리를 구하고 부처님의 형호(形好)와 그 공덕 등을 확실하게 관하고 깨달음을 얻으려는 수행인 것이다.

소위 관념이란 심리학적 용어로 보면 그 의미가 명확하지 않으나 일반적으로 표상과 같은 뜻으로 사용되었다. 즉 무에서 유를 창조하는 것만큼이나 추상적 개념의 수행이 아닌가 보인다. 이렇게 수승한 천태의 행자들에 비하여 다른 수행자들은 절대로 그러한 어려운 수행을 꿈도 꾸지 못하는 것이다.

왜냐하면 번민과 고통 속에서 갈 곳 몰라 헤매며 보잘 것 없는 탐욕 덩어리 밖에 안 되는 범부인 주제에 감히 그 수승한 수행을 일으키기가 어려운 것이다. 그들이 주장하는 이 난행(難行)에 합류를 못하는 범부의 근기로는 금생에 깨달음을 얻을 수 있을지가 실로 어려운 일일지도 모른다.

당시 불교의 세력은 밀교(密敎)의 삼밀(三密)수행[91]의 깨달음과 법화(法華)의 사안락행품의 수행이 대세였다. 불교의 이상 실현에 대한 목숨을 건 각고의 노력이 필요했던 시기였다고 보인다. 각 종파가 흥한 시대적 배경과 혼란한 사회에서 당시 불교가 권력과 가까이하여 다른 종파를 배척하였던 것이다. 그들은 우매한 민초들이 이해하기 어려운 가르침과 수행으로 특권 의식 속에 있었다는 사실이다.

지금이나 그 당시나 불교의 대표수행은 앞서 서술한바와 같이 범부의 근기를 넘어선 상근기의 수행자들의 수도정진에 의해서 깨달음에 도달하는 난행(難行)수행인 성도문(聖道門)의 가르침이 중심이다. 그 수행의 특징은 반복된 고된 정진으로 인욕하면서 직각(直覺)할 수 있다고 하는 수행인 것이다. 때문에 우리 같은 근기로는 도저히 깨달음을 여는 것은 쉽지 않은 일이라고 말했던 것이다.

결국 저 타방(他邦)의 가르침에서 말하는 이 한 몸이 다함으로 자각자라고 하는 것은 진언 비밀의 가르침의 극의(極意)인 것이라고 할 수 있다. 그것이 신구의(身口意) 삼업에 의해 증명되기를 바라고 하지만 그 가르침에 따라 수행하는 자들의 육근(六根)이 청정하기 바라는 것은 불가능에 가까울 수가 있는 것이라 생각할 수 있다. 이것을 뭇 수행자들은 구극의 진언 비밀은 어려운 길인 반면에

---

91) 삼밀(三密)수행 : 삼밀 (三密) 밀교에서, 계인(契印)을 맺는 신밀(身密), 진언(眞言)을 분명히 외는 구밀(口密) 및 마음에 본존(本尊)을 보는 의밀(意密)의 가지 수행을 말함.

종국에는 쉽게 구제되는 무상도의 길이라 하고 있다. 그들은 기타 염불 등의 수행자들은 육근이 열등한 범부의 길이라고 말하고 있는 것이다. 아마도 타력정토의 길의 수승함을 경시하려 함일 것이다. 그 진언 극의의 길은 자력의 의지가 강한 행자들만이 할 수 있는 기량이니 그들이 목표로 하는 성문(聲聞), 연각(緣覺)[92]에 도달하는 자각의 경지와는 다른 근기의 세계일 것이다.

그러나 이 생에 어떠한 어려움으로 인하여 깨달음을 얻지 못하더라도 다음 생에서라도 깨달음을 얻는다는 것이 타력정토의 중요한 가르침인 것이다. 그러한 타력정토에 대한 믿음이 결정된다면 바로 본원의 가피에 의해 안락(安樂)의 행인 열반의 길로 올라서게 되는 것이다. 이 타력정토의 행이 우리와 같은 하근기이며 열등한 자들이 행하는 정진행이지만 사실은 우리가 목적으로 하는 정토 왕생을 위한 지름길인 것이다. 석가모니부처님께서 이 사바세계에 출현하신 연유는 중생을 지배하기 위한 것이 아니라 오로지 중생을 구제하기 위함이라고 알려져 있다. 그 구제라고 함은 일체중생을 부처님의 안락한 세계인 아미타불의 극락정토에 태어나는 것을 말하는 것이다. 그렇게 하기 위하여 여러 근기에 맞추어 방편의 깨

---

92) 연각(緣覺) : 삼승(三乘)중 이승(二乘)으로 스스로 연기(緣起)의 이법(二法)을 통해 깨달음을 얻는 수행자를 연각(緣覺) 또는 독각(獨覺)이라고 한다. 대승불교(大乘佛敎)에서는 대승을 향해 나아가는 자를 보살이라 한다. 성문은 자기만의 수양에 힘쓰며 아라한(阿羅漢:Arhan)이 되는 것이 목적이므로 부처는 될 수 없다고 한다. 연각은 홀로 깨달은 자라는 의미에서 독각(獨覺)으로 번역하기도 한다, 필륵지저가불(畢勒支底迦佛)·벽지가불(辟支迦佛)·벽지불(辟支佛) 등으로 음역한다.

달음을 얻게 하는 것이다. 그러면 모든 사람들은 왜 안락함을 추구하는가. 우리는 그 물음에 대해서 지금 자기 자신의 현재 모습에서 그 해답을 찾을 수가 있을 것이다. 우답(愚答)일 수 있으나 현재 놓인 현상 그대로 받아들이며 사는 나는 항상 즐거운 생활이라고 확답할 수 없기 때문이다. 즐겁다고 포장하고 살아가는 데는 한계가 있게 마련이고 그대로 받아들이기에는 너무나 어렵고 고통이 있는 것이 현실이다. 따라서 이 고통의 세계를 떠나서 더 안락한 세계를 갈망하고 있다고 할 수 있다. 이러한 자신의 현 존재를 자각하고 모든 것을 부처님에게 기대어가는 길을 알기 위한 진정한 깨달음은 결국 부처님의 지혜를 얻는 것이며, 이 얻은 지혜를 가지고 그대로 진실의 보토(報土)로 향해 가는 길에 장애가 없어지게 된다.

그러나 인생은 맹구우목(盲龜遇木)이라 하였던가, 어쩌면 나에게도 그 귀한 깨달음의 기회가 분명히 주어질 수도 있다. 우연을 바라고 사는 것은 어리석은 일이다. 그러나 본원에 귀의한 이상 나에게도 그러한 실낱 같은 희망을 가질 수가 있는 기회가 주어질 것이다, 우리들은 이 희망을 막연한 기다림에서 오는 것이 아닌 현실로 이루어지길 기대하고 있다. 내가 자각자(自覺者)가 되어 그러한 비현실적인 일이 현실화 되는 그 순간이 올 수 있게 본원의 가르침대로 오로지 염불에 의지하여 가야한다. 그러는 사이에 분명히 나도 그 깨달음의 반열에 오를 수 있다는 가르침을 듣고 있다. 그래서 나에게 주어진 이 염불만이 오로지 내가 걸어가야 할 길이라고 결정하고 믿고 간다면 어떠한 장애도 두려움도 분명 사라져 버릴 것이다. 그러한 각오를 가지고 조심스럽지만 한 발 한 발 내딛고 나아가면 언젠가 선사들이 걸으셨던 그길 위를 걸어가고 있을 것이다.

금생에 깨달음을 이룰 수 있는가

인간은 목숨이 다하려 할 때까지 번뇌가 멈추는 일이 결코 없다고 한다. 금생에 번뇌를 끊어버리고 깨달음을 얻어 부처가 된다면 그야말로 최상의 시나리오가 되는 것이다. 아쉽게도 그러한 고행의 수고를 들여서 최상의 위치를 얻으려 해도 이 몸은 거의 몇미터도 뛰지 못하는 한계성이 있다. 만물의 영장이라고 하지만 열악한 신체구조와 그리고 나약한 정신세계에서 벗어나지 못하는 범부 그 자체인 것이다. 이러한 상태로 이생에서 버틴다면 도저히 생사의 고해를 건널 기미가 전혀 보이지 않는다. 논리적으로 보면 이 고통의 세계를 넘어서면 안락의 피안에 도달하게 되는데 그것을 나름대로 머리로는 이해하고 노력을 해도 나는 언제나 제자리걸음을 하고 있는 모습이다. 저 피안의 언덕에서 아미타불이 기다리고 있다 하여도 넓고, 깊은 강을 건너기가 두려워 지금 한 발자국도 앞으로 내딛지 못하고 있다. 우리들 삶 앞에 놓인 여러 장애물을 제거한다는 것은 금생에는 아무래도 무리한 일일 수 있다. 왜냐하면 현재 나를 둘러싸고 있는 최상의 재물과 권력을 구족한 즐거운 생활이 최고의 행복이라고 여기며 사는 우리들에게 있어서 또 다른 무슨 좋은 세계가 필요하지 않기 때문이다. 지금을 낙원(樂園)이라고 여기며 생활하는 자들에게 있어서는 다른 이들의 고통의 삶은 눈에 들어오지 않을 것이다. 나의 행복을 추구하기 위해서는 어떠한 죄의식 없이 악을 자행한다고 해서 누가 그것을 막을 수 있겠는가. 그러한 사회에서 경쟁하며 좋은 것을 얻는 것이 최상이라고 생각하고 사는 것이 현재 나의 모습이다. 그러나 이러한 자신의 모습이라고 긍정할 사람은 거의 없다. 한편으로는 스스로를 선인이라 착각하며 악인을 제도하려는 정의감에 젖어 있는 것과 같다.

악을 알면서도 감내해가는 것이라면 그것이 비록 자신이 원하던 욕구에 충족되었다 하더라도 과연 행복이라는 단어에 부합 할 수가 있을지 의문이다. 세간에서는 나쁜 짓을 하더라도 재물을 축적하였다면 그 악이 재물에 파묻혀 사라져 없어지는 듯한 생각을 한다. 저 사람은 나쁜 짓을 하고서도 잘살고 있지 않은가. 나 혼자 착하게 살면 뭘 해라고 한탄하며 사는 사람들도 있다. 따지고 보면 악한 사람이 죄를 받아야 한다거나 죄 받기를 기도하는 것 또한 안쓰러운 사람이다. 정상적 축재 과정의 기준을 도덕적 악과(惡果)로 적용하려 한다. 그러면 남이 얻은 재물을 내가 얻어야만 그러한 생각을 하지 않는 것일까. 단지 내가 이러한 환경에 순응하지 않고 요행이나 바라고 일확천금에 대한 주인공이 꼭 나여야 하는 것은 독식주의의 발상이다. 남이 아니고 꼭 나여야 하는 것은 조금도 남의 존재를 인정하지 않으려는 속셈이다. 남은 빈곤하게 되어야 하고 자신은 부자가 되어야 한다는 것은 이미 자신은 모르는 사이 많은 죄를 짓고 있는 것이나 다름이 없다. 내가 갖지 못해 남을 나쁘다고 하고 있지 않을까?

과연 내가 원하던 삶이 정신적, 물질적으로 충족된 생활을 영위하는 것이라고 정의할 수 있을까. 그렇게 충족된 삶이 시간의 흐름에 따라 만족감이 떨어지고 자신의 욕망이 멈춤 없이 시시각각으로 새로운 것을 탐하고 보다 더 나은 삶을 갈망할 것이 뻔하다. 의, 식, 주가 충족되었다 하더라도 우리들은 항상 같은 패턴으로 살 수는 없을 것이다. 각각 추구하는 욕망의 끝은 어디인가를 모르더라도 현재의 상황을 직각한 순간 즉시 물질의 노예가 된 나의 형상에서 벗어나야만 진정으로 내가 사는 길이 된다. 또 그렇게 원하여 구족한 재물과 권력을 이 생에 있어서 최고의 성공된 삶이라고 믿고 있는 사람들이 다수 있다. 그렇게 물질 만능을 동경하고 추구하려는 자들에게 있어서는 그들의 가늠대로의 행복을 느끼고 있지만 어느 날 갑자기 그 행복에 변화가 일어날 때 오는 공허함의 고통에서 일어나기는 쉽지 않다. 다시 정신을 가다듬고 새로운 길을 가려하지만 지금까지 그 길에 길들여졌던 습관을 버리기가 그리 녹녹하지 않을 것이며 큰 좌절에 봉착할 것이다.

원효대사(元曉, 617~686)의 『발심수행장』[93]에도

「그 누가 저 고요한 산사로 들어가 도를 닦으려는 마음이 없겠는가만 세간의 애욕(愛慾)을 끊지 못하고 얽매인 까닭이라.」

고 하였다. 현세의 탐욕에 얽매어 사는 나 자신이 지금까지의 나를 버리고 새로운 나를 찾아 그 고고(高高)한 수행의 길을 가기란 참으로 어려운 일이다. 그 결심은 곧 출가(出家)로 이어지게 되는 것이다. 그 길이 자신의 구극(究極)의 길임을 알지만 구하고 정진하려 해도 한 발도 내딛지 못하는 막연한 현실을 자각하게 된다. 그러나 그 길이 나에게 선택의 여지가 없다고 한다면 바로 그것은 법장보살의 서원에 순응해가야 하는 진정한 염불자의 길이다. 그 길의 선택이 진실로 나의 근기에 맞는 바른 업이다. 본원의 가르침에 따라 염불을 하면 내 속에 잠들어져 있던 참 나의 세포가 새롭게 깨어날 것이다. 나의 욕망은 멈출 줄 모르고 상승하고 있고, 현실에 대한 인식 부족으로 인한 교만과 아집이 본원과 나의 만남을 훼방하고 있는 것이다.

최상의 수행이라고 여긴 진언밀교와 법화일승의 가르침에 따라 수행하는 사람들이라도 다시 본원의 세계로 태어나기를 기원하여

---

93) 발심수행장(發心修行章)1권 : 신라의 원효(元曉) 대사 지음. 출가 승려의 마음가짐과 수행에 대해 경계하는 내용을 서술한 글.

야 한다. 아무리 내가 최상 또는 최선이라고 주장을 하여도 우리 세계에서는 바른 생활도 선한 행위도 증명 할 수 없고 머리도 잘 정돈되지 못하는 중생계의 범부인 것이 분명하다. 그러한 우리의 처치를 자각하여 모두가 영원한 생명인 투명한 의지에 신심을 전부 맡겨서 미혹도 고통도 멀리하고 진리의 나라에 다시 태어나야 한다. 사바의 오욕에 물들어 미쳐 날뛰는 것에서 빨리 벗어나 안온하고 깨끗한 진리에 눈을 떠 미혹한 모든 고통의 중생을 구하게 되는 것이야말로 비로소 자각했다고 하는 것이다.

지금 있는 그대로의 이 몸 그대로 자각자가 된다고 하는 사람은 석존과 같은 대웅(大雄) 이외에는 없을 것이다. 우리 중생들에게 응(應)한 모습으로 변현(變現)하고 훌륭한 아름다운 사람들의 모습을 갖추고 나타나 진리를 설하여 우리와 같은 범부를 구하려는 것은 오로지 부처님의 원력 그 자체이다. 그러한 부처님들의 원력에 의해 중생들에게 금생에 자각하는 근본적인 조건을 갖추고 있다고 할 수 있다.

차세(次世)의 깨달음

신란 대사는 『고승화찬(高僧和讚)』에서

「금강석 같이 견고한 신심(信心)이 확실히 결정되는 바로 그 때에, 아미타불의 자비 광명에 섭수되어 언제나 보호를 받아 이제는 영원히 미혹의 세계로 돌아오는 일이 없다.」

라고 적고 계시지만, 나의 직각이 확정한 때 일단(一旦) 아미타불의 품으로 꽉 안겨 옴짝달싹 못하게 된 이상은 이제는 지옥, 아귀, 축생, 수라, 인간, 천상으로의 끌러 다니는 일이 없어지는 것이다. 신란대사는 이 화찬에서 다시는 육도윤회의 미혹으로 되돌아가지 않는 것을 친히 보증하고 있는 것이다. 아미타불이 우리를 금강석 같은 신심을 가지게 만들어 주시는 것이다. 그것은 빨리 말하자면 육도윤회(六道輪廻)로부터 해탈하는 것이다.

유이엔스님은 차세의 깨달음이라 하는 것은 범부에 있어서는 본원의 가르침을 따르며 살고, 죽는다는 자체가 「깨달음을 여는 것」임을 스승인 신란 대사에게 들었다고 술회한다. 그 가르침의 이면에는 우리들 자신이 깨달음이 없는 범부성을 자인하고 있다는 것이라고 보았다. 범부는 죽어서 처음으로 진리의 세계와 하나가 된다고 한다. 여기서 죽음이라는 것은 범부와의 결별인 것이며 사바세계와의 이별인 것이다. 이러한 범부성에 입각하여 철저한 자각에 기초한 고난에서의 탈출이 바로 왕생으로 정토로 직진하는 것이 되며 또 그 가르침을 믿는것이 신심이 되는 것이다. 이 신심에서 진정한 염불도 나오는 것이다. 나는 그러한 심신(深信)의 염불에 의해 구제되기 때문이다. 그 의미로 구제라는 것은 현실을 깨달은 범부에서의 탈각 그 자체가 되는 것이다. 현재 나의 깨달음이 증거가 되어 바로 차세의 깨달음으로 직결되는 것이다. 현재의 범부라는 고치를 벗겨내면 그 속에 갇혀 있던 진정한 자아가 햇빛을 보게 되며 그것이 나의 진정한 탄생을 의미하는 것을 말하며 그 어둠에 갇혀 고치를 벗겨내지 못하면 그 어둠에 갇혀 영원한 범부로서 위치를 지켜야만 한다.

아미타불은 무량한 광명으로 어둡고 미혹한 세계에서 벗어나지 못하고 있는 우리들에게 광명과 지혜를 주시어 구제해주신다. 그리고 자각을 못하는 우둔한 우리들을 끝까지 신심이 정해지도록 기다려 주신다. 다시는 미혹의 육도윤회에서 고통을 겪지 않도록 보살펴주시는 부처님이시다. 다행히 나는 그러한 아미타불의 절대적 가호에 감사함을 알고 호념(護念)하고 있다. 나를 그 어려운 생사의 고해에서 감히 빠져나올 수 있게 하여 주심에 감사하지 않을 수가 없다. 아미타부처님은 항상 우리들을 섭호(攝護)하여 주시고 고통의 생사를 넘어서게 해 주시려는 만반의 준비가 되어 있으신 분이다. 단 그 구제에 대해 나의 신심이 정해질 때 이미 나는 육도의 윤회에서 해탈한 것이 되는 것이다. 즉 오랜 고통의 생사의 강을 건널 수가 있게 되는 것이다.

이와 같이 불교의 깨달음이란 타인에게 표출하기 위해서 있는 것이 아니다. 오로지 내가 깨달았다고 하는 것은 자신이 구제되는 것을 몰랐던 사실을 알고 회심하여 부처님 세계로 직행하는 것을 말한다. 그동안 나의 존재라는 것은 세간적 지식습득에 기대어 그 것이 모든 삶의 기준인양 착각하며 살아왔던 나에 불과 한 것이었다. 그러나 자신의 깨달음을 자아의 버림으로 해석하는 경우 언제까지 그 깨달음을 기다리고 있는 것은 불가능하다. 자아는 소실되는 것과 버리는 것과는 큰 차이가 있다.

이러한 인위적인 형상을 구분하려 하거나 만들려 하는 것은 허공으로 손을 저어 공기를 잡으려고 하는 것과 마찬가지다. 그래서 미혹된 세계를 진짜의 세계라고 믿고 사는 우리들에게 있어서 부처님이 세우신 원이 불가사의하게 이해가 안 될 정도로 믿기 어려운 것일 수도 있다. 그 합리적 의심을 가지고 있는 자아를 성찰하고 아미타불의 사유에 의지한다면 그것이 바른 깨달음으로 가는 길이 되는 것이다.

그 아슬아슬한 외길 위에 서 있는 자신과의 힘겨운 싸움이 정리가 되면 그 다음은 부처님의 큰 서원에 몸을 맡기는 것만이 가장 안정권으로 가는 지름길이다. 너무 자신의 능력을 과대평가하여 능력 밖의 힘을 과시하여 사바의 죄악을 반복하여 일으킨다면 부처님께서는 매우 슬퍼할 일이라고 선사들은 말씀하시고 계신다. 정토의 가르침에서는 금생에 본원을 믿고 저 희망의 국토에 왕생하여 깨달음을 얻는다는 확신에 찬 선사들의 가르침이 계신다.

제16조 정직한 것은 무엇인가.

본원을 믿고 염불하는 신심(信心)의 행자는 스스로 사소한 일로 화를 내거나, 나쁜 행동을 하거나, 같은 염불 도반들끼리 말싸움 등을 했으면 반드시 그때마다 회심(廻心)[94]해야 한다고 하는 것에 대하여.

이것은 악을 끊고 선업을 닦아 정토왕생을 하려는 생각일까요. 본원을 믿고 한결같이 염불하려는 사람에게 있어서 회심한다는 것은 오직 한 번 만 있는 것입니다. 평상시 본원타력의 진실한 가르침을 모르고 살아가는 사람이 아미타불의 지혜[95]를 받아서, 평소와 같은 마음으로서는 왕생을 이루지 못한다는 것을 알고, 그 자력의 마음을 버리고 본원의 원력을 믿고 의지하는 것이며, 이것을 회심한다고 말씀드릴 수가 있습니다.

모든 일에 있어서 조석으로 회심함으로서 왕생을 이룰 수가 있다고 한다면, 사람의 목숨은 들숨 날숨의 찰나에 끊어지는 것이므로, 회심(廻心)할 겨를도 없이 편안하고 안정되었다는 생각이 들기도 전에 목숨이 다했다면, 모든 사람들을 구제하여 버리지 않는다는 아미타불의 서원은 의미가 없게 되지 않겠습

---

94) 회심(廻心) : 마음을 새롭게 돌려먹음. 사악한 마음을 돌려서 착하고 바른길로 돌아 간 마음.
95) 일여(一如)를 깨닫는 무분별지(無分別智)를 말한다. 사물을 바르게 보고 진리를 가릴 수 있는 힘.

니까.

입으로는 본원의 원력을 믿고 의지한다고 말을 하면서도 마음속으로는 악인을 구하려는 본원이 얼마나 불가사의(不思議)한 것이냐고 말하면서 역시 선인만을 구해 주실 것이라고 생각하기 때문에, 본원의 원력을 의심하고, 타력에 의지하려는 마음도 결여되고, 변지(邊地)[96]라고 불리는 방편(方便)의 정토에 태어나 버리는 것입니다. 이것이야말로 더욱더 한탄스럽게 생각이 드실 것입니다.

신심이 결정(決定)되었다면 정토에는 아미타불의 가피에 의해 왕생정토가 이루어지기 때문에, 나의 재량에 의해 될 리가 없는 것입니다. 자신이 어느 정도 잘못했다 해도, 오히려 점점 본원의 존귀함에 의지한다면, 그 본원의 힘을 받아 저절로 편안하고 안정된 마음도 일어날 것입니다. 정토에 왕생하는 것에 관하여는 어떠한 일에도 교활한 생각을 갖지 말고, 오로지 한 마음으로 아미타부처님의 은혜가 깊고 무거운 것임을 항상 기억해야 합니다. 그렇게 되면 입으로 저절로 염불이 나오게 됩니다. 이것이 「자연히 그렇게 된다」는 것입니다. 나의 재량을 섞지 않는 것을 「자연히 그렇게 된다」고 하는 것입니다. 이것이 바로 아미타불의 본원타력인 것입니다.

---

96) 변지(邊地) : 극락의 변두리 땅. 극락왕생의 염불을 하면서도 아미타불의 본원(本願)에 의혹을 품는 사람들이 태어나는 곳이다.

그런데도 자연히 그렇게 된다고 하는 본원타력이외에 별도로 있는 것처럼 박식한 얼굴을 하는 사람이 있다고 듣고 있습니다. 실로 통탄스러운 일입니다.

회심(回心)은 오직 단 한번

이 조에서는 잘못을 저지를 때마다 반드시 회심을 해야 하는 가 하는 문제를 거론하고 있다. 회심을 개심(改心)이나 반성의 의미로 같이 사용하고 있는 것에 대한 비판을 하고 있는 것이다. 회심은 나쁜 마음을 돌려서 착한 마음으로 수행하는 것을 말한다. 회심의 단어적 의미는 뉘우치다, 마음을 고쳐먹는 것의 의미이다. 여기에서 회심한다는 것은 중생의 번뇌와 혼돈에서 벗어나 본래의 자리인 불세계로 되돌아왔다는 의미로 쓰인다. 즉 자신의 잘못된 삶에서 진정한 삶인 본원의 세계로 회귀를 말하는 것이다. 그러나 번뇌가 일어났을 때나 악업을 행할 때 그때에는 참회한다고 말하는 것이다. 본원의 가르침에 위배 된 것에 대한 참회에 대하여 회심은 다시 본래의 자리인 불세계로의 회귀(回歸)인 것이다. 즉 다시 진정으로 불법승 삼보께 귀명(歸命)하는 것이라고 해석될 것이다. 아상(我相)에 덮인 자력의 행을 버리고 본원타력에 의지하는 것을 의미하는 것이다. 지금까지 자기 관심에만 취해서 생활했던 입장에서 일전(一轉)되어 불보살의 진실에 따라 수행하여 불세계에 태어나는 길을 걷는 것을 회심이라고 말한다. 회심은 일생에 있어서 단 한 번뿐인 결의로서 불세계로의 회귀를 의미하는 것이 된다.

통념적 윤리 도덕이 최고의 사회 규범이라고 생각하고 생활하고 있는 현대 사회에서 질서유지를 앞세워 많은 약자를 궁지에 몰아 괴롭히는 왜곡된 도덕도 넘쳐나고 있다. 이 사회의 이면에는 사적 욕심을 가진 사람들로 넘쳐흘러 있어 상습적으로 타인을 옥죄어 자신의 이익만을 챙기려고 하는 사람들이 판을 치고 있다. 또 인위적으로 조작된 함정에 경쟁자를 매몰시키고 권력과 재물을 탐닉(耽溺)하는 데만 급급하여 안타깝게도 정작 자신은 생사로부터의 해탈해야 함을 망각하고 있다. 치부가 드러나면 내가 처한 이 상황이 불가피한 현실이라고 우기며 성내고, 남에게 죄를 덮어 씌운다. 그러한 행동이 자신은 지혜라고 생각하고 남보다 뛰어났다고 자부한다. 자신이 선인(善人)이라는 미명하에 스스로의 삶의 목적을 수시로 수정하여 자신의 과오를 감추려 한다. 그러나 자신은 정작 이러한 기본적 질서라는 틀을 파괴하고 자신만의 이익을 추구하며 남을 해하는 일을 서슴지 않는 것이 현재 우리들의 현주소이다. 그들은 사회의 윤리와 도덕이 모든 이들의 안정과 질서를 가져온다고 믿고 살아가고 있으나 그것은 구호에 불과하다. 필요할 때마다 참회와 반성을 해놓고 다시 악업을 되풀이하며 또다시 죄의식을 느끼면 참회를 반복하는 것은 진정한 의미의 참회는 아니다. 그때그때 그 자리를 회피하기 위한 비겁한 행위이다.

본원의 세계에서는 이러한 인간이라도 사회의 일원으로 인정하고 있다. 다만 우리 모두가 동등한 미혹된 고통의 사바에서 신음하고 있는 중생이라는 사실을 벗어날 수 없다. 진정으로 지혜롭지 못한 행동으로 자신의 존재가치를 하락시키는 일은 없어야 한다. 결국 우리들에게는 부처님께서 제시하여 주신 염불의 가르침에 순응하여 가는 것이 가장 지혜로운 행동이 되는 것이며 회심하는 길이 되는 것이다. 단 회심하여 그 본원의 가르침을 받는 자신은 진정으로 큰 가피를 받는 것임을 알아야 한다. 일생일대의 큰 수확이며 다시는 만나기 어려운 이 염불을 만나 나의 생에 큰 변화를 이루었다는 것에 큰 감사를 드려야 한다. 나는 무엇에 집착하고 지금까지 무엇을 이루어 왔는가를 면밀히 자신의 진면목(眞面目)을 성찰하여 보아도 이 본원의 가르침과 만남은 큰 행운이 아닐 수 없다. 그러나 지금까지 자신이 현실에 만족하고 충분히 남과 더불어 살아왔다고 자부하며 다른 도움도 필요하지 않다고 주장하는 사람들은 감히 자신의 성찰이나 참회, 회심 등의 단어는 부담스러운 것인지도 모른다.

본원의 원력에 안겨 명호를 부르는 자를 염불자라고 한다. 따라서 부처님의 명호인 「나무아미타불」을 한결같이 부르게 된 행자에게 있어서는 회심하는 것은 일생에 오직 단 한 번 밖에 없는 것이다. 그 오직 한 번의 회심은 어떠한 것일까. 그 행자의 회심이 삶의 태도를 180도 회전시키는 것이다. 도덕적 윤리적 기반으로 한 사회생활이나 학교나 가정생활에서 규칙에 위배될 때 마다 반성을 하는 것이 회심은 아니다. 그렇지만 회심은 어느 정도 규칙위반에 대한 반성의 의미가 포함되어 있다고는 볼 수 있다. 그러나 진정으로 회심하는 것은 일생의 단 한번 뿐이라고 하는 이유는 잘못을 인식하고 더는 하지 말아야 할 행동이므로 그렇게 말하는 것이다. 지금까지의 죄악심중한 과거의 나라는 아상(我相)의 고치를 벗고 새로운 나로 태어나는 중대한 일이기 때문이다. 그것은 불세계(佛世界)로의 맞춤형 인간으로서 새로운 면모를 가지고 새 출발을 의미한다. 나의 제2의 진실한 탄생의 의미가 있기 때문이다.

진정한 참회란

많은 사람들이 우리의 의지를 넘어선 본원의 불가사의한 힘에 의해서만 구제될 수 있다는 가르침을 들은 적이 없을 것이다. 지금까지 자신의 의지대로 살아온 그들이 영원한 생명인 아미타불에 구제될 수 있다고는 생각하지도 않을 것이다. 그러나 이러한 사람일지라도 지금까지 살아오면서 생각했던 마음과 태도를 180도 회전하여 영원한 생명인 본원타력에 자신을 완전히 맡기는 것이야말로 진정한 불교적인 회심이며 참회라고 할 수 있다. 일상에 있어서 가끔은 의도치 않게 실수도 할 수 있다. 그러나 잘못된 일임을 알고도 눈감고 지나가 버리고 또다시 잘못을 반복하는 사람은 그때마다 참회하여 새로 태어나려고 한다면 그 상황의 면피를 위한 교활한 행위이다. 그때마다 잘못된 상황을 알고 벗어나기 위한 거짓을 하고 남을 속이는 것은 양의 탈을 쓴 늑대나 다름이 없다. 사람들의 수명은 유한하고 운명에 의지하여 살지 못하므로 생각도 하지 못하고 참회할 시간도 없이 어느 날 갑자기 생명이 끝나 버리는 것이다. 그래서 항상 진정한 참회에 대한 보정(補正)이 있는 삶으로의 전환이 필요하다. 내가 살아 있다는 존재감을 가지고 모두에게 고마움을 가지고 임한다면 그야말로 아름다운 삶이 아닐 수가 없다. 그러한 삶을 가지기 위해 부처님께 지혜의 손을 빌리는 것이고, 자신의 모순된 생활에서 해탈을 위하여 참회하며 영원한 생명의 힘에 맡기는 것이다.

내가 관용의 마음을 가지고 남을 헤아리는 선업을 행했음에도 불구하고 해탈되지 못하고 먼저 생명이 끝나면 어떻게 할 것인가. 그러나 부처님은 한 사람도 예외 없이 구하지 않을 수가 없다는 원을 세우고 성취하시고 계시므로 걱정할 필요가 없다. 그런데도 저 투명한 의지는 나에게 어떠한 이득도 없이 되어버리면 어떻게 할까 하는 조바심을 가지고 있다면 분명 그것은 본원에 대한 의심을 지워버리지 못한 이유에서 일 것이다.

이 본원의 가르침을 잘 알면서도 말로만 아미타불의 구제력에 나의 일체를 맡기겠다고 호언하는 것이나 다름없다. 실제로는 자신의 업연을 알면서도 마음속으로는 어떠한 나쁜 사람도 구하여 주시는 그 불가사의한 작용이 불공평하다고 생각하고 아무래도 그보다 착한 내가 먼저 구제되는 것이 틀림이 없다고 생각하고 있을 것이다. 그렇다면 나는 그 영원한 의지의 힘을 자기 마음대로 작위 할 수 있다고 생각하여 자신을 완전히 맡기는 마음도 멀어지게 되는 것이며 그냥 응석을 부리는 모습만을 보이게 되는 것이다. 그 얕은 마음을 떠나지 못한다면 그 진리의 나라에 한 걸음 더 앞으로 가야 하는데 걸림돌이 되고 자꾸만 제자리걸음만 하고 있는 형상이 된다. 이것은 참으로 슬프고 안타까운 일이 아닐 수 없다.

아미타여래의 자비에 의해 우리들이 정토에 태어난다는 가르침이 있는데도 불구하고 무량한 아미타여래의 위신력에 의지하지 않고 스스로가 정토왕생을 위하여 무엇을 고안하여 수행한다고 해서 왕생이 저절로 이루어지는 것이 아니다. 만약 그러한 자신의 행에 대한 잘못을 직각(直覺)하여 여여(如如)하게 그 투명한 위신력의 작용에 의지하여 간원(懇願)하면 진정한 참회의 형태가 되는 것이다. 그러한 참회가 이루어진다면 부처님의 부드러운 자비의 마음도 함께 하게 되어 반드시 정토에 태어나게 되는 것이다. 이것이 곧 우리들의 사고를 넘어선 불가사의한 힘에 의한 구제인 것이다.

이생에 무슨 일이 생기더라도 그 미혹을 넘어서 새로 태어나기 위해서는 나 자신의 선택지는 바로 「나무아미타불」이다. 그 길을 걸으려 하지 않고서 그냥 멍하니 무량수여래불(無量壽如來佛)께서 나를 구제하여 주기 바라는 것은 지극히 나태한 일이다. 설마 부처님이 보잘것없는 나의 구제를 위하여 일방적으로 힘을 쓰고 계실까하는 의구심을 버리고 무조건 부처님의 의취(意趣)에 의탁해야 한다고 항상 생각하여야 한다. 그것이 실천된다면 저 명호를 부르지 않고는 배길 수 없게 된다. 이것을 솔직하다고 하는 것이고 곧 참회하는 자세가 되는 것이다. 대부분의 사람들은 자신이 어떻게 하는 것을 생각하지 않고 나는 솔직하다고 말한다. 이 말은 속과 겉이 다른 가식일 뿐이다. 자신만 이 세상의 구조를 잘 이해하고 있는 것 같은 얼굴을 하고 득의양양하게 말하고 있는 사람이 있다면 정말로 참혹하고 멍청한 일이다.

자신이라는 껍데기를 벗고

자신의 능력만을 믿고 과시하며 살아가거나 자기에게 있다고 믿는 권력과 꾀를 이용하여 남을 착취하려 든다면 이러한 행위들을 혹시 남들이 모르고 있다고 생각하고 있는 것일까. 너무 자기 영역에 익숙하여진 나머지 도를 넘는 생각을 많이 하는 것인지도 모른다. 내 진영과 다른 진영의 이해득실을 따지고 항상 비난을 하여야만 사는 자신을 직각하면 얼마나 어리석은 삶인지 부끄러워할 것이다. 이러한 삶은 괴물이나 하등동물의 삶과 다름이 없을 것이다. 이 삶의 끝은 어디 일지는 삼척동자도 아는 길이다. 심지어는 사실과 관계없이 혹독하게 반대 측 사람을 공격하고는 그것이 진실이 아니면 꼬리를 내리고 아무 일 없었다는 모습을 하고 있는 것을 많이 볼 수 있다. 상대편이 공격해 오면 그것이 관례라고 엉

뚱한 변명과 주장을 하고 피해 버린다. 그리고는 자신의 과오를 덮으려고 마스크 속으로 숨어 버린다. 과연 이러한 행위가 정당화되는 사회가 존재하여야 하는 것일까. 이러한 행위가 우리 사회의 상식이라면 그것을 알고도 묵인하여야만 하는 것일까. 이 사회에서 상대를 적대시하여 적폐를 운운하며 비상식(非常識)이라고 비난하는 것을 종종 접할 수 있다. 그런데 그 비난을 하는 기준은 나와 다른 위치에 서 있다는 그 이유 하나이다. 그 이면에 어떠한 철학과 사상은 존재한다고 보기 어렵다. 정말로 이 모호한 행위를 거듭하고 있는 우리 사회에서 정답이라는 것이 존재할 리가 없다. 이러한 문제들을 어떠한 기준에 놓고 판단을 해야 할까. 우리는 항상 남보다 위에 서길 바라고, 남에게 항상 박수도 받아야 하고, 남보다 돈도 많이 벌어야 한다. 또 남보다 건강하게 오래 살아야 하는데 남들이 나의 삶에 방해가 되고 있다는 생각일지도 모른다. 더 살펴보면 이런 삶을 벗어나지 못하고 살고 있는 우리는 사실 아귀(餓鬼)와 같은 존재인 것이다.

현대와 같은 경쟁사회에서 승리를 위하여 도전하였다가 자기 스스로의 강박(强迫, coercion)에 의해 정체성이 무너진 사례는 많이 있다. 대결하고 있는 경쟁 속에서 자타 공히 강박은 떨칠 수 없다. 왜 그러한 범주에서 헤어 나오지 못하고 있는 것일까. 그 이면에는 개인의 집착과 이기심이 버티고 있기 때문이다. 자신이 부당한 이익을 더 얻기 위하여 타인을 고의로 위협하여 공포감을 일으키게 하거나 하는 위법한 행위 수단을 사용하면 상대 역시 그에 대항하는 자세로 나와 싸울 수밖에 없는 것이다. 그러한 와중에 서 있는 나라는 존재는 어떠한 위치의 인간인가를 한번 돌아다보아야 한다. 자신을 되돌아보는 것이 없다면 앞서 언급한 회심의 행자가 되지 못하는 것이다. 우리 모두의 위법한 행위를 알고 곧 바로 고쳐나간다는 것은 무리한 일일 수도 있다. 나만 빼고 남이 그렇게 해주길 바라는 것도 무리인 것이다. 우리가 간과하고 있는 것은 엄밀히 따지고 보면 나의 경쟁상대가 다름 아닌 또 다른 하나의 나인 것이다. 그러한 나와의 갈등 속에서 진정한 나를 찾기 위해서 본원에 의지하여 꾸준한 노력과 정진에 의해서 갈마하면 반드시 자신이 본래부터 지니고 있다고 하는 있는 그대로의 불성이 그 본래면목의 세계로 돌아오게 하는 것이다. 그것이 회심이 되는 것이다.

다시 말하자면 내가 살아온 세월은 죄악심중한 그 자체의 생이었기 때문에 그 굴레를 벗어 던지고 새롭게 다시 태어나야 하는 것이다. 즉 이 사바세계의 굴레를 벗고 나와 저 불세계(佛世界)의 맞춤형 인간으로서 새로 태어나야 한다. 본래의 나의 모습을 회고(回顧)하여 또 하나의 진정한 나의 모습인 새로운 면모를 가지고 새 출발을 하는 것을 의미한다. 그 출발이 나의 최고의 삶으로 가는 길로 본래의 나의 진실한 탄생의 의미가 있기 때문이다.

따지고 보면 나의 모든 것은 외적 요인 보다는 내적 요인의 주된 작용에 의해 자아가 만들어지는 것처럼 보인다. 그것을 혹자들은 마음 챙김을 위한 자아성찰이라고 말하고 있다. 그 자아성찰에 의해 고삐 풀린 야생의 몸인 나의 행위 하나하나를 자제하고 정제하여 진정한 나를 배양해 나가는 힘을 얻어야 한다. 이것이 불교에서는 인욕(忍辱)의 경우에 해당한다. 이 인욕의 과정에 의해 자비와 안정이 꾀하여지는 것이다. 삼세의 부처님은 이 인욕바라밀 수행에 의해 큰 자비의 힘을 얻으신 것임을 알고 있을 것이다.

인연에 의한 상호공존의 원칙

우리는 나의 행위가 옳다고 스스로 위로하지만 현실을 깊게 생각하는 것을 피한다. 이러한 내가 보고 들은 것이 틀리지 않는다고 생각하는 자신의 행동에 대하여 합리화하고, 타인의 행위 자체를 부정하려는 습성이 있다. 모든 시공(時空)을 자기 중심축으로 맞추어 놓고 세상을 바라보고 비평하며 사는 사람들도 있다. 자신이 추구(追求)하는 목표를 이루기 위해 앞에 놓인 것을 모든 반대를 장애물이라 여겨 무리하게 제거하려 한다. 내 생각과 다르다고 하는 존재는 나의 장애물이라고 하여 반드시 제거되어야 할 대상으로 여긴다.

자신의 영역이라고 마음대로 설정해 놓고 그 선을 넘으면 공격의 대상이 되고 겁박을 한다. 사실 그 선도 자기 맘대로 그어놓은 것인데도 불구하고 법적으로 정해져 있는 것인 양 거짓을 늘어놓고 있다. 모두가 자기중심적 사고에서 발한 것이다. 자신만의 세계를 단단한 옹벽으로 구축하여 감히 남이 넘보지 못하게 하고 있는 것이다, 정작 자신은 이 울타리를 높이지만 자기만족을 하지 못하고 궁금함에 남의 울타리를 넘보려 한다. 남의 것을 자기화하려는 고양이 증후군에 걸려있는 것 같은 동물적 중증이다. 이렇듯 더 이상 나열하기도 무척 힘든 일이지만 우리들의 생각과 행위가 이 사회에 악영향을 가져오는 것을 번외라고 생각하고 있다.

내가 이 사회에 어떠한 위해(危害)를 끼친다면 그것은 자기 자신에게 피해가 되돌아오게 되는 것임을 명심해야 한다. 자신의 잘못에 대해서 한 점이라도 반성하지 않는 것은 죄를 감추고 자신을 합리화시키려는 의도가 있고, 종국에는 심각한 자기부정을 가져올수 있다. 이것은 「절대모순적자기동일(絕對矛盾的自己同一)」이라고 지적한 니시다(西田)철학에서는 자기모순은 자기 동일이 모순되기 때문에 생사의 고해를 넘어선다는 자체가 불분명한 것이라는 것을 언급하고 있다고 생각한다. 나라고 하는 존재는 이 사바세계의 현 고통을 절대 벗어날 수 없다. 그러한 존재를 인지하면서 표면적으로 부정해서는 안 된다.

오직 철저한 자기모순에 대한 깨달음을 가지고 절대적 존재에 의탁하여야 그 절대적인 존재와 자기의 존재가 동일화 될 수 있는 것이다. 그러나 우리는 태어나 죽음이란 곳으로 향하고 있는 유한한 존재라는 것을 잊는 한 그 모순에서 헤어나기란 불가능에 가깝다고 할 수 있다. 이러한 모순 증후군을 안고 있는 우리 자신은 그러한 자기모순의 현상을 부정하고 그것을 고치려고도 하지 않는다. 자신이 선택한 작위적 선인(善人)이라는 함정에 빠져 헤어 나오지 못하고, 그러한 부정적 사실을 외면하고 있다. 한없이 있을 것 같았던 꿀맛에 취해 아무런 생각도 없이 곧 다가올 위험도 잊고 살고 있는 자신이다. 이러한 심각성을 모른 채 매일 같은 생활을 살고 있다. 눈에는 비늘이 덮여 앞에 놓인 형상을 제대로 보지 못하는 문맹과도 같은 모습을 하고 있다.

세계 곳곳에서는 전쟁, 약탈, 학살 등의 만행이 지금도 자행되고 있다. 이러한 와중에서 자신과 전혀 관계없는 것처럼 방관자의 입장에 서 있는 우리의 모습이다. 그러한 고난이 나에게 왔을 때 숨어 있다가 유리한 환경이 조성되었을 때 가식된 모습을 나타내어 목소리를 높이는 일을 많이 볼 수 있다.

엄밀히 따져보면 나와 다르다고 하는 상대는 나와 전혀 다르지 않은 같은 사람인데 무자비하게 자행하는 악행이 크고 작던 우리 주변에도 속속 일어나고 있다. 정말로 안타깝고 무서운 일이 아닐 수 없다. 같은 민족끼리라도 종교가 다르면 비판하고, 사상이 다르면 원수보다 더 악랄하게 말살하려 하려는 일도 자주 일어나고 있다. 이러한 일들은 인간이 오염되어 집단적 뇌의 오류가 일어났다고 볼 수 있다. 사실 일부 지도자들의 권력욕에서 시작된 이 악행에 의해 불쌍한 약자들만 피해를 보게 된다. 권력을 정당화하기 위해 특정한 상대를 부각시켜 국민을 선동하기도 한다.

또 자신과 다른 민족과 종교의 말살을 꾀하여 무참히 공격하는 사례도 세계 곳곳에서 일어나고 있다. 일명 제노사이드(genocide)[97] 현상이다. 또 같은 민족이라도 자신의 이익의 부합을 위해서 집단으로 제거해 버리는 현시대에 이러한 참혹한 일들이 일어나고 있으나 종교계에서도 손을 놓고 감히 해결하려고 접근조차 하지 못하는 있는 것은 슬픈 일이다.

사실 우주의 중심에는 인간이 있다고 정의하는 사람들은 인간의 존재에 대한 바른 사고의 정립이 우선되어야 한다. 예를 들면 인간의 존엄성을 최고의 가치로 여겨온 휴머니즘(humanism)의 가치를 이상으로 한다면 그다음으로 직접적이고 빠른 평등사회로의 실천이 병행되어야 한다. 그렇지 못하면 인간의 존엄성 회복은 물론 인류공통의 문화, 복지 등의 사상에 부합되지 않게 되는 것이다. 따라서 이 사상은 슬로건에 불과한 것이 된다. 인종, 민족, 국가, 종교를 초월하여 인류의 안녕과 보편적 복지를 꾀하는 것을 이상으로 하는 세계가 되어야 인간이 우주의 중심이 되는 것이다.

인간은 자신을 귀한 존재라고 생각하고 당연희 꼭 쓰여져 있어야 할 문장처럼 생각할 수 있다. 물론 인간은 서로의 관계를 중요

---

97) 제노사이드 : 사회, 일반 국민, 인종, 민족, 종교 따위의 차이로 집단을 박해하고 살해하는 행위. 1944년에 법률학자 렘킨(Lemkin, R.)이 제안하여 사용되기 시작한 용어.

시하고 그 사회 속에서 함께 살아가야 한다는 것을 잊어서는 안 된다.

중생들의 현실을 깨우치기 위해서 부처님께서 설하신 것 가운데 연기법에 의하면

「이것이 있으므로 저것이 있게 되고
이것이 일어나므로 저것이 일어난다.
이것이 없으므로 저것이 없게 되고
이것이 소멸하므로 저것이 소멸한다.」(『중아함경』)

그 인과 연의 관계유지를 위하여 나의 의지와 관계없이 남에게 도움을 주기도 하고 도움을 받기도 하는 것이다. 자연법이의 차원에서 보면 받는 입장에서는 주는 사람에게 고마움을 느끼고, 반대로 주는 입장에 있어서는 남에게의 공생(共生)을 위한 배려의 마음을 내는 것이라고 볼 수 있다. 이러한 관계 속에서 인간사회는 질서를 가지고 흘러가는 것이다. 사회적 관계를 의식 하지 않더라도 남을 돕고 남에게 도움을 받는 상호 관계적 현상이 자연스러운 질서이기도 하다. 그러나 상호공존의 원칙은 자신의 것을 지키려고 자신의 울타리를 높게 쌓으려 하거나 자신만의 세계를 구축하려 하면 그 공존의 원칙이 깨지게 된다. 나 홀로 살아가려는 것은 사회적 동물이라는 공존의 틀을 벗어나는 것이다. 언제나 같은 패턴

이지만 다른 사람이 있기 때문에 그 관계 속에 내가 존재한다는 것을 잊어서는 안 된다. 다시 말하면 내가 존재한다고 하는 것은 남과의 관계의 얽혀짐이 있기 때문이다. 그렇기 때문에 남을 존중하는 행위는 자신의 존재에 대한 자각이 없으면 불가능한 일이다. 진실하고 소중하다고 생각한 나는 가식과 교만 그리고 욕망으로 감싸여진 존재이다. 그러한 나의 실체를 직각한다고 하면 하루빨리 가식과 교만 등을 벗어내야 한다. 그래야 부처님의 진여와 나의 진아(眞我)가 만나게 되고 마침내 하나의 새로운 불세계가 펼쳐지는 것이다. 매번 이러한 자신을 되돌아보고 진정한 나를 펼쳐낼 순간을 찾아내야 한다.

제17조 **거짓말쟁이**

변지(邊地)라고 하는 방편의 정토에 왕생을 이루는 사람들은 결국에는 지옥에 떨어지게 된다고 설하는 것에 대하여.

이것은 도대체 어디에 그 증거가 되는 문서가 있는 것입니까. 이것은 학자인 체하는 사람들 가운데에서 나온 말이라고 듣고 있습니다만, 어처구니가 없는 이야기입니다. 그러한 사람들은 경론(經論) 등에 설하여진 진리의 가르침을 어떠한 방법으로 읽고 있는 것일까요.

신심이 결여된 염불자는 아미타불의 본원을 의심하는 것에 의해 방편의 정토에 왕생하고, 그 의심에 대한 죄(罪)의 과보를 받은 후, 진실의 정토에 태어나 깨달음을 얻는다고 알고 있습니다.

본원을 믿고 염불하는 자가 많지 않기 때문에, 임시방편의 정토에 많은 자를 왕생시키고 계신 것입니다. 그것이 마치 의미가 없는 것처럼 말하는 것은 그것이야말로 석가여래가 정토의 가르침을 거짓으로 말씀하셨다고 말을 하고 있는 것 같이 되는 것입니다.

진실의 보토와 변지(邊地)왕생

변지왕생은 방편화토(方便化土)의 왕생이라고 한다.

「변지왕생은 의심 죄를 받은 신심이 결여된 자력의 염불자가 염불을 하여도 본원을 의심하기 때문에 변지의 정토에 태어난다. 그들은 불지(佛智)를 의심하는 죄가 깊으므로 500세가 될 때까지 그곳에 갇힌다. 이윽고 불법승 삼보의 광명이 비추어져 그 죄의 깊고 무거운 것을 깨달아 처음으로 진실의 보토에 태어나게 되는 것」이라 한다. 이 조에서는 정도(正道)로 가지 않고 외도(外道)에 빠진 사람은 변지(邊地)에 태어나고 이러한 사람들은 지옥에 떨어진다고 하는 것에 대한 이의(異意)와 비판을 하고 있는 장이다. 이것은 중복하여 언급했듯이 자력의 선을 행하면서 정토왕생을 주장하고 있는 것과 유사한 이야기로 들릴 수도 있다. 정토왕생을 위한 조건에 맞추어 행하는 것과 같다고 볼 수 있다. 한국사회에서 문제가 된 입시서류를 조작해 여러 가짜서류를 첨부하는 것과 닮은꼴이다. 선을 임의적으로 만든다는 것은 나를 속이고 남을 속이는 일이다. 선을 행하면 정토왕생이 이루어진다는 것은 도덕에서 가르치고 있는 착하게 살자는 이야기와 같다. 자신이 만든 선은 이해관계가 뚜렷한 것이다.

본원의 가르침에 따르면 선악의 작위(作爲)는 할 수 없는 것이다. 아미타부처님의 본원에는 남녀노소 선악을 구별하지 않고 모두가 구제의 대상임을 상기해야 한다. 그렇기 때문에 일부러 선을 만들 필요가 없다.

어느 누구라도 지옥에 떨어지는 일과 변지의 왕생은 바라지 않는다. 단지 마음 한구석에서는 겉으로는 의연한 체하지만 속으로는 두려움에 지옥을 부정하고 싶은 이는 많을 것이다. 그중에 임종이 가까워지면서 간절히 지옥에만 떨어지지 않게 해달라고 애원하는 이도 있을 것이다.

「극락에 왕생하기 바라고 「나무아미타불」을 부르는 사람들 가운데 자력의 마음으로 염불하는 사람도 있고 실로 본원의 극락에는 들어가지 못하고 겨우 그 가장자리에 가서 그동안 본원을 비방한 죄를 씻고 나서 바로 극락에 왕생한다. 이것을 자력의 염불이라고 부르는 것이다.」

오랜 어둠의 공포에서 한 빛줄기를 만났을 때 비로소 진정으로 내가 원하고 있는 가장 소중한 것이 무엇인지 비로소 보이기 시작될 것이다. 역설적이지만 우치(愚癡)의 중생이 되어야만 그 때에 여래의 비원의 광명을 진정으로 만날 수가 있다고 하는 것이다.

노년이 되면 지난날을 회상하며 아쉬운 부분과 잘못한 부분에 애석한 마음이 교차하며 다음 생에는 좋은 곳으로 가길 원하는 것이 인지상정이다. 모든 사람들은 종교와 무관하게 죽음에 대하여 민감하다. 모두 장수만을 원하는 것이 아니지만 어쨌든 생이 지속되기를 바라는 데에는 누구도 이의가 없다. 내가 잘 죽는 방법을 찾고 죽어서도 현생과 연결고리를 찾는 사람도 있을 것이다. 사실 누구나 예외 없이 지옥은 두려운 곳으로 인식되어 있고 내가 가야 할 곳은 아니라고 부정하고 있다. 과연 지옥은 나와 무관한 곳일까, 아니면 내가 그곳을 지나칠 수가 영영 없는 곳일까.

비상식적인 이야기로만 치부하기엔 지옥의 세계는 너무 광의적인 곳이기 때문에 예로부터 지금까지 지옥은 항상 우리들의 화두였던 셈이었다. 그런데 우리는 왜 그 반대쪽의 생각을 못하고 있는 것일까. 우리가 마냥 두려워하고 죄스러워 그곳을 탈피하려 애쓰는 가운데 정작 극락이란 단어는 아예 머릿속에는 없었던 것일지도 모른다. 정신을 가다듬고 눈을 크게 뜨고 세상을 바라보면 원래 우리들이 목적지로 한 극락세계가 되살아나게 된다.

너무 지옥의 공포에 치우친 나머지 엄두가 나지 않아 극락에 갈 생각은 못하고 있었을지도 모른다. 지금까지 본원의 가르침을 뒤로하고 자신의 안위만을 위해서 살아온 실체를 부정하고 싶을 것이다. 본원의 가르침을 자각하는 순간 부끄러움과 죄의식으로 지옥이란 곳이 먼저 떠올라 있었을 것이다.

그 자신의 실체를 바로 보고 본원의 가르침에 따라 걸어가면 반드시 그 목적한 바의 정토에 도달해 있을 것이라는 선사들의 말씀에 따라 진정으로 극락왕생을 원하고 구하고 있지만 아직까지 바른 길을 찾지 못해 미혹에 헤매고 있는 이도 있다. 그러나 그 길이 확실히 있다 하더라도 아직 풀지 못한 미지의 극락에 대한 두려움과 의심을 버려야만 진정한 염불의 세계에 안착하게 되는 것이다.

화신토(化身土)에 태어나는 자들은 본원에 대한 의심을 품고 살면서 생을 마감한 자들이다. 그들은 변지의 세계에서도 결국 머물지 못해 다시 지옥계로 태어난다고 한다. 이 조항은 거짓이 아닌 것을 증명할 수가 있는 말씀이 있다. 불문(佛門)의 승가 가운데 경석(經釋)에만 의지하여 말을 달콤하게 하여 많은 사람들을 혼란하게 하며, 본원의 가르침을 부정하려는 자들이 있다. 그들은 경전의 문자에 의지하고 고고한 수행자의 모습을 극대화 시켜 사람들에게 선망의 대상이 되길 바란다. 이러한 불설에 대한 해태(懈怠)를 가진 자들은 자신의 이상을 깨치지 못했기 때문에 결국 변지(邊地) 해탈을 이루게 될 것이라고 보고 있다. 정토 이외의 지역을 변지라고 하나 물론 그 안에는 지옥도 포함되어 있는 것이다.

변지해탈은 이루어지는가

염불자가 가끔 일상의 무기력감에 자신의 가야 할 길조차 혼동되어 모든 것을 포기하고 멈추어 서는 일이 있다. 사람의 근기에 따라서 금방 기력을 회복하여 본래 목표한 길을 가지만 대부분의 사람들이 번아웃(burnout)[98]이 오는 경우가 있다. 이 상황을 극복하

---

98) 번아웃 : 일에 몰두하던 사람이 극도의 피곤과 스트레스로 인하여 정신적, 육체적인 기력이 소진되어 무기력증, 우울증 따위에 빠지는 현상을 말한다.

지 못하면 스트레스가 쌓여 결국에는 자아 상실이나 우울증이 올 수도 있다. 남보다 더 의욕적으로 활동을 하는 사람이 그가 자신있다고 믿고 있던 일에 상당한 결과가 호평을 받지 못할 경우 갑자기 이러한 증상에 떨어지게 된다. 다른 한편에는 자신에게 적합하지도 않는 일을 해야 되는 경우에 일에 대한 의욕이 떨어질 수도 있고 자신의 존재감이 사라질 경우가 있다. 즉 그러한 자신의 처지를 비관하게 되고 그 좌절감에 실패자라고 생각할 수 있다. 나는 이러한 곳에는 맞지 않다고 그 직장을 그만두거나 그 직장에 대한 불만을 토로한다. 그러한 직장에서 인내하며 계속하려 하는 과정에서 어쩌면 자신의 새로운 적성을 발견할 수도 있다. 이 세상 모든 곳에서나 나 하나만을 위하여 기다리고 준비된 만찬을 들게 하는 곳은 없다고 본다. 이 세상이라는 큰 무대에서 자신이 홀로 주인공이 되고 싶은 욕망을 가진다는 것은 결국 자기 상실을 가져오게 된다. 그 누가 나에게 박수를 쳐 줄 사람이 있다거나 기대하고 있는 것은 어리석은 일이다. 과연 나는 남을 위해 한 번이라도 진심으로 박수를 쳐 준일이 있었는가 스스로에게 자문해 보아야 한다.

남들에게 나는 그다지 공덕을 쌓지 못했기 때문에 애초부터 그러한 꿈은 가지지 않는 것이 현명하다. 계산은 정직하게 해야 하는 것이다. 나에게 유리한 쪽으로 계산한다면 그것은 오류가 아닌 착복하려는 속셈인 것이다.

자신이 하는 모든 행위는 선(善)이고 다른 사람들의 행위는 악(惡)

이라고 자기 맘대로 규정하는 것은 독선적 사고이다. 일부 사람들은 자신만의 안락한 세계를 구축하려 꿈꾸며 남들이 자신의 울타리를 넘어오지 못하도록 점점 더 높이 세우는 경우가 있다. 이런 사리사욕의 현상이 가족붕괴가 가져온 병폐라고 할 수 있다. 이는 역으로 스스로가 자신의 울타리에서 빠져나오지 못하는 결과를 초래할 수가 있다. 자신의 삶을 타인과의 상호관계로 두지 않고 오로지 일방적으로 나 홀로 계산방식대로 저울질하는 마음이며 그러한 행위는 자신에게는 아무런 이익을 가져올 수 없다. 나 홀로 살아간다고 판단하고 행동하면 나의 실질적 존재는 무의미한 것이 되는 것이다. 즉 사회적 동물인 자신의 실체가 무용한 것이 되는 것이다. 우리는 이런 자신의 행위를 한 번이라도 되돌아보고 상호 관계에서 자신의 실체를 찾아야 한다. 그러한 자신의 탐욕 된 실체를 발견하지 못하면 그것이 변지에 혼자 태어나는 것과 다름이 없게 된다. 이것을 변지 해탈이라고 하는 것이다.

어떤 사람은 우리의 공통적 목적지인 진리의 정토에 겨우 한걸음 남겨놓고 고통뿐인 세계에 다시 떨어질 수밖에 없다는 것은 대체 어떠한 경전에 의거한 생각을 나타내고 있는 것일까. 그러한 의혹으로 인하여 사람들이 혼란에 빠지게 하고 미래를 두렵게 만드는 그러한 사람 자체가 변지 해탈로 떨어지지나 않을까 우려되는 대목이다. 학자라고 말하는 많은 사람들 가운데는 그러한 불확실한 근거를 가지고 주장하고 있다. 그것은 정진하고 있는 염불자들의 불안을 조성하고 외도를 조장하는 일이며 정말 안타까운 일이다. 그들은 경전이나 그 밖에 연구서를 어떤 바른 방법으로 읽고 있는 것인지 많이 궁금해진다. 본원의 가르침을 믿는 마음이 결여되어 있다는 것은 불교 자체를 종교로 보지 않는다는 것과 마찬가지다. 그것은 마치 자신이 정토왕생의 필요성을 느끼지 못하고 있다는 것이 된다.

대개 학자들이라 자칭하는 사람들 가운데 경논(輕論)과 성교(聖敎)를 조금의 신심도 없이 해석하려는 것은 정말로 어리석은 일이다. 적어도 불교에 관계하는 학자나 수행자라면 신심을 가지고 경전을 받들어야 하는 것이 기본중의 기본이다. 종교는 신앙이 근본이 된다. 따라서 불교도 신앙을 바탕으로 하는 종교임을 명심하여야 한다. 수행정진 하려면 자신의 근기만 믿고, 힘 좀 쓰고, 건장해야만 수행을 할 수 있다고 믿는 것이나 마찬가지이다. 또한 남이 자신에게 열광한다고 불교의 가르침을 자신의 교설로 착각하는 것은 석가모니를 패싱 하는 것이나 마찬가지이다.

심지어는 염불의 행자에 있어서도 본원을 의심함에 따라 변지에 태어난 후 의심한 것을 참회한 후 진실의 보토(報土)의 중요함에 깨달음을 얻어야 하는 수고로움을 겪게 된다고 한다. 그러나 바른 신심을 가진 행자가 그리 많지 않기 때문에 결국에는 화토(化土)[99]

---

99) 화토(化土) : 부처님이 중생의 근기(根機)에 맞는 모습과 성정으로 변화되어 중생계로 나타내는 세계. 임시적이고 방편적인 정토.

인 방편의 정토로 많이 태어난다는 것이다. 석가여래께서 이러한 방편에 대한 말씀을 하시는 것은 자신의 가르침을 믿지 않는 부류가 있기에 그러한 것이고, 사실은 많은 사람들을 어떻게 하든 진실의 정토로 왕생시키려 하는 대기(對機)의 방편을 가지고 중생을 교화하셨던 것이었다. 석가여래가 아미타불의 교설인 본원의 가르침을 헛되이 해석한다는 것은 있을 수가 없다. 본원의 의취를 자의적으로 해석하고 명호를 부르고 있는 자에게 있어서도 진정한 해탈이 가능한 것인지는 의심이 있을 수 있다.

사실 경론을 연구하고 자의적으로 해석하는 일은 여래의 진의를 불신하는 것이라고 볼 수 없다. 오히려 확고한 신앙의 밑받침이 되는 교설 연구라면 그 신심을 근본으로 하기 때문에 큰 공덕을 쌓는 것이나 다름이 없는 것이다. 조심해야 할 것은 염불수행의 과정에 자만심이 일어나지 않게 스스로 신앙점검을 할 필요가 있다. 내가 안다는 것은 자체연구 개발한 논리가 아니다. 모든 것이 여래의 가르침에서 비롯된 것이기 때문에 그 교설을 잘 전승받아 불자로서의 행동하는 자세를 흩뜨려 버리면 안 된다.

더구나 나는 무명 속에서 헤어나지 못하는 행동의 주체로 본원에 불신을 안고, 망념, 망동이 되어 집착을 버리지 못하고 자기중심적 사고(思考)로 직진하려드는 삿된 자신이라 할 수 있다. 그 주체인 자신은 대개 스스로의 행동이 최고의 선 인양 생각하고 있다. 그래서 부처님은 그러한 우리들을 가련한 범부로 부르시고 계신 것이다. 그 범부라는 이름은 그리 자랑스러운 이름이 아니다. 부처님 측에서 보면 범부라는 그 이름 자체가 죄업이 성립된 실체이면서 역으로 부처님에게 구제의 대상이 되는 것이다. 그러나 그 이유도 모르는 채 범부라고 불러지는 것은 억울하지만 자신의 죄업이 분명하고 바로 죄업의 본체가 무지(無知)이기 때문이다. 죄업의 본성은 불신과 망념에서 기인한다. 그렇기 때문에 죄업에서 벗어나기 위해서는 우리들은 지혜인이 되어야 한다. 그렇지 못하는 한 무명의 변지로부터의 해탈은 요원한 것이 된다. 근본 무명인 변지에서 해탈하는 길은 오로지 부처가 되는 길이 유일하다. 이에 자각자와 부처만이 죄를 없애 주는 주체가 되는 것임을 알아야 한다.

석가모니의 진의(眞意)

정토의 가르침을 설하여 주신 석가모니불의 진의는 설하신 경전 곳곳에 있다. 『불설아미타경』에서 사리불(舍利弗)존자에게

「사리불아 내가 이와 같은 이익(利益)이 있는 것을 잘 알고 있다. 그래서 사람들이 이 가르침을 듣는다면 반드시 그 정토에 태어나고 싶다고 원하여야 한다.」『불설아미타경』

이와 같은 이익은 중생구제에 대한 바로 아미타불의 극락세계에 태어나는 것을 의미하는 것이고, 가르침이란 아미타불이 세우신 본원의 가르침을 말하는 것이다. 따라서 석가모니 부처님께서 자신이 체득한 극락세계를 많은 사람들에게 몸소 시현(示現)해 보이고 권하고 계시는 것이다. 이것이 석가모니의 진의이며 아미타불의 극락에 대해 증명하고 계신 것이다. 아미타여래의 진실한 본의는 죄악심중하고 번뇌치성한 나를 청정하고 안락한 세계에 안주시키기 위한 큰 원을 세우시고 정토를 건설하시고 일체중생을 구제하기 위한 것이다. 경전에는 아미타부처님은 극락정토에 주석하고 계시며 중생구제를 위하여 지금도 설법하고 계시다고 설하고 있다.

그러한 여래의 중생구제에 대한 본의를 왜곡하고 그 투명한 의지를 자신의 입맛에 맞게 제멋대로 해석하는 사람들이 있다. 그러한 사람들은 안타깝게도 석가모니와 아미타여래의 진의 유무와는 관계없이 자기 멋대로 왜곡하고 있는 것이다. 그 사람들은 자의에 의한 자력 수행을 주장하고 있다. 선사의 가르침에서는 자력에 의한 극락왕생은 도저히 이루어질 수 없다고 설하여져 있다. 그 진의를 뒤집을 묘책이라도 있는 것인지 궁금하기도 하다.

자력의 행자들은 이와 같이 신심이 결여된 행동을 하며 대부분은 아미타부처님의 본원을 의심하고 있는 것이다.

염불자들의 이러한 의심이 본원에 대한 신심을 없어지게 하고 결국은 그들을 화신토에 머무르게 하는 것이다. 아미타불께서는 아무래도 바로 본원을 믿고 염불하는 자가 많지 않은 것을 알고 계시기 때문에 우선 바른 법을 깨닫기 전까지는 그 방편의 정토에 많은 자를 왕생시키고 계신 것이다.

방편의 정토에 왕생하고 그곳에서 염불정진하여 자신을 진정으로 돌아다보고 나의 실체가 보이는 순간이 진리의 보토인 정토로 태어나는 첫 걸음인 것이다. 본래 우리들의 목적지인 안락의 보토에 왕생하게 되어 지금까지 제멋대로 생각하고 행동한 것을 일시에 청산하게 됨으로써 진정으로 정토의 성중으로 자리매김을 하게 되는 것이다.

석가모니부처님도 이러한 현실을 경계하시며 법장보살이 성취하신 본원의 가르침에 따라 염불하는 사람은 의심하는 마음이 이미 없어진 상태라고 하신 것이다. 반면에 의심을 거듭하는 행자에 있어서는 저 안락의 세계로 왕생하는 일이 드물어서 하루빨리 이 의심의 덫에서 빠져나와야 한다고 하였다.

소위 방편의 정토에서 진실의 보토로 왕생하기 위해서는 부처님의 자비와 광명을 받아야만 그 사람이 진실한 염불자로서 길을 걷게 된다는 것이다. 많은 사람들이 자견(自見)의 깨달음이 없는 관계로 그들을 정토로 인도하는 일이 그리 원만하지 않을 수가 있어 혼돈의 세계에 그냥 머물러 있는 것이다. 이러한 괴로움의 사바세계에 머물러 미혹하고 있는 우리 중생들을 더욱더 가엾이 여기시며 본원의 가르침만이 이 고통의 세계에서 해탈하는 유일한 길임을 중복하여 알려 주신 것이 바로 석가모니불이다.

그리고 석가세존이 이 사바세계에 출현하신 연유도 바로 우리들에게 아미타불의 본원을 가르쳐 주시기 위한 것이다. 자신만의 세계인 좁은 공간에 갇혀 있는 우리는 지금의 이 세계 이외엔 알지 못하므로 석가모니는 이 답답한 고통의 세계에서 벗어나 안락한 정토의 세계를 알려주신 것이다.

그런데 이러한 진의에도 불구하고 아상(我相)으로 덮혀져버린 나의 존재가 감히 석가모니의 직설까지 의심하며 부처님을 거짓말쟁이로 만들어 버리려는 중죄를 짓고 있는 것이다. 대단히 부처님께 죄송스럽고 안타까운 일이다.

제18조 헛된 생각은 그만

사찰이나 승려에게 올리는 보시물이 많고 적음에 따라, 큰 부처님이 되고, 작은 부처님이 된다는 것에 대하여.

이것은 언어도단이며, 있을 수 없는 일이며, 사리에 맞지 않는 이야기입니다.

우선 부처님의 진신(眞身)을 두고 크고 작음을 정하는 일이 있어서는 안 되는 것입니다. 경전에는 저 안양정토(安養淨土)의 교주이신 아미타불의 진신을 크기로 설하고 있습니다만, 그것은 방편으로 나타내 보인 보신(報身)의 모습입니다. 진실한 깨달음을 열고 길고 짧음이든가, 사각형이든가 원형이라는 형상을 초월하고, 또 청색·황색·적색·백색·흑색 등의 색상을 넘어선 부처님의 진신이라고 하면 무슨 근거로 크고 작음을 정할 수 있겠습니까.

염불하면 화신불(化身佛)[100]을 친견하기도 하는 일이 있다고 합니다. 경전에는 「큰소리로 염불하면 큰 부처님을 만나고 작은 소리로 염불하면 작은 부처님을 만난다.」고 설하여져 있지만, 혹여나 이 도리(道理)에 억지로 갖다 붙여 놓고 큰 부처님이나 작은 부처님이 된다는 말을 하고 있는 것일까요.

---

100) 화신불(化身佛) : 부처가 중생을 구제하기 위해 여러 다른 모습으로 변화하여 나타나는 일. 또는 그 몸으로 성질에 따라 삼신으로 나뉨. 정토종에서, 그 몸은 없으나 인연에 응하여 홀연히 환영(幻影)처럼 나타나는 부처.

한편으로는 이러한 보시는 성불하기 위한 보시행이라고도 할 수 있습니다만. 얼마만큼의 재보(財寶)를 부처님 전에 올리고, 큰 스님들에게 공양을 올렸다 하더라도, 본원을 믿는 마음이 결여되어 있다면 아무런 의미가 없습니다. 단 한 장의 종이나 얼마 되지 않은 금전(金錢)을 절이나 스님들께 올릴 수 없다 하더라도, 본원타력의 원력에 모든 것을 맡기고 신심이 깊어진다면 그것이야말로 본원의 진의(眞意)에 맞는 것이 되겠지요. 결국에는 세속적인 욕망이 있기 때문에 부처님의 가르침을 핑계삼아 이 같은 염불의 길을 걷는 행자들을 겁박하고 있는 것일까요.

비행비선(非行非善)의 보시

「나의 힘으로 행하지 않는 것을 비행(非行)이라 한다.」라고 제8
조에 말하고 있는 것처럼 염불 그 자체가 「비행(非行)」에 있을 때 나
의 이지적(理智的) 사고가 전혀 들어가지 않은 상태를 이르는 것이
다. 염불도 행하는 사람에게 있어서 행하는 것이 아닐 뿐만 아니라
선행을 쌓는 것도 아니라고 한다. 나의 생각대로 염불을 한다는 것
은 나의 생각이라는 그 속에 갖가지 번뇌나 삼독 등이 함유되어 있
기 때문에 진실한 염불이 되지 않는다는 의미이다. 때문에 염불은
나의 염불이 아닌 본원의 염불에 따라 행하여야 하는 것이다. 다른
수행도 마찬가지이다.

하물며 보시행의 경우에는 더욱 그렇다. 보시의 행에 있어서는
그 외에 다른 것을 수반해야 한다는 조건이 없어야 한다. 그러하기
에 보시행에 무엇이 가장 필요한 것일까. 그것은 가장 기본적으로
필요한 「신(信, 믿음)」이다. 이 믿음 위에 어떤 보시도 그 효용 가치
를 발하게 되는 것이다. 그렇지 못하다면 그 보시는 잘못하면 뇌물
로 가치가 전락(顚落)할 수가 있다. 보시행에 있어서 이해득실이 전
혀 들어가지 않아야 하는 것은 주지한 그대로다.

따라서 본원의 가르침에 기초한 「믿음만이 필요한 것이라고 하
는 것이 제8조의 「염불은 행자를 위한 비행비선이다.」라는 일구(一
句)가 핵심이라고 하는 유이엔스님은 그의 본의를 이렇게 서술하

고 있는 것일지도 모른다. 아마도 유이엔스님의 본의는 선사의 말씀은 물론 아미타불의 서원을 믿는 방법에 다름이 있음을 두고 '탄이(歎異)'를 외치지 않았나 생각된다. 특히 그 과정에 있어서 보시에 대한 무분별한 해석에 많은 긴장을 했음을 엿볼 수 있다.

보시(布施)란 널리 베푼다는 의미로 대승불교의 핵심수행의 하나이다. 특히 대승불교에서 보시를 육바라밀행 가운데 제일 첫 번째의 덕목이라고 가르치고 있다. 예나 지금에나 불자들 간에 회자되고 있는 보시의 공덕(功德)에 관한 중요성을 강조하는 것이다. 보시의 마음은 사실 부처님의 자비와 같은 마음으로 다른 이에게 아무런 조건 없이 베풀어 주는 것을 뜻한다. 조심해야 하는 것은 자신의 명리(名利)를 위하여 하는 보시는 진정한 보시가 아니다. 반드시 이타(利他)의 정신으로 하는 것이 진정한 보시가 되는 것이다. 이미 알고 있다시피 보시의 꽃이라고 할 수 있는 것을 무주상보시(無住相布施)[101]라고 한다. 이 덕목은 최고의 보시행으로서 불지들간에는 널리 알려져 있다. 그러나 불자들 간에 아무래도 자신의 선행을 자랑스럽게 알리고 싶은 심정이 있을 것이다. 또 항간에는 보시공덕을 많이 쌓은 이들이 선망의 대상이 되는 경우도 있다. 보시가 대외적인 광고의 수단이 되는 것이 아니지만 이러한 불자들의 공덕행은 칭찬 하지 않을 수 없다. 그런데 그 보시의 분량이 크고, 적

---

101) 무주상보시(無住相布施) : 내가 베풀었다는 의식은 집착만을 남기게 되고 궁극적으로 깨달음의 상태에까지 다다를 수 없다고 보고, 허공처럼 맑은 마음으로 보시하는 무주상보시를 강조하게 되었다. 보조국사 지눌과, 휴정이 강조하였다.

음에 그 사람의 공덕의 크기를 정하는 것은 맞지 않다. 보시는 나의 마음을 가늠하는 잣대가 아니다. 분명 보시는 수행덕목의 하나이다. 이러한 보시의 수행을 나의 마음의 가늠자로 생각한다면 잘못된 생각일 것이다. 또 보시를 하지 않으면 구제되지 못한다는 잘못된 말을 하고 있다.

그러나 어떤 구도(求道)의 모임에 아주 귀한 물품을 보시하고, 큰 스님에게 공양한다고 해도 저 아미타불에 대한 신심이 없으면 의미가 없다. 단 염불자에게 스스로 나오는 보시(布施)행을 부정하고 있는 것은 아니다. 바라밀수행은 보시·지계·인욕·정진·선정·반야바라밀(般若波羅蜜)인 육바라밀을 기본으로 하고 있다.

바라밀 수행중 첫 번째 수행인 보시는 남에게 베푸는 것 중에 첫째는 재물로써 베푸는 재시(財施)와 부처님 가르침인 진리를 설하여 가르쳐 주는 법시(法施), 생활에 두려움이 있거나 어려움으로부터 구제해 주는 무외시(無畏施)인 세 가지로 구분되어 있다. 둘째로 보시는 사섭법(四攝法)[102]의 하나로 보살(菩薩)이 중생을 교화(敎化)할 때 하는 수행법으로 권장되고 있다. 셋째로는 승가에서 신도들이 스님에게 불공(佛供)등을 요청하거나 사찰에서 불사를 행할 때에 금전이나 물품을 기부하는 것을 보시라고 한다. 그 밖에 보시는 어느 특정 단체나 개인으로 구분 짓지는 않고 여러 종의 보시로 구분

---

102) 사섭법(四攝法) : 보살(菩薩)이 중생을 제도하고 섭수(攝受)하기 위하여 행하는 네 가지 기본행위. 사섭사(四攝事), 또는 사섭(四攝)이라고도 한다. 네 가지의 섭사는 보시섭(布施攝)·애어섭(愛語攝)·이행섭(利行攝)·동사섭(同事攝)

되어 행하여지고 있다. 무엇보다도 무주상보시와 같이 내가 무엇을 누구에게 베풀었는가를 논하지 않고 부처님 법에 준하는 마음으로 온전하게 베풀며, 마음의 분별심을 없애고 지속가능한 보시를 최상의 보시로 하는 것이다.

사찰의 어떠한 곳에 대중공양하는 것을 놓고 적고 많음의 보시를 분별하여 어떤 이는 큰 깨달음을 얻은 자가 될 것이라든가 어떤 이는 작은 깨달음을 얻을 것이라고 하는 것은 잘못된 가르침이며 말도 안 되는 일이다. 보시를 많이 한 자가 빨리 성불하고, 적게 한 자는 느리게 성불하는 원칙과 가르침은 없다. 이 말은 염불의 행자에게 용기를 주기 위한 방편이라고 본다. 만약 그렇다면 쥐가 웃을 일이다. 자신의 교만한 자랑 그것은 덕담이라고 할 수 있는 이야기가 아니라고 생각한다. 특히 염불자에게 있어서 우선 보시를 하는데 크고 작음과 질량을 정하는 일이 있을 수 있겠는가. 그렇지 않다면 염불수행자에 있어서 보시에 대한 자각이란 의미가 무엇인가를 먼저 자문해야 할 것이다. 염불자에게 있어서 깨달음은 우선 자신이 구제가 절대불가한 몸이라는 실체를 깨닫는 것이고, 저 불가사의한 작용에 의해 구제 되는 몸이라는 점에서 진정한 수행단계인 보시행을 행할 수가 있다고 말할 수 있다.

또 보시행의 대소나 자신의 재산의 유무에 따라 왕생이 결정될 수는 없는 것이다. 이러한 형상에 얽매여 보시를 적게 하는 자를 분별하고 차등하는 우리들의 마음을 안타까워하시며 세우신 큰 원이 본원인 것이다. 이 본원의 가르침은 절대평등의 원칙이 세워진 법장보살의 서원을 말하는 것이다. 이 본원의 세계에 들어가면 그 누구도 예외 없이 자유평등을 만끽할 수 있는 자격이 주어진다. 본원문에서 제4원인 「무유호추원(無有好醜願)」에는 법장보살이 원을 세웠을 때 이미 흑·백·황·청 등의 색깔에 얽매이지 않고 모든 사람이 차별 없이 평등한 구제의 대상이 된다고 가르치고 있다.

우리들이 구제되어 가는 평안한 생명의 나라에 왕생하는데 있어서 차별의 대우를 받아서는 안 되는 것이다. 비록 내가 가진 것이 없다고 지옥에 떨어진다면 그것은 완전히 불교의 가르침 전반을 뒤엎는 큰 사건이 될 수가 있다. 따라서 불교에서는 구제의 대상이 선별되거나 절대 차등되거나 하지 않는 것이다. 남녀노소, 빈부의 차이나 흑백의 색깔의 좋고 나쁨을 그 누가 감히 구별할 수 있겠는가. 이러한 평등의 진리를 자각하면 그곳에서는 여러 종의 형태가 있지도 않을 뿐 아니라 각종의 색채가 있을 리가 없기 때문에 어떻게 많고 적음을 정할 수 있겠는가.

단바라밀(檀波羅蜜)은 육바라밀(六波羅蜜)중의 하나이다. 단(檀)이라는 것은 보시(布施)하는 사람이라는 뜻이고, 산스크리트어 dāna의 음사(音寫)로 보시라고 번역된다. 보시바라밀(布施波羅蜜)과 같은 내용이다. 이 바라밀(波羅蜜)은 도(度) 또는 도피안(到彼岸)이란 뜻으로 사용되고 있다. 따라서 보시수행은 생사의 바다를 건너 열반의 언덕에 이르는 방법을 말한다.

염불이 보시이다

만약 어떤 이가 보시를 하고 싶어도 가진 것이 전혀 없어 보시를 못하더라도 저 불가사의한 본원력에 힘을 전부 맡겨 확고한 그 생명에 대한 직각이 있다면 그것이야말로 영원하고 투명한 의지의 중심에 접하고 있는 것이다. 불전이나 공양을 위해서 「종이 한 장, 반쪽의 동전도 부처님과 스님들을 향하여 넣을 수 없더라도 자력의 마음을 버리고 신심을 깊게 한다면 그것이야말로 아미타불께서 세우신 원이 진정한 본의이다.」라고 할 수 있다.

그러한 보시의 마음을 말하는 것은 아미타불의 명호를 크게 부르면 큰 자각을 얻고 작게 부르면 작게 얻는다고 하는 것에 대한 잘못된 견해로 인하여 많은 염불자들에게 혐오를 주는 가르침으로 오해를 받을 수 있기 때문이다. 보시나 염불도 모두 본원의 가르침에 의한 행이므로 자의에 의한 이해관계에서 베푸는 것이라면 보시라는 단어를 쓰면 안 된다.

또 물질적인 것만이 보시에 해당하는 것은 아니다. 염불의 수행자에게 있어서 보시란 염불을 철저히 수행하고 지켜가는 것이 자신은 물론 남에게도 큰 보시라고 할 수 있다.

즉 「나무아미타불」의 명호를 철저히 행함으로서 다른 삿된 행위를 하지 않고 오로지 그 가르침에 따라 사는 것이므로 모두에게 이로움을 주는 것이 된다. 따라서 이 명호 자체가 보시의 큰 부분을 차지하고 있다고 하는 것이다.

어떤 경전에서도 보시에 대한 가부를 규정짓고 있지 않다. 단 선사들의 가르침에서 살펴보면 보시의 진의는 참된 신앙인으로서의 가치를 전환시키는 주요한 바라밀행이기 때문에 권장하고 있는 것이다.

보시와 명호를 억지로 연관시킨 것은 아니다. 보시도 여래의 진의에 의한 수행이고 명호인 「나무아미타불」 또한 본원염불수행인 만큼 서로 상관관계가 있는 것이다. 염불이란 본래 무일물(無一物)의 자각이다. 그 물질적 얽매임에서 자유를 얻어지는 수행이다. 그 자유스런 것이 물질에 얽매일 이유가 없기 때문이다.

염불하는 것이 대단한 선업을 쌓는 것이고 염불을 하지 않는 것은 바른 수행에 해당하지 않기 때문에 선업이 아니라는 논리는 맞지 않는다. 그 판단의 기준은 우리들이 염불의 질량을 논하는 것과 마찬가지다. 또한 염불의 가치는 이미 법장보살 인위 시에 결정된 것이다. 다시 말하자면 법장보살이 몸소 오겁이란 오랜 시간을 사유하여 성취한 것이니 만큼 염불은 그리 가볍지 않은 것임을 선술(先述)하였다. 따라서 그 가치를 따지는 것은 어리석은 일이다.

그런데 염불의 위신력을 너무 과하게 이야기하는 과정에서 염불하면 선업을 쌓는 유일한 길이라고 주장하고 그 염불에 의해 과보가 결정된다고 하는 것은 염불의 진위를 왜곡하는 일이 될 것이다. 문제는 염불을 선과(善果)의 수단으로 인식하고 있는 것은 염불의 본래의 의취를 왜곡하는 것이 된다.

만약 그러하다면 염불의 평등성에 크나큰 결점이 나타나는 것인 동시에 차별의 염불이 되는 것이다.

또 일부 염불자들은 염불을 하면 초복(招福)하는 것이 되고, 그 염불 수행 정도에 따라서 많은 효과를 본다는 생각을 기본적으로 가지고 있다. 이 생각은 염불하는 행자가 염불의 의미를 신비적으로 해석하는 과정에서 나온 생각으로 자의적로 만드는 선이라고 할 수 있다.

선업은 임의적으로 만들어지는 것이 아니다. 신란 대사는 선의 해석을 아미타여래의 마음에 달려 있다고 하였다. 즉 여래가 선이라고 할 수 있는 교설이 있으면 그것이 선이고 반대로 악의 개념 또한 여래의 본의에 달려 있다고 하였다. 중생의 눈높이에서 분별하는 선과 악은 아무래도 자신의 이해관계를 떠날 수 없으므로 우리가 선악을 논한다는 것은 무리한 일이다.

또 우리들이 생각하고 있는 신앙의 크고 작음을 구별하는 것은 진정한 염불자의 위상에 크나큰 상처를 주는 것이다. 예를 들면 「큰소리로 하는 염불은 큰 부처님을 만나고, 염불을 작게 하면 작은 부처님을 만난다.」라는 것은 대웅(大雄)과 같은 강한 힘을 가진 부처님의 명호를 부르면 훌륭하게 깨달은 자의 모습으로 나타난다는 것 같은 생각일 것이다. 우리가 분별심을 가지고 행하는 염불에는 분명히 많은 조건이 내재 되어 있고, 거기에는 소위 기복이 포함된 염불이 될 수가 있다.

보시하는데 어떤 조건을 건다는 것에 벗어나기가 쉽지 않다.

「보시물의 많고 적음」에 의해서 그 사람의 신심의 정도를 가늠하지는 못하지만 그것을 외면하지 못하고 있는 것이 현실이다. 「큰 부처님을 친견한다. 큰 스님을 뵌다.」라는 것에 미혹하여 「보시물을 많이」 헌공했다고 하여도 그 공덕의 가치를 놓고 보시자의 마음을 저울질하는 것은 오히려 옳지 않다. 엄격히 말해서 그 보시물 자체에는 어떤 죄과나 비난을 할 수가 없는 것이다. 보시물을 시각적으로 많고 적음을 차별하는 마음이 문제가 되는 것이다. 가난하여 보시물을 올리지 못하거나 적게 올린 자는 지옥에 떨어지고 부자들은 보시를 많이 해서 곧바로 정토 극락왕생으로 이루어진다고 하는 것은 언어도단이다.

중세유럽의 15세기 말기에 로마 가톨릭에서 산피에트로 대성당 재건 자금 조달을 위해 대량으로 발행한 면죄부는 금전이나 재물을 바친 사람에게 그 죄를 면한다는 뜻으로 발행했던 증서이다. 이후 루터의 종교 개혁으로 이어졌다. 이렇듯이 보시의 많고 적음에 의해서 극락왕생이 이루어진다는것은 언어도단이다. 보시를 하는데 있어 우리가 알고 있는 본원의 마음을 기본으로 했다 해도 염불자에게는 이중적인 견해를 가지는 경향이 있다. 어쩌면 보시 공덕을 쌓는 그 의도가 어떠하더라도 큰 부처님의 가피를 만난다고 기원하는 자에게 좋은 과보가 있을 것으로 기대를 갖는 것도 당연하다. 단 보시의 과보에 대한 불만이나 계산상 오차가 있다고 주장한다면 아마 그 올린 보시물에 천만 배에 해당하는 공덕을 쌓아야 할 것이다.

그래야 자신이 원하는 만큼 자신에게 좋은 결과를 얻을 수 있을 것이다. 보시를 많이 하고 만일 원한 관계에 있는 사람들에게 잘 안되게 기도한다면 과연 그 기도로 인한 과보는 어떠할지 생각을 해볼 필요가 있다. 그것이 보시물의 대소(大小)로 결정되는 상황일지는 자신이 부처님의 가르침을 믿는 만큼의 결과로 나타나지 않겠는가. 결국 염불에 따른 선이 여기서 보시라는 행에 깊이 관계있음을 나타내는 것이다.

제4장

후서(後序)

지금까지 서술하여 온 잘못된 생각은 이 모두가 진실한 신심과 다른 것에서 생겨난 것이라고 생각합니다. 지금은 열반하신 신란(親鸞) 성인으로부터 이와 같은 말씀을 들은 적이 있습니다. 호넨상인(法然上人. 源空)이 계셨을 때 그 문하에 제자가 많이 계셨습니다. 호넨상인과 같은 진실의 신심을 가지고 계셨던 분은 조금 밖에 안계셨을 것입니다. 어느 날 신란 성인과 같은 문하(門下)의 제자들 사이에서 신심을 둘러싸고 논쟁이 있었던 적이 있었습니다. 그 이유인즉슨 신란 성인은「이 젠신(善信)[103]의 신심도 호넨상인의 신심도 같은 것이다.」라고 말씀하셨는데, 그때 세이간방(世觀房.1183-1238)[104], 넨부츠방(念佛房.1157-1251)[105] 등의 같은 문하의 분들이 의아할 정도로 반발하여「어떻게 호넨상인의 신심과 젠신방의 신심이 같을 수가 있겠는가.」라는 말을 들었던 것입니다.

　　거기서「호넨상인은 지혜도 학식도 수승(殊勝)하시므로 그 점에 대해서는 내가 상인과 같다 한다면 확실히 잘못되었다고 할 수 있겠지만, 그러나 정토에 왕생의 인(因)이 되는 신심에 대하여서는 조금도 다른 점이 없고 틀림없이 같은 것이다.」라고 대답했는데, 그런데도 계속하여「어째서 그러한 이유일 수가 있는

---

103)　젠신(善信) : 신란 대사가 호넨상인 문하에 들어갔을 때 법명, 한넨(範宴), 젠신(善信)등을 사용하였다.
104)　세이간방(世觀房) 원지(源智) 교토 백만편 지은사 개조. 호넨상인 문하.
105)　넨부츠방(念佛房), 호넨상인 문하. 교토 왕생원 개조.

가.」라고 납득을 하지 않고 비난을 받아서, 결국 호넨상인에게 직접 물어보아 어느쪽 주장이 맞는가를 정하자고 하였습니다.

그래서 스승인 호넨상인에게 자세한 사정을 말씀드렸더니 「이 겐쿠(源空)의 신심도 아미타여래로부터 받은 신심이다. 젠신방(善信房)의 신심도 아미타여래로부터 받은 신심이다. 그렇기 때문에 똑같은 신심인 것이다. 다른 신심을 가지고 있는 사람은 아마도 이 겐쿠(源空)[106]가 왕생하려는 정토에 왕생할 리가 없을 것이다.」라고 호넨상인께서 말씀이 있으셨다는 것입니다.

그렇기 때문에 지금도 같은 염불의 길을 걷고 있는 사람들 사이에서, 신란 성인의 신심과 다른 분도 계실 것이라고 생각됩니다. 그 어느 것도 모두 같은 일이 되풀이되고 있습니다만, 여기에 덧붙여 적어 두셨습니다.

마른 풀과 같이 늙고 쇠약해진 이 몸에 이슬과 같은 덧없는 목숨이 아직 조금 남아 있을 동안에는 염불의 길을 걷고 있는 사람들의 의문도 듣고, 신란 성인께서 가르쳐 주신 말씀도 들려드리지만 내가 눈을 감은 후에는 필시 갖가지 잘못된 생각들이 뒤섞여 혼란스럽게 되는 것이 아닐까 하고, 지금 한탄스러운 생각을 하지 않을 수 없습니다. 이와 같은 잘못된 생각을 가지고 말다툼을 하고 있는 사람들의 말에 휘둘릴 것 같을 때는, 지

---

106) 겐쿠(源空) : 호넨상인의 다른 법명.

금은 열반하신 신란 성인의 말씀에 꼭 맞는 성교(聖教)[107]를 잘 읽어 보시는 것이 좋을 것입니다.

대개 성교에는 진실의 가르침과 방편의 가르침이 서로 섞여 있습니다. 방편(方便)의 가르침은 버리고 사용하지 말고 진실의 가르침을 받는 것만이 신란 성인의 진심인 것입니다. 아무쪼록 주의해서 결코 성교를 잘못 읽는 일이 있어서는 안 됩니다. 거기서 중요한 증거의 문장이 되는 신란 성인의 말씀을 조금이지만 골라내어 조항별로 써서 이 글에 첨부하게 되었던 것입니다.

신란 성인의 평상시 늘 말씀한 것이지만「아미타불이 오겁이라는 긴 세월 동안 생각에 생각을 거듭하셔서 세우신 본원을 정말 잘 생각해보면 그것은 오직 이 신란 한 사람을 구제해 주시기 위한 것이었다. 생각해보면 나는 그토록 무거운 죄업을 짊어진 몸이었는데 구제해 주시려 생각해 주신 아미타불의 본원이 나에게는 얼마나 과분한 일일까.」라고 진지하게 말씀하셨습니다. 그 일을 지금에서 새로이 생각해보면 선도(善導 613-681)대사의

「자신은 지금 깊고 무거운 죄악을 안고, 미혹의 세계에서 계속 헤매고 있는 범부이다. 알 수 없는 아득한 과거의 세계에서 지금에 오기까지 언제나 미혹의 바다에 가라앉고, 항상 태어나고,

---

107) 성교(聖教) : 『유신초(唯信鈔)』, 『일념다념분별사』, 『자력타력사(自力他力事)』, 『후세 모노가타리(後世物語)』

또다시 죽는 것을 반복하여 온 그곳에서 빠져나올 연이 없는 몸
이라는 것을 알라.」

라는 존귀한 말씀과 조금도 다름이 없습니다. 그렇게 본다
면 과분하게도 신란 성인께서 자신의 것으로 말씀하신 것은 우
리들이 자신의 죄악이 얼마나 깊고 무거운지도 모르고, 여래의
은혜가 그 얼마나 존귀하고 높은 것인지도 모르고 미혹의 세
계에 빠져있는 것을 일깨워 주기 위함이었던 것입니다.

정말로 우리들은 여래의 은혜를 얼마나 존귀한가를 알려고
하지도 않고, 항상 서로 좋고 나쁘다는 일만 가지고 말다툼을
하고 있습니다. 신란 성인께서는 「무엇이 선이고 무엇이 악인 것
인가, 그 어느 쪽도 나는 전혀 알지 못한다. 왜냐하면 여래의
마음으로서 선이라고 생각하고 계시는 정도로 선을 달관(達
觀)하고 있다면, 선을 안다고 말할 수 있을 것이다.

또 여래께서 악이라고 생각하고 계시는 정도로 악을 다 안
다고 한다면 악을 안다고 말할 수 있기 때문이다. 그렇지만 우
리들은 모든 번뇌를 구족한 범부이고, 이 세상은 불타오르는
집과 같이 갑자기 돌변하는 세계이며, 모든 것은 허무하고, 거짓
투성이로서 진실이라고 말할 수 있는 것은 무엇하나도 없다. 그
러한 가운데서 오로지 염불만이 진실한 것이다.」라고 말씀하셨
습니다. 정말로 너도나도 모두 허망한 일로 말다툼을 하고 있

습니다만, 유난히 아픈 마음이 한구석 있습니다.

그것은 염불하는 것에 대하여, 서로가 신심(信心)의 자세를 논하고, 또 다른 사람에게도 설명하며 들려줄 때 상대에게 말도 못하게 하고, 의론(議論)을 끝내기 위해서 신란 성인이 전혀 말씀하시지도 않은 것까지 성인의 말씀이라고 우기는 것입니다. 정말로 한심스럽고, 견딜 수 없는 생각이 듭니다. 지금까지 서술해온 이 취지를 충분하게 변별(辨別)하여 체득하여 주셔야 된다고 생각합니다.

이와 같은 내용 들은 저는 결코 혼자 맘대로 한 말은 아니지만, 경전과 조사(祖師)분이 쓰신 논석(論釋)에서 설하여진 도리(道理)인지도 모르고, 부처님의 가르침에 깊은 의미를 충분하게 체득하고 있을 리가 없기에, 틀림없이 이상하게 되어있는 것이겠지요. 그렇지만 지금은 열반하신 신란 성인이 말씀하셨던 것 가운데 백에 하나 정도의 지극히 적은 분량의 말씀만을 생각해내어, 여기에 적어 놓은 것입니다. 다행히도 염불하는 몸이면서도 바로 진실의 정토에 왕생하지 않고 변지에 머무르는 것은 어찌 슬픈 일이 아니겠습니까. 같은 문하인 염불 행자 가운데 신심이 다른 자가 없도록 바라며 눈물을 삼키면서 필(筆)을 들어, 이 서(書)를 적었습니다. 『탄이초』라고 이름을 붙이겠습니다.

같은 가르침을 받았던 사람 이외에는 보이지 말아 주십시오.

나의 탄이

신란 대사의 말씀과 다른 교설로 다른 사람들에게 염불의 진의를 혼동하게 하는 것에 대한 유이엔스님의 입장은 한마디로 비탄스러운 마음일 것이다. 신란 대사의 가르침이 그의 부재를 틈타 다른 염불자들의 자의적인 해석으로 혼란을 가져오게 된 것이다. 그토록 스승이 계실 때 모두 스승의 말씀에 따라 행동하고 신심을 내어 금방이라도 극락왕생할 것 같은 행동을 하였는데 지금에 와서 자신들이 스승의 자리에 있는 것 같은 행동거지로 사람들을 혼동하게 하는 것은 열반하신 스승께 뵐 면목이 없을 정도로 죄송한 마음이었을 것이다. 그러나 정신을 가다듬고 어떡하든지 신란 대사의 진의를 바로 잡아야겠다는 일념으로 비장한 각오를 한 것이 이 『탄이초』라고 본다.

말년에 유이엔스님은 본원의 신심과 다르게 가지고 있는 도반인 염불 행자들이 그 신심이 다른 자가 없도록 간절히 바라며 절절한 심정으로 눈물을 삼키면서 이 『탄이초』를 적었던 것은 염불자들이 진실의 정토에 왕생하지 못하고 변지에 머무르지 않는 길을 알리고 강조하기 위한 것이다.

특히 지금은 안 계신 스승의 말씀에 위배되는 언행은 삼가야 한다고 간절히 원하고 있다. 이들은 마치 신란 대사의 존재를 투명화시키고 본원의 가르침조차 무시하고 자신들이 모든 경전의 해석을 맘대로 하여 다른 염불행자들을 혼란에 빠뜨린 무리들이다. 그러한 외도에 찬 일련의 사건에 대한 대책을 꾀하지도 못한 회한과 안타까움이 배어 있는 서(書)이기도 하다.

또 신란대사의 가르침을 따르는 제자들을 이단(異端)시하며 그들을 향하여 잘못된 극락왕생의 길을 가르치고 있다고 비방하거나 이간질을 하기도 하였다. 또 다른 하나는 있지도 않은 신란 대사의 가르침이라고 우기며 평소 신란 대사의 가르침에 따라 염불하였던 자들을 혼란케 하였다.

이 『탄이초』는 본원에 없는 이설(異說)을 펴고 마치 자신이 교주인 것처럼 행세하는 부류들에게 통탄을 금하지 못하면서 신란 대사의 본래의 가르침을 상기하여 바른 염불자의 길을 걷도록 하기 위한 간절한 바람에서 적고 또 적은 소중한 서이다.

이러한 사건이 이 『탄이초』 문(文)이 탄생한 배경이기도 하다. 신란 대사의 가르침의 본래 배경은 아미타불의 본원이며 그 전승받은 교설에 위배된 내용을 탄이하고 있는 것이다. 즉 신란 대사가 설하였던 본원의 진의와는 다른 내용으로 포교 되고 있다는 것이 문제가 된 것이다.

탄이의 정신은 예나 지금이나 호념과 호법의 자세임엔 틀림없다. 그것은 정법을 수호하기 위한 작지만 강한 의지이고 자신의 신심을 회심할 수 있는 단 한 번의 기회일 수도 있다.

나의 신심과 부처님의 교설이 동일하지 않으면 나는 바른 신심을 가지고 있다고 할 수 없는 것이다. 따라서 남과 다른 점에 대해서 스스로를 성찰하는 것이 자신을 탄이한다고 할 수 있는 것이라고 본다. 탄이의 정신은 비단 불교뿐만이 아니라 각계 각층의 사람들에게 모든 것을 바로 잡아 나아가게 하는 정신이기도 하다.

더구나 불교에서의 정법수호를 위해서는 이 탄이의 정신이 기본이 되는 것임을 명심해야 할 것이다.

나가는 글

『탄이초』가 가지고 있는 특징 중의 하나는 신란 대사의 염불 신앙을 그대로 현장감 있게 표현되었다는 것이다. 신란 대사 자신이 에치고로 유배당한 아픔과 고뇌를 인욕하면서도 스승인 호넨 상인에 대한 끝없는 걱정과 그리움이 배여 나타나 있다는 점에서 그들의 신심을 깊이 느낄 수 있다. 호넨 상인과 신란 대사의 두 사제지간의 관계는 어떠한 특별한 인연이라기보다는 본원의 가르침에 따른 염불자로서 또는 호법의 순교자적 자각을 가진 염불자로서 선지식이 있다고 본다.

정토의 선사(先師)들께서 걸으셨던 그 궤적을 따라 염불자로서 이성적 사고와 적확(的確)한 사유로 염불을 하셨던 그 길 위에 신란 대사는 본원의 사상을 행동으로 표현하였고 그것이 후세의 염불자에게 근간이 되었던 것이다. 그 자신 스스로가 몸소 오로지 「나무아미타불」의 확신 위에 염불자로서의 실천한 삶 그 자체로 이미 증명된 자각자로서의 자신감이 그 근본이 되었을 것이다. 즉 부처님의 진의에 따라 염불하는 금강석 같은 신행을 기반으로 한 염불자인 것이다. 따라서 그곳은 이성과 분별을 넘어서 염불의 세계인 불세계 그 자체라고 할 수 있다. 마치 원효대사의 길이 그랬듯이 모든 대성(大聖)들이 모든 학문을 초월하여 오로지 염불 삼매에 대한 무애행의 실천을 몸소 하셨던 것을 익히 알고 있을 것이다.

이 수행자에게 있어서 오로지라는 것은 좌고우면(左顧右眄)하지 않고 어떠한 경우라도 깊은 믿음을 가지고 염불의 가르침을 받아들이고 끝까지 걷겠다는 의지이다. 거기에는 분별심도 없는 금강석 같은 신심이 바탕이 되어야 한다. 그런 차별도 없는 평등하고 순수한 자연법이(自然法爾)의 세계가 바로 유일한 염불의 세계가 되는 것이다. 그 세계의 염불자들은 선지식들의 한마디 한마디의 진실한 숨결과 법의 울림에 의해 수행하고 있는 것이다. 그 울림이 미미한 진동으로부터 시작하여 나의 심장의 큰 고동 소리로 느껴지게 하고 그렇게 전해진 진동이 진정으로 나의 혼이 살아나게 하는 힘을 주는 말씀으로 화하여 나를 진정한 염불자로 만들어 준 것이다.

그러면 나는 어디에서 그러한 진정한 염불의 실천자로서 새롭게 태어나게 되는 것인가? 그것은 두말할 필요 없이 직접적으로 선지식(善知識)과의 만남에 의해 이루어진 것이 아니겠는가.『탄이초』의 서문에서 밝혔듯이 신란 대사는「선지식과의 만남이 없었다면 내가 어찌 이 이행(易行)의 일문(一門)에 들어 올 수 있었겠는가?」라는 감동을 고백하고 있다. 염불자로서 그의 출발은 선지식과 만남에 의해 자견의 깨달음을 얻은 감동에서 비롯된 것이다. 그러면 신란 대사는 과연 우리에게 무엇을 알리고 싶었던 것일까. 먼저 그의 염불자의 자세에서 후학들에게 깊은 감명을 느낄 수 있었던 점이다. 그와 염불자로서의 목숨을 같이한 선사(先師)인 호넨 상인에 대하여 항상 제자의 입장을 떠나지 않고 스승에 대한 감사와 찬탄의 자세를 누그러뜨리지 않는 이 감동이 그대로 말씀이 되어 나에게까지 전해진다. 또 그가 선사로부터 받았던 염불에 대한 전승과 전통의 진실을 배견(拜見)할 수가 있다. 그러한 말씀이기에 나는 눈을 크게 뜨고 귀를 크게 열지 않을 수가 없다. 때로는 신심을 같이하고 같은 곳을 바라보는 동붕(同朋)의 염불자로서 살아온 두 대사의 일생의 궤적을 생각하면 700여년이 지난 지금에서도 그들의 온기와 숨소리를 느낄 수 있다.

결론적으로 이『탄이초』는 철저히 부처님의 가르침인 남녀노소, 선인, 악인, 그리고 흑, 백이나 상하, 좌우를 차별하지 않는 평등사상에 기초하고 있다. 이러한 중생은 지옥에서 인간계에서 천상에까지 육도의 중생계에서 동등하게 살아갈 권리가 있는 모든 생명체이다. 우리 인간만이 모든 만물을 지배하고 살 권리가 있다고 생각하고 있지 않다. 인간만이 부처님 구제에 있어서 특혜의 대상은 아니다. 우리는 자기중심적 사고와 사견을 가지고 스스로를 육도중생의 대표인양 행세하고 있다. 하물며 인간사회는 물론 온 우주의 다른 생명체가 있는 세계까지 지배하려 하고 모든 것을 독식하려 한 것이다. 그러나 이 우주에는 인간만이 존재하는 것이 아니라는 사실을 알아야 한다. 앞서 언급했듯이 살 권리는 나에게도 다른 미물에게도 똑같이 적용되며, 모두 골고루 혜택을 받는 것이 평등과 자유인 것이다.

특히 『탄이초』를 접한 이들이 세계적인 인물이 되어 각계의 지도층이 되어 이타(利他)의 정신을 실천하고 있다. 우리 자신들 또한 이 『탄이초』의 가르침과 정신을 받아 다음 대에서 또 다음대로 전승해 나아가야 한다. 이 한 절 한 절의 말씀이 나의 폐 속 깊이 절절히 파고 들어와 나의 생명의 근원이 되고 정화된 산소가 되어 새로운 호흡을 하게 만드는 말씀인 것이다.

지금에도 세계 각국에서 그리고 일본에서 이 『탄이초』 관련 서적이 현재에도 많이 읽히고 있는 것은 한 유이엔이라는 한 승려가 스승인 신란 대사의 말씀을 통해서 진실된 염불수행의 삶을 전승하여 실천해가는 모습에 감동과 위로를 받기 때문이다. 이 사실이 염불의 가르침에 대한 신뢰를 한층 더 가질 수밖에 없다는 것을 증명하는 것이다. 이 가르침에 의해 진실된 염불의 세계가 펼쳐지기를 기원한다. 나무아미타불!

2022년 경주 염불당에서 사문 보영 합장

탄이초정신 – 극락으로 가는 염불

2023년 1월 10일   초판 1쇄 발행

역해	보영스님
펴낸이	이규만
디자인	B&D
펴낸곳	불교시대사
출판등록	1991년 3월 20일 제1-1188호
주소	(우)03149 서울시 종로구 인사동 7길 12 백상빌딩 1305호
전화	02 - 730 - 2500
팩스	02 - 723 - 5961
이메일	kyoon1003@hanmail.net

ISBN 978-89-8002-178-9   03220
ⓒ보영스님